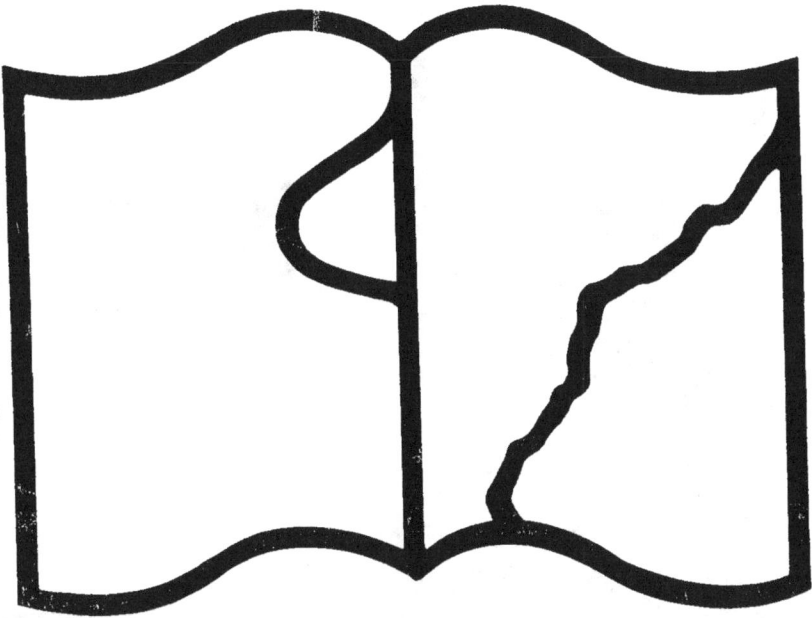

Texte détérioré — reliure défectueuse

NF Z 43-120-11

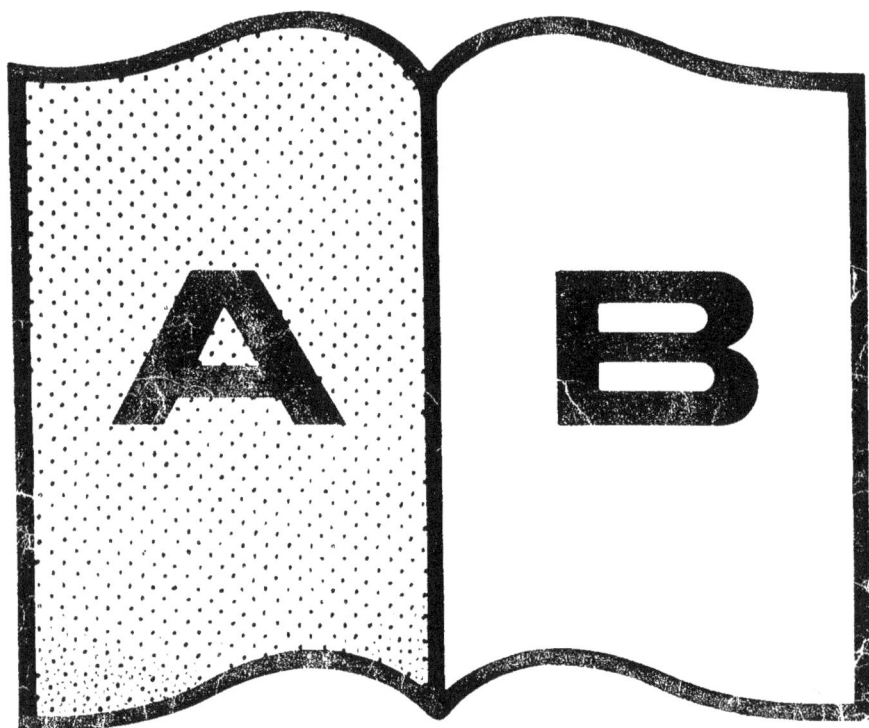

Contraste insuffisant

NF Z 43-120-14

A. BUÉ

LE

Magnétisme

Curatif

Hypnotisme — Somnambulisme — Fascination.
Suggestion mentale — Clairvoyance.
Loi phénoménale de la vie.

CHAMUEL ÉDITEUR

1894

Hommage de l'auteur

A. Sue

Le Magnétisme Curatif

DU MÊME AUTEUR

La Main. Angers, Lemesle, 1871.

Le Nez, *ou L'Être dévoilé par sa Forme,* Angers, E. Barassé, 1872.

La Vie et la Santé, *ou la Médecine est-elle une science ?* Paris, A. Ghio, 1882.

La Main du général Boulanger. Paris, E. Dentu, 1889.

Le Magnétisme Curatif, Manuel technique, *avec un portrait de Mesmer* (Tome 1) *In-18. Prix 2 fr.* Paris, Chamuel, 1893.

EN PRÉPARATION

POUR PARAITRE PROCHAINEMENT :

Le Magnétisme Curatif, Physiologie pathologique, *Vade-Mecum de l'Étudiant Magnétiseur.* (TOME III).

NOTA. — Ce troisième et dernier volume apportera un complément indispensable à l'étude du Magnétisme Curatif en donnant les adaptations de *la Loi Phénoménale de la Vie* aux fonctions organiques et à la Pathologie et en faisant connaître l'application pratique des Procédés Magnétiques à chaque cas morbide.

A. BUÉ

LE

MAGNÉTISME

Curatif

PSYCHO-PHYSIOLOGIE

Hypnotisme — Somnambulisme — Fascination.
Suggestion mentale — Clairvoyance.
Loi· phénoménale de la vie.

PARIS

CHAMUEL ÉDITEUR

29, RUE DE TRÉVISE, 29

1894

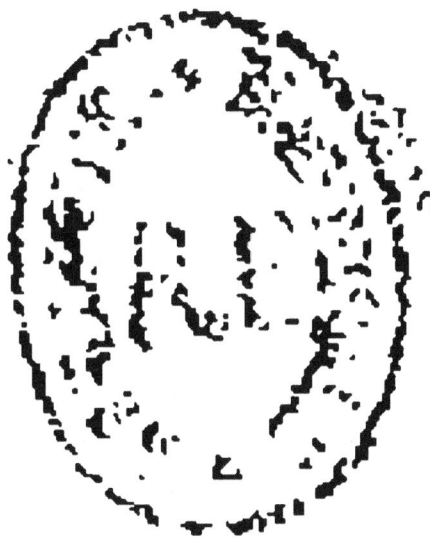

Phot. E. Piron.

A. Bué

Membre de la Presse scientifique et de la Société française d'hygiène.

« Se plaire au bien d'autrui, c'est
accroître le sien. »
CHARRON.

« Toute aultre science est dommageable
à qui n'a la Science de la Bonté. »
MONTAIGNE.

À ceux qui Souffrent!
À Ceux qui Pleurent!
Que ce livre, écrit dans la libre expansion
d'un esprit convaincu et d'un cœur sincère,
apporte à tous un lambeau de Cette Vérité
qu'un voile mystérieux cache à nos yeux!
Qu'il apporte une lueur d'Espérance aux
désespérés de ce monde!...
Et j'aurai atteint le but de toute ma Vie!...

A. Buy.

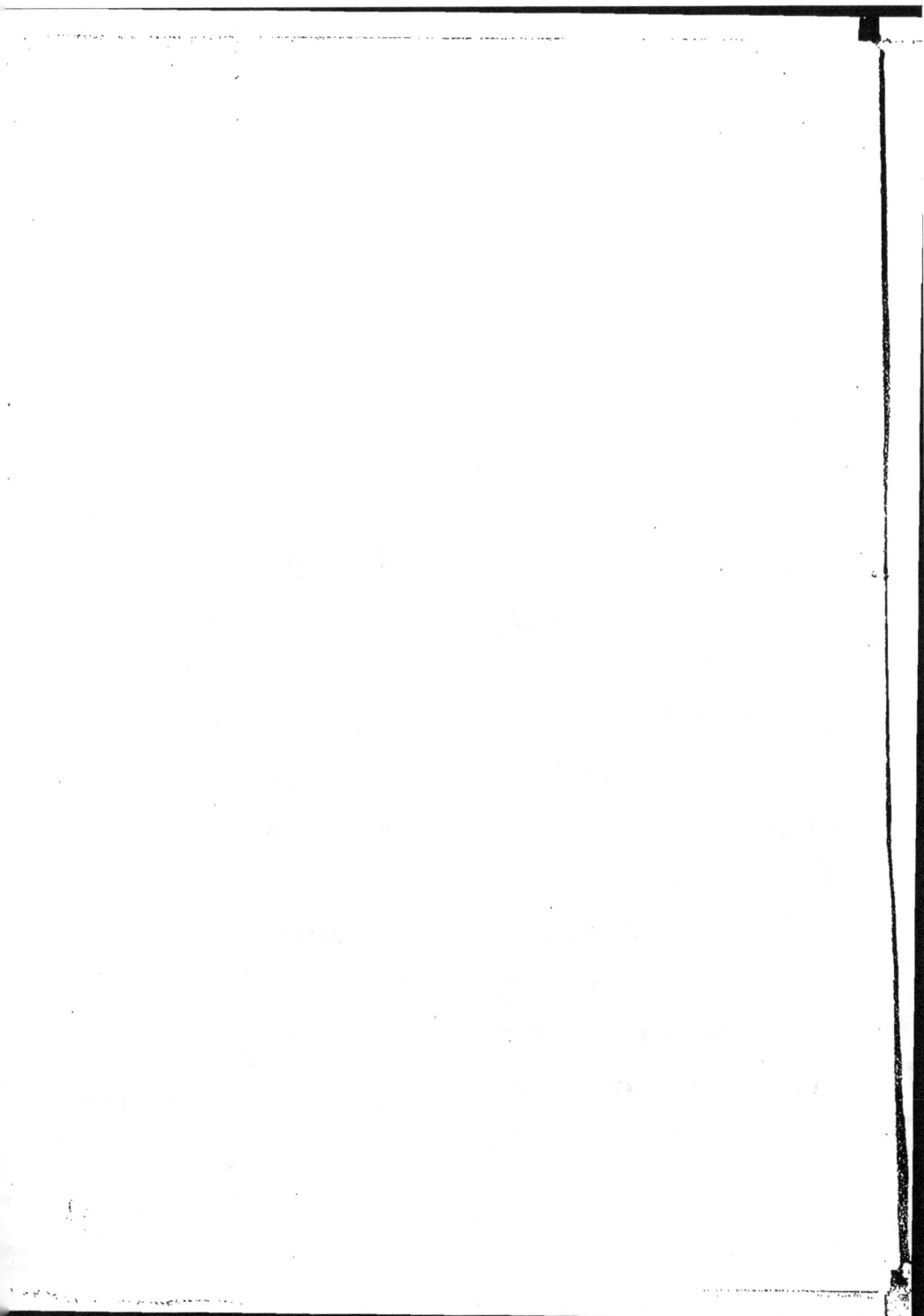

PRÉFACE

Il existe dans la Nature une Loi d'équilibre basée sur l'analogie des Contraires.

Cette Loi nous révèle l'existence d'un seul principe, Force motrice originelle, qui, androgyne par essence, attire et repousse, coagule et dissout, engendre et détruit, et dans une marche incessante vers des limitations toujours nouvelles, balance éternellement l'Univers entre deux poussées contraires qui s'équilibrent.

D'un bout du monde à l'autre, une mystérieuse chaîne de sympathiques affinités rattache tous les corps entre eux par des alternances de courants *centripètes* et *centrifuges*,

dont le jeu continu, basé sur la double résistance de limitations graduées, condense et
disperse, enfante des équilibres et les rompt,
groupe ou désassocie les molécules, et engendre ces multiples états de condensation et
de dispersion qui caractérisent les solides,
les liquides et les gaz.

La Force Primordiale, génératrice des
formes, se révèle à nos sens par quatre manifestations distinctes : Électricité, Chaleur,
Lumière et Magnétisme : mais la vie réside
avant tout dans *la tension équilibrée des courants :*
les corps, possédant la faculté d'absorber et
d'organiser les forces libres à leur profit,
fixent vers leur centre les forces attractives
centripètes, et irradient vers leur surface les
forces propulsives centrifuges, se constituant
ainsi une atmosphère radiante protectrice et
s'identifiant par cette double polarité individuelle au courant bipolaire universel.

Minéraux, végétaux, animaux ont des états
de condensations [appropriées qui leur permettent d'exercer des influences radiantes
spéciales ; les] astres influencent la terre, la

terre influence les corps terrestres, et ceux-ci s'influencent entre eux ; il y a un magné-tisme *astral,* un magnétisme *terrestre,* il y a aussi un magnétisme *minéral, végétal, animal.*

Le magnétisme *astral* se manifeste par le mouvement périodique des marées et des évolutions sidérales ; le magnétisme *terrestre* par la sensibilité bipolaire de la boussole et des aimants : le magnétisme *minéral, végétal, animal,* par des actions spécialisées particu-lières à la constitution intime de chaque sub-stance ou de chaque Être.

Tous les phénomènes de la Nature, *attrac-tion, gravitation, pesanteur, affinité, cohésion,* etc., ne sont l'expression que d'un seul et même phénomène, c'est-à-dire l'expression *du jeu alternatif des courants* ! Mais ces courants, qui par leur équilibre assurent l'harmonie uni-verselle des Mondes, en sont en même temps l'agent le plus dissolvant ; occupés sans cesse à livrer assaut aux équilibres qu'ils ont formés, ils dissocient sans pitié tout ce qui s'en écarte ; il n'est pas un corps solide, quelle que soit sa densité, que l'influence dissolvante de l'action centrifuge ne puisse instantanément vaporiser ; il n'est pas un seul corps gazeux, quelque subtil qu'il soit, que la puissance condensatrice centripète ne puisse solidifier ; cet antagonisme des courants pousse sans cesse les équilibres à leur formation et à leur rupture, présentant la lutte perpétuelle de deux principes, l'*actif* contre le *passif*, l'un qui divise, brise, répand, laboure, ensemence, l'autre qui coagule, rassemble, réunit, féconde,

L'âme des Mondes, le ressort de la vie universelle, est dans ce double mouvement antagoniste centripète et centrifuge ; c'est ce mouvement qui règle la juste pondération des choses et leur réciprocité d'influences.

Sur ce terrain nous restons dans le domaine des forces instinctives de la Nature, dans l'agissement des forces fatales, dans l'accomplissement pur et simple de la Loi.

C'est ce qu'on peut appeler la *Physique* de la Nature.

C'est sous cet aspect, purement physique, que dans notre premier volume du *Magnétisme*

Curatif, sous le titre de *Manuel technique*, nous avons présenté le Magnétisme.

Dans le *Manuel*, nous bornant à énumérer les procédés *techniques* au moyen desquels on peut actionner les courants et favoriser leur mouvement alternatif centripète et centrifuge, ressort de toute vie, nous expliquons ce que c'est qu'une *Imposition, une Insufflation, une Passe, un Dégagement*, et ce qu'on doit entendre par *Massage Magnétique, Automagnétisation, Chaîne, Magnétisation des Corps animés et des Corps bruts*.

Nous donnons le moyen pratique de ramener ou d'entretenir dans l'organisme la *tension équilibrée* des courants qui seule peut maintenir l'état de santé.

Mais à côté de ces procédés mécaniques rudimentaires, dont l'application si simple n'exige de la part de l'opérateur qu'une sorte de *neutralité passive*, il en est d'autres, qui ont le don, par leurs effets prestigieux, d'exciter vivement l'attention publique.

Dès qu'on étudie la marche des forces dans les organismes supérieurs doués de volition

et de pensée, on ne peut en effet se maintenir
dans le cercle étroit des phénomènes physiques
et l'on se trouve forcément en contact avec
les phénomènes troublants de la *Psycho-*
physiologie, phénomènes qui ouvrent sous nos
pas de mystérieux abîmes.

Ce sont ces phénomènes que nous nous
sommes attachés à présenter dans ce second
volume sous les rubriques suivantes :

Hypnotisme, Somnambulisme, Sommeil pro-
voqué, Catalepsie, Léthargie, Suggestion mentale
et Clairvoyance.

Nous expliquons comment l'*Hypnotisme*
est né du *Magnétisme*, quelles nuances séparent les procédés de ces deux méthodes et
sur quelles considérations physiologiques on
peut se baser pour expliquer ces différences.
L'énoncé comparatif des ressources curatives
qu'on peut tirer de l'Hypnotisme et du Magnétisme nous donne la valeur respective
de ces procédés. Nous voyons que les phénomènes, qui par leur étrangeté même ont excité
la verve des expérimentateurs et la curiosité
des foules, et qui ont été le thème obligé de

toutes les expériences publiques ou privées. des conférences, des écrits, des polémiques. des concours aux académies et des examens de la Faculté, sont la principale cause des entraves constantes que le Magnétisme a rencontrées dans sa vulgarisation et dans la propagation de ses vertus curatives.

Nous constatons que ce sont précisément ses plus fervents adeptes, qui, en persistant à présenter le Magnétisme sous un faux jour, ont le plus largement contribué à lui susciter les oppositions, les susceptibilités et les haines qui l'ont fait prendre si souvent à parti et l'ont rendu victime des jugements erronés dont il est encore l'objet aujourd'hui.

Enfin dans la deuxième partie de ce volume nous avons entrepris la tâche délicate d'exposer les principes sur lesquels nous voudrions voir édifier la Thérapeutique ; nous croyons à l'existence d'une Loi physique basée sur une *Trinomie* universelle. Nous avons tenté d'esquisser cette Loi ; nous l'avons appliquée au Magnétisme, et reprenant l'idée sur laquelle repose la doctrine mesmérienne : « *Il n'y a qu'une Vie, qu'une Santé, qu'une Maladie,* *qu'un Remède,* » nous avons cherché à démontrer que tous les phénomènes (le Magnétisme y compris) viennent fusionner dans l'unité de plan qui préside d'une façon immuable à la Genèse des choses.

A. Bué.

LE MAGNÉTISME CURATIF

PSYCHO-PHYSIOLOGIE

PREMIÈRE PARTIE

—

EXPOSÉ DES PHÉNOMÈNES

CHAPITRE I

—

HYPNOTISME & MAGNÉTISME

Coup d'œil rétrospectif et historique.

Expériences du docteur James Braid en 1841. — Après avoir
conclu à l'identité des effets produits par son système et ceux produits par les partisans du mesmérisme, il revient sur son premier jugement, en spécifiant les différences qui distinguent ces
effets. — Sa définition du sommeil nerveux provoqué. — Expériences et théories du docteur Durand de Gros (1854-60).
— État *hypotaxique*, sa définition. — Expériences publiques de
Fascination expérimentale, (*Hansen et Donato*) (1880-86). —
Hypnotisme moderne. — Grande et petite hypnose. — Ce qu'on
doit entendre par *hypnotiser*. — Nomenclature des phénomènes

hynotiques. — Leurs tendances à substituer l'automatisme, le
dédoublement et l'inconscience, à l'unité du *Moi* conscient. —
Opinion de Mesmer sur l'inutilité et les dangers du sommeil
nerveux provoqué.

En 1841, un médecin anglais, le docteur Braid, de
Manchester, assistant à une séance publique donnée à
Londres par Lafontaine, le magnétiseur bien connu,
fut frappé de la singularité des effets produits par le
célèbre praticien sur ses sujets en les fixant du regard
et en leur tenant les pouces.

Désireux de pénétrer la cause physiologique de ces
effets nerveux provoqués, il entreprit une série d'expériences dans lesquelles il obtint les mêmes phénomènes en substituant à la personne du magnétiseur un
objet brillant quelconque, tel qu'un instrument d'acier
ou un simple bouchon de carafe, ce qui l'amena à con-
clure que *le magnétiseur n'était pour rien dans la production du phénomène, et que la fixité prolongée du regard, en paralysant les centres nerveux et en détruisant
l'équilibre du système nerveux, suffisait seule pour déterminer l'effet produit* (James Braid, p. 23.

Le sommeil provoqué, d'après ces conclusions, ne
dépendait donc pas, comme on semblait le croire, d'une
volition de l'opérateur ou des *passes* par lesquelles ce
dernier prétendait mettre en mouvement certains agents
mystiques de la nature, tels qu'un fluide universel ou
particulier, mais dépendait essentiellement d'un état
physique et psychique du patient, la concentration du
regard, le repos absolu du corps, la fixité de l'attention
et la suppression de la respiration qui accompagne

toujours cette fixité étant susceptibles d'apporter dans les centres cérébro-spinaux une modification suffisamment profonde pour provoquer cet état.

Si le jugement porté par le docteur Braid était fondé, c'en était fait du mesmérisme, de ses procédés et de ses théories ; mais, trompé par certaines apparences de similitude, le savant observateur, qui avait pu croire tout d'abord à l'identité des effets produits par son système et par celui des partisans du mesmérisme, fut obligé de convenir plus tard qu'il existait entre ces effets de si notables différences *qu'on devait les considérer comme étant le résultat de deux agents distincts* (James Braid, p. 27).

Par les procédés artificiels on parvient bien, en effet, à reproduire les effets physiologiques de léthargie, de catalepsie et d'extase, mais on ne réussit pas à développer ces précieuses facultés de *clairvoyance*, de *double vue* et de *prévision* qui sont précisément l'apanage spécial des sujets formés par les procédés mesmériques.

Le passage suivant de l'ouvrage de Braid fournit le témoignage de cet aveu sincère tout à l'honneur de cet expérimentateur consciencieux : « Les magnétiseurs affirment positivement, dit-il, qu'ils peuvent accomplir certains effets que je n'ai jamais pu provoquer par ma méthode, quoique je l'aie essayé. Les effets auxquels je fais allusion sont, par exemple, de lire l'heure sur une montre tenue derrière la tête ou placée au creux épigastrique, de lire des lettres pliées ou un livre fermé, de reconnaître ce qui se passe à des kilomètres, de deviner la nature des maladies et en indiquer le traitement sans connaissances médicales, de magnétiser des sujets à la distance de plusieurs kilomètres sans que le sujet ait connaissance de l'opération qu'on se propose de faire. Je dois dire, à ce propos, que je ne crois ni équitable, ni même convenable de mettre en doute les affirmations d'expérimentateurs, hommes de talent et d'observation, et dont la parole fait autorité en d'autres matières, sous prétexte que je n'ai pas été personnellement témoin des phénomènes, ou que je n'ai pu les reproduire moi-même soit par ma méthode, soit par la leur » (J. Braid, p. 28).

Il eût été à souhaiter que ceux qui devaient plus tard reprendre en sous-œuvre les idées de Braid eussent imité son impartialité ; quoi qu'il en soit, il est intéressant de noter ici le jugement porté sur le mesmérisme et ses adeptes par le *père des hypnotistes* d'aujourd'hui ; le docteur de Manchester peut en effet avec raison être considéré comme le véritable promoteur de la doctrine du *sommeil nerveux provoqué*, car c'est lui qui le baptisa le premier du nom d'*hypnotisme*, et voici la définition qu'il en donne : *Etat particulier du système nerveux déterminé par des manœuvres artificielles*, établissant ainsi, dès le début, la distinction marquée qu'il faut faire, et qui existe en réalité entre *l'Hypnotisme* et le *Magnétisme*, c'est-à-dire entre les phénomènes *provoqués* et ceux *qui se développent dans leur pleine liberté d'action.*

Malgré les tentatives de Braid, l'Hypnotisme ne devait pas de sitôt conquérir le droit de cité ; c'est en vain que de 1854 à 1860 les docteurs Azam et Broca tentèrent de lui faire ouvrir les portes de l'Académie et que le docteur Durand de Gros, sous le pseudonyme de *Philips*, entreprit une véritable campagne en faveur du braidisme ; malgré les publications, les conférences et les expériences publiques fort remarquées de ce savant expérimentateur qui excita pendant quelques années un courant de curiosité et d'intérêt, ses efforts vinrent échouer contre l'indifférence et les préjugés de l'époque.

De tous les hypnotistes qui ont succédé à Braid, M. le Dʳ Durand de Gros est cependant celui qui a le mieux posé la question :

« Le résultat final, dit-il, que l'on cherche dans l'emploi de l'Hypnotisme est le produit d'une opération complexe : cette opération se divise en deux temps et à chacun d'eux correspond un travail, un agent et un effet particulier parfaitement distincts.

« Le premier temps consiste à développer une modification préparatoire de la vitalité, modification qui le plus souvent reste latente, et dont tout l'effet est de disposer l'organisme à subir l'action déterminante et spécifique qui constitue le deuxième temps. Quant au deuxième temps, il consiste à donner à la puissance nerveuse accumulée dans l'encéphale la direction nécessaire afin d'en faire l'agent docile de toutes les modifications fonctionnelles que l'on peut avoir en vue. »

Le Dʳ Durand de Gros donne à la modification préliminaire de la vitalité, qui forme le premier temps de toute opération braidique, le nom d'*état hypotaxique*

(mot venant du grec qui signifie : *préparation à subir*);
cet état, d'après lui, consiste physiologiquement en
une interruption plus ou moins complète de l'innervation périphérique et dans *une accumulation anormale
de la force nerveuse au cerveau* qui prépare le sujet à
subir l'action de l'opérateur.

Les hypnotistes cherchent à obtenir cet *état congestif
cérébral* en provoquant artificiellement chez le sujet
une diminution de l'activité mentale par la fixation
continue et prolongée d'un seul et même objet; ce
procédé, auquel le braidisme donne la préférence,
n'est pas l'unique moyen d'amener progressivement
l'*annihilation de la pensée* qui caractérise l'état hypotaxique : toute manœuvre produisant une sensation
uniforme et *continue* remplit le même objet; et, comme
l'état hypotaxique est tout simplement une *congestion
nerveuse du cerveau*, tout procédé susceptible de développer cette condition physiologique agira aussi bien
que la fixation d'un point brillant; c'est ainsi qu'on
arrive au même résultat par les narcotiques administrés
à certaines doses, l'éthérisation, l'électrisation locale,
et même certains procédés mesmériques. Mais si l'état
hypotaxique peut se produire artificiellement de plusieurs manières, il faut savoir aussi qu'il se présente
souvent spontanément comme une altération morbide
résultant de certaines diathèses ou comme le caractère
typique d'idiosyncrasies spéciales ; c'est ainsi que les
hystériques, par exemple, dont les brusques déplacements de la force nerveuse et les rapides alternatives
d'états nerveux contraires indiquent un état physiolo-

gique particulier, sont généralement en état hypotaxique naturel ; ce qui leur permet de passer, sans aucune préparation préliminaire et sans transition au
second temps de l'opération braidique, un déterminatif quelconque (jet de lumière, coup de tamtam,
injonction brève) suffisant pour substituer instantanément en eux l'hyperesthésie à l'insensibilité, la catalepsie et l'extase à la résolution du système musculaire.

Ces considérations physiologiques développées dans
le cours de *Braidisme* du Dr Durand de Gros, malgré
leur importance et la confirmation qu'elles apportaient
aux théories de Braid en les éclairant et les complétant,
eurent le même sort que ces dernières, et l'Hypnotisme fût resté enseveli dans la poussière de l'oubli,
si deux habiles et hardis expérimentateurs ne lui
eussent fait une colossale réclame par leurs conférences et leurs expériences publiques : Donato,
de 1875 à 1886 ; Karl Hansen, à partir de 1880. Par-
courant l'Europe, donnant partout des représentations
avec des sujets admirablement dressés, exerçant même
leur pouvoir de fascination sur les spectateurs, ils
obtinrent en peu de temps un succès prodigieux.

Ce fut un véritable engouement : on courait en foule
à ces exhibitions théâtrales qui remettaient en scène
les curieux phénomènes des *convulsionnaires* et des
miraculés du moyen âge.

De violentes controverses s'allumèrent dans la presse
sur la nature de ces phénomènes ; chacun chercha à
interpréter à sa façon ces faits étranges qui excitaient
si vivement la curiosité publique ; les hommes de

science, sollicités eux-mêmes d'exprimer leur opinion,
durent examiner ces questions ; ainsi l'idée de Braid, au
bout de quarante années environ, revenait inopinément
sur l'eau, et, chose bizarre, c'est par le théâtre que
l'Hypnotisme faisait son entrée dans les académies.

Stimulés par les expériences publiques de *Fascination
expérimentale* qui étaient devenues l'objectif de tous
les esprits, les médecins, les savants furent en quelque
sorte contraints de ne pas se désintéresser de ces questions ; ils se mirent à répéter les expériences de Donato
et de Hansen pour les contrôler, et se lancèrent dans
des recherches nouvelles ; de tous côtés on se mit à
l'œuvre : dans les hôpitaux de Paris, à la Salpêtrière, à
la Charité, à la Pitié, à l'Hôtel-Dieu, les docteurs Charcot, Luys, Dumontpallier, Voisin, firent des cours et
des cliniques que suivirent de nombreux élèves. Bientôt se formèrent des groupes nombreux, écoles rivales,
qui échangèrent de vives polémiques et publièrent des
avis et des documents contradictoires. Pendant que la
grande hypnose prenait pied souverainement à la Salpêtrière à la suite des leçons du professeur Charcot, de
1879 à 1880, la *petite hypnose*, défendue par les docteurs
Liébeault, Bernheim et Beaunis, naissait à Nancy vers
1884 ; à Nice, à Rochefort, au Havre, à Brest, partout
où passait le fascinateur Donato, les docteurs Baréty,
Bourru, Burot, Gibert et Brémaud faisaient de nombreux essais sur le somnambulisme, l'influence des médicaments à distance et la suggestion. A l'étranger, les
docteurs Heidenhein, Grützner, Fritche, Berger, Baum-
ler, Preyer, Schneider, Ladame, Tamburini, Seppili,

Lombroso, Opitz, Ruhlmann, et bien d'autres, se livraient avec ardeur à ces nouvelles études. Des livres, des brochures, des articles de journaux traitèrent journellement des problèmes les plus ardus de la psychophysiologie ; des instituts, des journaux spéciaux furent fondés ; et, en dehors des noms déjà cités, plusieurs médecins distingués publièrent les résultats de leurs observations et de leurs recherches : les docteurs Binet, Féré, Bérillon, Gilles da la Tourette, Babinski, Fernand Bottey, Cullerre, Regnier, de Grandchamps, Paul Richer, Charles Richet, Chazarain, Foveau de Courmelles, Jules Héricourt, Pitres, etc., etc. Les médecins ne furent pas les seuls à discuter la portée des phénomènes hypnotiques : indépendamment du côté médical, l'Hypnotisme se présentait sous des aspects qui intéressaient aussi le Droit et la Psychologie ; de nombreux savants des Facultés de Droit ou autres, parmi lesquels on peut citer au premier rang MM. Liégeois, de Nancy ; Delbœuf, de Liège ; Raoul et Emile Young, de Genève ; Ochorowicz, de Lemberg ; Focachon, de Charmes (Moselle), et à Paris : MM. Paul et Pierre Janet, Victor Meunier, Pierre Véron, l'abbé de Meissas, le colonel de Rochas prirent parti pour ou contre les phénomènes hypnotiques.

Nous n'essaierons pas d'analyser ce qui a été dit et écrit sur l'Hypnotisme ; le cadre restreint dans lequel nous nous sommes volontairement renfermé ne nous le permet pas ; ce qu'il nous importe de savoir et de faire connaître ici, c'est qu'au milieu des divergences innombrables de cette littérature complexe, les fondateurs de la doctrine hypnotique se rencontrent sur ce point essentiel qui ressort de leurs définitions mêmes :

L'état hypnotique est un état particulier du système nerveux déterminé par des manœuvres artificielles, tendant, par la paralysie des centres nerveux, à détruire l'équilibre nerveux (Braid).

Cet état physiologique consiste en une accumulation anormale de la force nerveuse au cerveau, accumulation provoquée par des moyens artificiels ou résultant d'un état pathologique particulier (Durand de Gros).

Hypnotiser, c'est donc, d'après les maîtres eux-mêmes, *déséquilibrer* la force nerveuse en la portant d'une façon anormale au cerveau, ou *c'est profiter d'une congestion cérébrale déjà existante par suite d'un état pathologique quelconque*. En un mot, hypnotiser, c'est profiter d'un manque d'équilibre nerveux ou en produire un.

Voilà un aveu que nous retenons précieusement, nous, magnétiseurs, qui par nos procédés ne recherchons qu'une seule chose : *le rétablissement de l'équilibre nerveux*. Quant aux hypnotistes — ce sont eux-mêmes qui nous le disent — par leurs actions directes et violentes sur l'encéphale, ils provoquent sans cesse de brusques déplacements ou des alternances de la force nerveuse qui engendrent contractures musculaires, paralysies et catalepsies partielles ou totales, anesthésie ou hyperesthésie des sens, aphonie, aphasie, mutité ; privation ou exaltation du goût, surdité ou exaltation de l'ouïe ; puis des imitations automatiques et inconscientes tant en paroles qu'en gestes, des illusions sensorielles, des transpositions

réelles ou supposées des sens ; la perte ou l'exaltation de la mémoire ; les suggestions trompeuses et
les hallucinations contraires à la vérité ou à la nature, comme les altérations provoquées de la personnalité ; les suggestions d'actes immédiats ou à
échéances plus ou moins lointaines, les rêves en action ;
l'exaltation des idées et des sentiments, tous phénomènes certainement très curieux à étudier au point
de vue physiologique et psychologique, amusants
même lorsqu'ils sont donnés en spectacle, mais profondément dangereux à manier en ce qu'ils ont une
tendance absolue à déplacer l'équilibre physique et
moral, et à substituer dans une certaine mesure l'automatisme, le dédoublement et l'inconscience au moi
conscient et synthétique formant l'unité de la personnalité humaine, unité d'où peuvent seules découler
Santé et *Raison*.

A ce point de vue, on ne saurait donc trop s'élever
contre l'abus que l'on a fait, et que l'on fait encore chaque
jour des procédés hypnotiques; cet abus est un danger, et
ce danger, Mesmer l'avait pressenti lorsque, réagissant de
toutes ses forces contre la divulgation des procédés
employés pour provoquer le *sommeil nerveux*, dont il
jugeait l'emploi dangereux ou tout au moins inutile,
il s'en expliquait ainsi dans l'un de ces mémoires :

« Depuis que ma méthode de traiter et d'observer les
malades a été mise en pratique dans les différentes
parties de la France, plusieurs personnes, soit par un
zèle imprudent, soit par *une vanité déplacée,* et sans
égard pour les réserves et les précautions que j'avais

jugées nécessaires, ont donné une publicité prématurée
aux effets et surtout à l'explication de ce *sommeil critique ; je n'ignore pas qu'il en est résulté des abus et je
vois avec douleur les anciens préjugés revenir à grands
pas !* »

Afin de légitimer l'opinion du Maître, opinion que
nous partageons entièrement, et qui nous porte, comme
lui, à exclure les procédés hypnotiques de toute méthode
curative, nous nous attacherons dans le chapitre suivant à faire ressortir les nuances qui séparent les deux
systèmes.

CHAPITRE II

Des différences qui existent entre le magnétisme et l'hypnotisme.

Procédés de Braid pour produire le sommeil provoqué. — Procédés du Dr Durand de Gros. — Procédés de l'école actuelle. —
Procédés des fascinateurs. — Manœuvres hypnotiques comparées
aux procédés magnétiques. — Différences notables entre les sujets
formés par l'une et l'autre méthode. — *Concentration* des
sujets magnétiques. — *Extériorisation* des sujets hypnotiques. —
Négation par les hypnotistes de l'existence des phénomènes psychiques. — Causes de cette négation. — *Mise en rapport* magnétique. — *Réglage* qui en résulte. — Résonnance magnétique
idéoplastique. — Cause d'appréciations confuses. — Individualité
psycho-physiologique de l'expérimentateur. — L'action directe sur
l'encéphale et l'action directe sur l'épigastre différencient l'hypnotisme du magnétisme.

L'Hypnotisme, disent les partisans de cette doctrine,
est « *un état particulier du système nerveux déterminé
par des manœuvres artificielles, tendant par la paralysie des centres nerveux à détruire l'équilibre nerveux.* »
En quoi consistent donc ces manœuvres ?

Braid, au début de ses expériences, attachait un bouchon de carafe sur le front du patient et le lui faisait regarder attentivement ; l'obligation de tenir constamment les deux yeux dirigés sur un objet si rapproché convulsait la vue et fatiguait considérablement les sujets, ce qui souvent les forçait à abandonner l'expérience avant la fin. On dut modifier cette manière de faire ; voici le procédé qui fut définitivement adopté et qui est encore généralement en cours aujourd'hui : on tient un objet brillant quelconque (un outil d'acier par exemple) entre le pouce, l'index et le médius de la main gauche, à une distance de 25 à 45 centimètres des yeux, *dans une position telle au-dessus du front que le plus grand effort soit nécessaire du côté des yeux et des paupières pour que le sujet regarde fixement l'objet.*

Le Dr Durand de Gros, se conformant à peu près au même principe, mais accordant dans la production du phénomène une plus large part à *la fixité de l'attention* et à la *concentration de la pensée* qu'à la fatigue visuelle résultant de la *convergence des yeux*, employait un disque de zinc de deux centimètres de diamètre dont le centre était formé par un clou de cuivre enchâssé dans l'autre métal ; il faisait tenir ce bouton à 45 centimètres environ du corps, *à hauteur de ceinture,* comme un point de mire *sur lequel le patient devait fixer les yeux pendant quinze ou vingt minutes, sans cligner les paupières et en concentrant toute son attention.* Aussitôt qu'il voyait le sujet, absorbé dans cette contemplation, battre des paupières, il achevait de lui fermer les yeux par de douces et légères frictions et *lui posait une main sur la tête en appliquant fortement le pouce au front.* Les hypnotistes de l'école actuelle usent des mêmes procédés avec de légères variantes : à la fixité du regard sur des objets brillants, ils joignent les projections de lumière électrique, la pression des globes oculaires ou des pouces, les frictions du *vertex* et les violents coups de tamtam qui attaquent et ébranlent le sens de l'ouïe; ils emploient aussi le vulgaire soufflet de nos foyers et certain miroir à alouettes perfectionné et formé de fragments de glace enchâssés dans deux morceaux de bois prismatiques disposés en croix, auquel on imprime un mouvement de rotation *qui amène bientôt chez le patient un trouble et une fatigue de l'appareil optique et le fait tomber dans l'état de somnambulisme provoqué.*

Enfin les fascinateurs, malgré leur prétention à ne pas vouloir se laisser confondre avec les hypnotistes, ne s'écartent guère des procédés employés par ces derniers : depuis l'abbé Faria qui, plaçant ses patients dans un fauteuil et leur enjoignant de se recueillir, leur jetait brusquement d'une voix de stentor dans l'oreille ce commandement impératif : « Dormez ! » jusqu'à Donato qui sur ses mains étendues et ouvertes fait poser celles de son sujet en lui enjoignant de peser de toutes ses forces. puis, tout à coup, à l'improviste, lui lance dans les yeux un regard acéré comme une pointe d'épée, tous sans exception, *par une action violente et imprévue* sur le sens de l'ouïe ou sur celui de la vue, cherchent à produire le même effet que les hyp-

notistes avec leurs coups de tamtam et leurs projections
de lumière ; ils cherchent en un mot à *provoquer
l'ébranlement des centres nerveux qui doit leur livrer,
inconscient et sans défense,* le patient, tout préparé
ainsi à leurs expériences variées.

Hypnotistes et fascinateurs sont manifestement
d'accord sur la finalité de leurs procédés :

« C'est par suite d'un *excès de fatigue* dont souffre
un système particulier de muscles, état résultant de la
position *incommode et forcée* des yeux, dit le Dr Braid,
que se développe dans le cerveau et dans tout le système nerveux cet état particulier que j'appelle Hypnotisme. »

« J'impose mes convictions *par la force,* dit Donato
(dans l'exposé de la méthode qu'il donne dans sa *Revue
physio-psychologique*), et pour cela j'ai recours à un
procédé rapide, *en quelque sorte foudroyant,* qui n'a
rien de commun avec l'Hypnotisme, car il ne provoque
ni l'occlusion des yeux, ni le sommeil : *j'anéantis
instantanément la volonté d'un homme éveillé et conscient, puis je provoque l'état d'inconscience sans sommeil.* » Qu'il y ait sommeil ou non. peu importe : les
deux méthodes, on le voit, aboutissent à *l'automatisme
et à l'inconscience, au déséquilibrement de l'Être par la
surprise, la fatigue ou la violence.*

Si l'on compare ces manœuvres aux procédés magnétiques, il n'est point douteux qu'elles en diffèrent absolument ; tandis que hypnotistes et fascinateurs, s'a-
dressant spécialement au cerveau, cherchent à jeter
hors de leur équilibre les centres nerveux par des

attaques violentes ou à jet continu, les magnétiseurs, ménageant avec soin l'encéphale et concentrant toute leur action sur l'épigastre et le système nerveux ganglionnaire, s'attachent à équilibrer de leur mieux le courant nerveux de façon à obtenir la plus haute expression de l'autonomie fonctionnelle de l'Être. Les uns détruisent le Moi conscient, les autres l'élèvent à son plus haut degré synthétique. Aussi quelles notables différences on relève entre les sujets formés par l'une ou l'autre méthode, lorsque, sous l'influence bénéfique et équilibrante des *impositions* et des *passes* magnétiques, vient à surgir naturellement l'état somnambulique !

Dans le sujet magnétique, les trois conditions essentielles à l'expression normale du phénomène se développent : *isolement, concentration, mobilité.*

L'isolement, en annihilant toutes les sensations qui viennent du dehors, donne au sujet mesmérique la faculté précieuse de concentrer son attention mieux encore qu'à l'état de veille ; ses sens, en quelque sorte *synthétisés en une exaltation du Moi sensoriel*, lui donnent une sensibilité exquise que *l'état de rapport* met exclusivement à la disposition de son magnétiseur : il ne peut être *touché* que par lui, il *n'entend* que lui, il *n'obéit* qu'à lui, il ne peut être *réveillé* que par lui.

La *concentration*, en permettant à l'activité fonctionnel de se condenser et de s'équilibrer *en dedans*, fait du sujet mesmérique un instrument d'une délicatesse inouïe qu'on ne saurait mieux comparer qu'à une balance de précision dont la plus légère pesée déplace le centre de gravité. Répondant merveilleusement aux moindres incitations de celui qui l'a réglé par *la mise en rapport*, le sujet mesmérique lit dans la pensée de son magnétiseur, répond à toutes ses suggestions *mentales*, de près comme de loin, hors de la vue, à travers les murs et jouit de cette extrême *mobilité magnétique*, dont parle de Puységur, mobilité qui consiste à céder à toutes les attractions à distance.

Cet état de condensation interne, en avivant les foyers nerveux, permet au sujet mesmérique de projeter ses facultés synthétisées sur tous les points qui lui sont désignés ou qu'il choisit, à la façon d'un réflecteur qui unit en un seul faisceau les rayons lumineux. C'est ainsi qu'il voit en lui et hors de lui, qu'il dépeint ses propres organes ou ceux de ses voisins, qu'il précise l'état des parties malades, le genre, l'origine, la durée et l'issue des maladies ; c'est ainsi également que sa puissance de rayonnement va jusqu'à lui octroyer l'étrange et mystérieuse faculté de lire dans l'espace, de *prédire* et de *vaticiner*.

Le sujet formé par les procédés hypnotiques est loin de posséder ces nombreuses et éminentes qualités. Il n'est ni *isolé* ni *concentré*, et ses facultés, loin d'être condensées en un faisceau interne, sont au contraire *extériorisées. Il peut être touché par n'importe qui*, et, si par hasard il en éprouve quelque gêne, c'est également vis-à-vis de tout le monde. Il *entend* tout le monde ou personne ; il *obéit* à tout le monde ; il peut être *endormi et réveillé* par le premier venu ; toutes les voies qui mènent les impressions sensorielles au cerveau, au lieu d'être fermées, restent ouvertes aux sensations

venant du dehors, ce qui met le sujet dans un état
d'instabilité permanente qui le fait flotter entre ces deux
extrêmes, *catalepsie et léthargie*. Dans le premier cas,
catalepsie, les sens de l'ouïe, du goût, de l'odorat, du toucher, prennent une telle acuité que le sujet peut saisir
les paroles prononcées très bas et presque sans mouvement des lèvres ; il perçoit les moindres odeurs, les
gestes, et se rend compte de la présence et de la nature
des objets éloignés de lui, mais dans un rayon restreint.
Dans le second cas, *léthargie*, cette acuité des sens s'é-
teint, et le cerveau, frappé instantanément d'inertie,
semble privé de tout fonctionnement. Dans l'un ou l'autre
de ces états extrêmes, le sujet hypnotique n'est apte à
recevoir aucune *suggestion mentale ;* distrait, d'une part,
par l'acuité de ses sens hyperesthésiés, qui le mettent à la
merci de toutes les impressions du dehors, ou, d'autre
part, plongé dans l'état comateux léthargique qui le
sépare de ce qui l'entoure, il reste indifférent aux trans-
missions de pensées et aux effets à distance, comme, en
un milieu bruyant qui nous apporte des sensations multiples ou en un sommeil profond qui nous absorbe, nos
facultés restent également insensibles à toute perception
délicate. Le sujet hypnotique, ainsi extériorisé ou an-
nihilé, représente un instrument imparfait qui ne répond
qu'aux *incitations physiques* et aux *suggestions verbales*
et ne laisse accès à aucune réaction psychique. Aussi
les hypnotistes, n'ayant jamais été à même de constater chez leurs sujets les phénomènes psychiques,
ont-ils toujours nié l'existence de ces phénomènes.
« Si l'on ouvre un livre sur l'Hypnotisme, dit M. le

« Dr Ochorowicz, on y trouve des plaisanteries sur la
« suggestion *mentale* ; les hypnotistes ne l'ont jamais
« étudiée, mais ils certifient l'exactitude de leur opi-
« nion négative, en se basant sur le témoignage
« d'autres savants qui ne l'ont jamais étudiée non
« plus ! »

Comment l'auraient-ils étudiée, la suggestion *mentale*, ces expérimentateurs turbulents, dont les procédés
artificiels visent surtout à l'effet devant une assistance
plus ou moins nombreuse, alors que le phénomène ne
peut s'obtenir qu'au moyen de pratiques qu'ils mé-
connaissent de parti pris et cherchent à ridiculiser. En
Hypnotisme, ce que nous appelons le *Rapport* n'existe
pas ; le rapport est un procédé exclusivement mesmérique, et c'est par la mise en rapport, intelligemment
graduée, que l'on peut seulement arriver à *régler* un
sujet. Nous disons *régler*, car il faut en effet procéder à un véritable *réglage* : on règle un sujet somnambulique comme on règle un instrument de précision, un télescope, un chronomètre, un téléphone.

Par les *impositions* et les *passes*, on actionne plus ou
moins le cerveau et l'épigastre, et l'on s'attache à maintenir un juste équilibre entre ces deux centres de la vie
nerveuse ; par les *passes longitudinales* et les *impositions*,
on *charge* , par les *passes transversales* et le *souffle
froid à distance*, on *dégage*[1]; on augmente ou on diminue ainsi à volonté la profondeur de l'état somnam-

---

[1] Voir Magnétisme curatif : *Manuel technique*, par A. Bué.
Paris, Chamuel, 1893.

bulique que des actions graduées avec une patience et un tact infinis doivent seules produire ; et c'est ainsi qu'on parvient progressivement à établir entre magnétiseur et magnétisé cet état de *sympathisme* que M. le Dr Ochorowicz a si parfaitement décrit : « Ce n'est pas seulement, « dit-il, un rapport purement physique, c'est surtout et « avant tout l'effet d'une action réflexe psycho-nerveuse « qui produit l'association des idées, des sentiments « et des volitions aussi bien que celle des sensations « physiques et des mouvements, et qui, montrant une « fois de plus l'étroite solidarité qui unit dans l'orga- « nisme le physique et le moral, donne l'explication « de ces associations *idéo-organiques* où l'idée suffit « pour produire l'inflammation d'un organe, sa sé- « crétion, son hyperesthésie ou sa paralysie, arrête « une hémorrhagie ou fait renaître un trouble bio- « logique quelconque. » Dans l'état de *Rapport,* jus- tement équilibré, le sujet magnétique, monté à un diapason de tension suffisamment élevé, n'a pas besoin, comme à l'état ordinaire, de faire passer ses sensations par l'analyse de son cerveau ; il subit en quelque sorte spontanément les impressions qu'il reçoit, comme une corde vibre sympathiquement par égalité de tension ; il faut donc dans toute expérience tenir compte avec soin de cette sensibilité de réson- nance magnétique *idéo-plastique* qui, en réalité, est la source des nombreuses erreurs d'appréciation dont l'é- tude de ces phénomènes est encombrée « On ne se doute « guère parmi les savants hypnotiseurs, dit M. le D^r « Ochorowicz, qu'en expérimentant sur un sujet sen-

« sible, on peut lui inculquer ses théories, ses con-
« naissances, ses craintes, ses suppositions même et
« qu'on arrive ainsi sans s'en apercevoir *à s'amuser*
« *avec soi-même*, croyant faire des découvertes ! Que di-
« riez-vous d'un physicien qui, voulant faire une me-
« sure galvanométrique délicate, chargerait ses poches
« de morceaux de fer ou d'aimants ? C'est précisément
« le cas des expérimentateurs en hypnotisme : *ils ne con-*
« *servent pas une neutralité suffisante* dans leurs re-
« cherches ; ils oublient que leurs présomptions en se
« répercutant sur leur sujet éminemment sensible
« viennent ensuite les induire en erreur ! »

De là cet enfantement perpétuel de théories diverses
et de classifications nouvelles où l'unité des principes
disparaît sous le flot d'appréciations confuses résultant de la multiplicité des apparences sous lesquelles
se montre le phénomène : les *trois états caractéris-*
tiques du sommeil hystéro-épileptique de Charcot, les
neufs états de M. Pierre Janet, *la cause qui fait, défait,*
de Dumontpallier, les *zones hystérogènes* de Charcot,
hypnogènes de Pitres, *dynamogènes* de Féré, *érogènes*
de Chambard, *réflexogènes* d'Heidenhein, *neutres* de
de Rochas, les *points d'inhibition* de Brown-Séquard, le
vigil hypnotisme de Charles Richet, le *magnétisme mo-*
léculaire géométrique de Tony Molin, les *transferts* de
Luys, *l'action des médicaments à distance* de Bourru et
Burot, etc., etc., et toutes autres théories spéculatives
de ce genre qui n'ont rien de positif ; les expérimentateurs, dans la production des phénomènes qu'ils
obtiennent, semblent oublier complètement la part

qu'ils doivent faire à ces deux facteurs essentiels, l'idiosyncrasie du sujet et le tempérament de l'opérateur.

Tout dépend en effet en grande partie de l'individualité *psycho-physiologique* de celui qui expérimente,
de ses vues personnelles et de son mode d'opérer. Tel
obtient de préférence des phénomènes de paralysie et
de léthargie; tel autre ne produit que l'hyperesthésie
et la catalepsie. Celui-ci amène presque toujours des
spasmes, des crises convulsives ; ses sujets sont de
vrais démons qu'on a beaucoup de peine à mater et à
conduire; celui-là, au contraire, ne produit qu'un
grand bien-être et du calme ; ses sujets sont doux,
obéissants et disciplinés. Il y a des magnétiseurs qui
n'endorment presque jamais ; et quand, par hasard, le
sommeil arrive naturellement sous leur main, ce sommeil très bienfaisant ne se complique d'aucun désordre :
il n'y a ni spasmes, ni paralysies, ni contractures.
D'aucuns n'agissent que par suggestion, d'autres
s'essayent en vain à en faire. Or ces multiples nuances
ne sont que les degrés ou les phases d'un seul et même
phénomène qu'un expérimentateur habile peut obtenir
à volonté par le juste réglage de l'instrument qu'il emploie. Qu'il porte son action directement sur l'encéphale, en agissant avec violence ou d'une façon continue sur les centres sensoriels, il obtiendra toute la série
des phénomènes *neuro-musculaires*, léthargie, catalepsie, extase, etc.; il réduira le *Moi conscient* et produira
'*auto matisme*, se maintenant ainsi dans le domaine
des phénomènes qu'on est convenu d'appeler *hypnotiques*. Qu'il concentre au contraire son action sur ce

centre phrénique important de l'épigastre qu'on appelle
le *plexus solaire*, qu'il ménage l'encéphale, qu'il n'emploie que des actions douces et progressives, qu'il ne
provoque rien et reste neutre, attendant tout de la nature au lieu de se substituer à elle, en un mot qu'il laisse
le phénomène se développer librement, aucun des
phénomènes *neuro-musculaires* de la léthargie et de
la catalepsie n'apparaîtront, le *Moi conscient* se
développera, les facultés se synthétiseront et la véritable
clairvoyance magnétique avec tous les admirables effets
qui l'accompagnent, en se produisant, nous montrera
que nous sommes ici en plein dans le domaine des
faits qu'on est convenu d'appeler *magnétiques*.

En conservant ces deux appellations que l'usage a con-
sacrées, nous dirons que la seule chose qui différencie
l'Hypnotisme du Magnétisme, c'est le *mode de réglage
du sujet* et la nature des procédés employés pour établir ce réglage. Entre l'Hypnotisme et le Magnétisme,
il n'y a donc ni l identité qu'ont cru y voir certaines personnes en supprimant l'ancienne appellation pour y substituer la nouvelle, ni le fossé profond que bien d'autres
ont voulu creuser ; à tout instant, qui se taxe d'être
magnétiseur, *hypnotise,* et qui croit simplement *hypnotiser*, *magnétise.*

Du Potet, La fontaine, et tant d'autres, dans les séances
publiques où ils s'appliquaient à terrasser un homme ou
un animal en quelques secondes, n'étaient plus des
magnétiseurs, dans la véritable acception du mot : ils
faisaient œuvre *d'hypnotistes* ; et, si Braid a eu la pensée
d'imiter artificiellement ces manœuvres *plus théâtrales*

que *curatives* (ce qui a fait naître la grande querelle qui subsiste encore aujourd'hui), c'est malheureusement parce qu'un magnétiseur, sortant de son rôle, a donné le mauvais exemple.

La distinction que nous venons d'établir entre l'Hypnotisme et le Magnétisme ne résulte pas seulement de l'observation des faits : cette distinction s'appuie également sur des considérations physiologiques que nous nous proposons de développer dans le chapitre suivant.

CHAPITRE III

Explication physiologique des phénomènes

Schéma de l'équilibre organique : Cerveau, Appareil génital Cœur et Foie. — La vie est un équilibre oscillatoire obéissant à une loi de concentration *tonalisante*. — De l'Enormon. — De la Rhythmique vitale. — De ses rapports avec l'*Acoustique* et l'*Optique*. — Divisions du circuit nerveux : *Encéphale, Rachis, Système ganglionnaire*. — Fonctionnement du système nerveux : *Sens, Cerveau, Tronc* ; leur *mise au point* ; courant *sensoriel* et courant *viscéral*. — Les hypnotistes, en actionnant directement le cerveau par le courant *sensoriel*, provoquent une *réaction dispersive* qui extériorise l'action des sens, affaiblit la *tension-énormon*, fait naître l'idée *improportionnée*, et amène automatisme et inconscience. — Rôle *obturateur* du cervelet. — Les magnétiseurs, en actionnant indirectement le cerveau par le courant *viscéral*, produisent un état de *concentration* qui double la *tension-énormon*, ferme les voies dispersives des sens, augmente l'*isolation* et entretient le jeu équilibré de l'appareil cérébral. — Intégrité de la *volonté* et du *Moi conscient*. — Rôle *libérateur* du cervelet.

Avant d'entrer dans le vif de la question, nous croyons nécessaire de donner un aperçu de l'organisme vivant et de l'antagonisme des forces qui règle le jeu

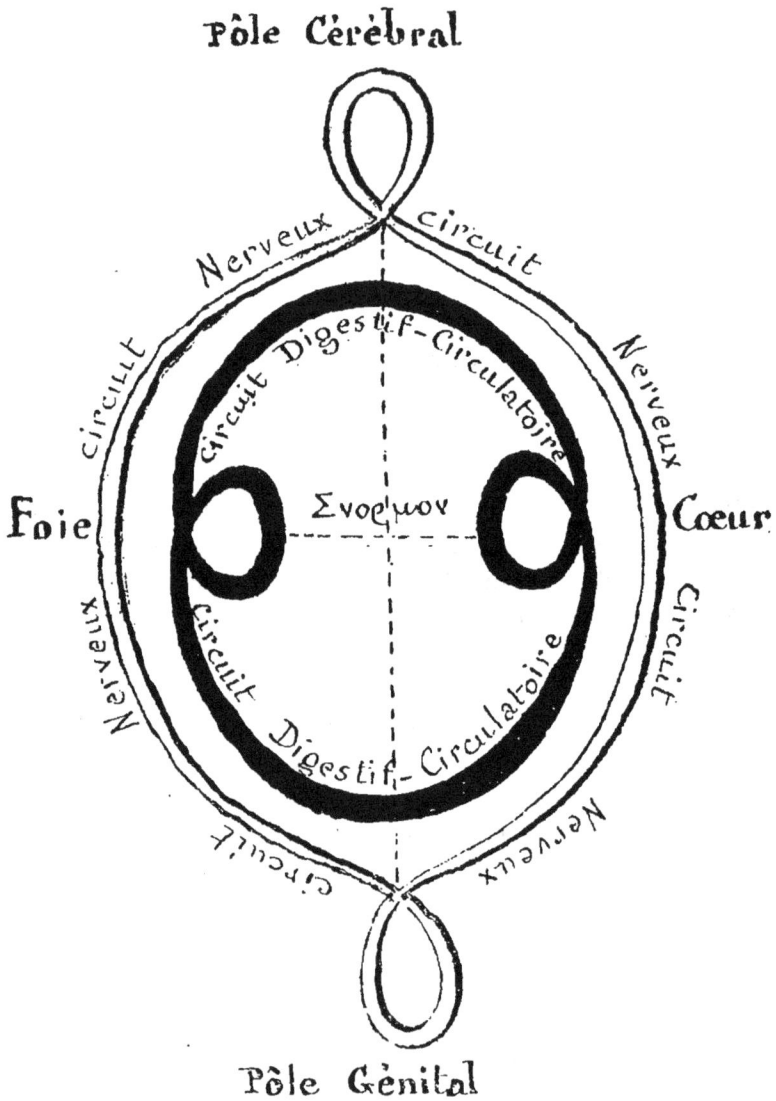

Pôle Cérébral

Nerveux circuit

circuit Nerveux

Circuit Digestif-Circulatoire

Foie Σνοϱμον Cœur

circuit Circuit

Circuit Digestif-Circulatoire

circuit Nerveux

Pôle Génital

Fig. 1.

du fonctionnement nerveux, non pas que nous ayons
la prétention d'entrer dans la description détaillée
d'appareils complexes dont tous les livres d'Anatomie
et de Physiologie peuvent nous donner l exacte topo-
graphie ; mais, nous plaçant à un point de vue plus
élevé, nous tenons essentiellement à exposer *la philosophie* du phénomène vital telle que nous la concevons.

Pour atteindre ce but, nous nous servirons du schéma
ci-dessus (fig. 1) : supposons deux cercles concentriques,
l'un blanc et l'autre noir, le cercle blanc (externe) représentant le système nerveux, le cercle noir (interne)
représentant l'ensemble des systèmes respiratoire, di-
gestif et circulatoire. Plaçons sur chacun de ces deux
cercles deux nœuds : sur le cercle externe, l'*Appareil
cérébral* et l'*Appareil génital* ; sur le cercle interne, le
Cœur et le *Foie*.

Ces quatre nœuds, en opposition de polarité antagoniste conjuguée, et qui, par leur architectonie spéciale,
donnent l'idée la plus parfaite de ce qu'on peut appeler
un *défilé* organique, et par dérivation un appareil de
serrage ou de *tension*, ont pour mission de maintenir en
permanence l'*éréthisme tensionnel* indispensable au
fonctionnement de toute vie cellulaire. Le cercle *cérébro-génital* ou nerveux, qui représente l'animal externe, met l'Être en communication avec le milieu ambiant ; c'est lui qui est chargé de tous les rapports externes et qui subit les influences des milieux ; il les
transmet au cercle *cardiaco-hépatique* représentant
l'animal interne, avec lequel il est en constantes et
étroites relations et qu'il enveloppe complètement,

réglant ainsi dans l'économie animale tous les rapports internes et externes de l'Etre.

La Vie nous apparaît alors, non pas comme l'immobilisation d'éléments architecturaux, mais comme *un équilibre oscillatoire* entre des organes spéciaux, jouissant d'une indépendance relative telle qu'on pourrait les croire placés en dehors de tout centre régulateur, tandis qu'en réalité ils obéissent à un jeu d'antagonisme représentant des tonalités de détail, soumises elles-mêmes à une loi unique de *concentration tonalisante.*

La Vie n'est donc ni l'expression d'une toute-puissance mytérieuse cachée en quelque repli de l'organisme comme nous la montrent Van Helmont et Stahl, ni la résultante de propriétés spéciales attribuées aux tissus, comme essayent de le prouver Haller et Bichat ; mais tout simplement un phénomène de *Tonalisation* semblable à celui que nous fournit comme type frappant la Tonalité musicale.

Cerveau, Cœur, Appareil génital et Foie jouent, en effet, dans la Tonalité physiologique, un rôle identique à celui que la *Tonique*, la *Médiante*, la *Dominante* et la *Sensible* jouent dans la Tonalité acoustique ; dans l'une comme dans l'autre tonalité, la série des déplacements part de l'état de *Condensation* pour marcher vers l'état de *Résolution* en passant par tous les degrés de la *Dispersion*. L'organisme présente ainsi tous les phénomènes de réaction d'une force emprisonnée ; l'instrument se bande contre les efforts adventifs au lieu de céder sans résistance ; et du conflit de ces antagonismes, justement pondérés, naît cette tension vitale équilibrée qui constitue l'individualité de l'Être comme la tension acoustique équilibrée constitue l'individualité de la gamme. En Physiologie comme en Acoustique, le réglage des antagonismes amène une résultante qu'on appelle ici le *Ton* et là *l'Énormon* ; « Ενορμον » est un terme qu'on retrouve dans les œuvres d'Hippocrate pour désigner l'immatérialité de l'Être ; cette appellation nous semble ici tout à fait appropriée pour représenter le point fictif d'intersection des forces antagonistes ; elle nous donne une image figurative de la rhythmique vitale qui, en s'élevant ou s'abaissant suivant la nature et l'intensité des résonnances qui affectent le circuit nerveux, engendre les nuances infinies des idiosyncrasies et des tempéraments.

C'est vers le centre phrénique placé à l'épigastre, qu'on appelle *Plexus solaire*, que l'impression de cet équilibre se fait le plus particulièrement sentir. là où Van Helmont plaçait son *archée* directrice, Buffon *le foyer de l'âme* et les anciens physiologues les *præcordia* ou *cœur moral* des entrailles ; c'est là, en effet, où l'on ressent le contre-coup de toutes les passions, où se font sentir les fluctuations *centrifuges* et *centripètes* qui règlent le mouvement alternatif d'*élimination* et de *nutrition*, et où peut véritablement s'opérer la *mise au point* de l'organisme.

Ainsi la Tonalité acoustique nous donne la clef de la rhythmique vitale, et, en raison de l'unité de plan qui préside si admirablement à la synthèse des phénomènes naturels, nous pouvons ajouter que les lois de l'optique nous l'expliquent aussi : « De même que la lumière naît

de la concentration tonalisée des nuances du Spectre,
dit Louis Lucas, de même l'individualité psychique et
physiologique naît du jeu harmonieux des condensations tonalisées de l'Être qui produisent *Santé, Intel-*
ligence et *Raison !* » Tous les organismes n'arrivent
pas à réaliser cet état de synthèse : ils s'échelonnent
sur tous les degrés du *Spectre organique*; mais, tout en
se trouvant classés dans telle ou telle fraction de la
Série, ils tendent par tous leurs efforts, en vue du
bonheur et de l'intégrité individuels, vers cet état
parfait dont ils cherchent le moins possible à s'écarter.

Maintenir la rhytmique vitale au ton qui lui convient est donc le secret de la vie des organismes ; ce doit
être également l'objectif de toute Thérapeutique rationnelle ; il nous importe alors de savoir comment se comporte le système nerveux, ce merveilleux instrument
des tensions vitales, cet admirable régulateur de l'organisme, que dans notre schéma nous avons réduit à sa
plus simple expression, en le figurant par un cercle en-
veloppant les autres systèmes.

Le circuit nerveux, au premier abord, présente trois
groupes distincts : 1° le *Système ganglionnaire* ; 2° le
Rachis ; 3° *l'Encéphale*.

1° Le SYSTÈME GANGLIONNAIRE est cet ensemble d'innombrables cellules disséminées en ganglions et plexus
dans les profondeurs de l'organisme, formant « des
groupes ou des réunions de groupes qui deviennent
autant de *centres indépendants* de mouvements combi-
nés, successifs ou alternatifs, répondant à des excitations déterminées ». C'est le centre des actes organiques.

dits *inconscients*, chargé de coordonner les énergies des divers éléments des tissus ; ce système représente la forme la plus rudimentaire de la vie nerveuse au bas de l'échelle des Êtres.

Le rachis, situé à la région dorsale des vertébrés et qui chez les invertébrés, est remplacé par les cordons nerveux ganglionnaires de la région ventrale, met en rapport intime et permanent le système ganglionnaire et le système encéphalique ; c'est le lien naturel entre le pôle *cérébro-buccal* qui préside aux *ingestions* et le pôle *génito-anal* qui préside aux *excrétions*, unissant ainsi la fonction *d'oxygénation* à celle *d'hydrogénation*, et opérant par son épanouissement dans le sac formé par l'appareil musculaire cette sorte d'enveloppement de l'animal interne par l'animal externe dont nous parlions tout à l'heure.

La coupe du cordon médulaire, qui court le long de la colonne vertébrale, affecte une forme prismatique très nette, et, comme une lame de stylet triangulaire, le Rachis va, à travers le trou occipital, s'emmancher avec ses racines et ses annexes dans les circonvolutions du Cervelet et du Cerveau.

Avec ses nombreuses paires de nerfs spinaux, constituées chacune par deux racines distinctes se réunissant pour former un nerf mixte qui va se distribuer ensuite à tous les systèmes de l'économie, le Rachis, par sa disposition anatomique, représente une véritable harpe tendue au milieu du tronc, sorte d'instrument prismatique, prêt à recevoir et à sérier toutes les résonnances qui lui arrivent des sens par le Cerveau, ou

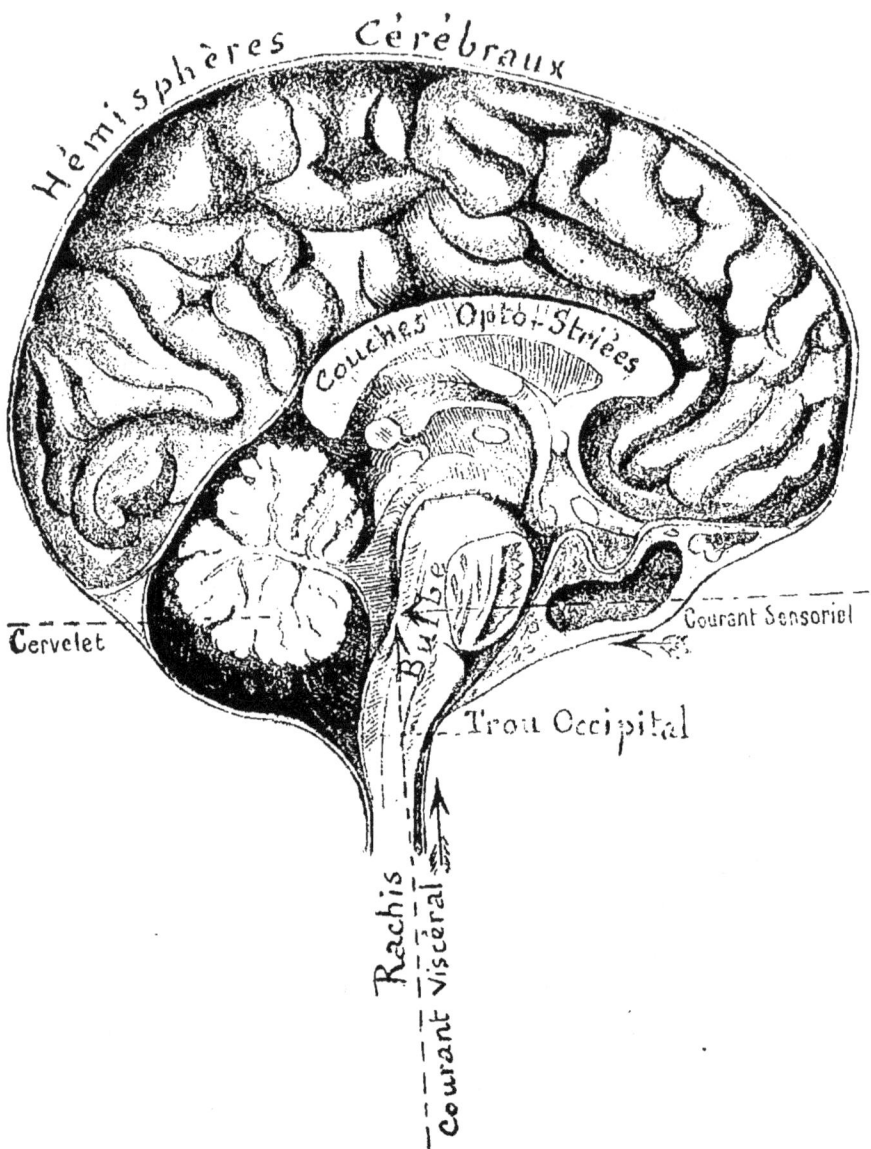

Fig. 2.

des viscères par le Système ganglionnaire. C'est le
centre des actes réflexes.

3ᵉ L'ENCÉPHALE, enfin, logé dans une boîte osseuse
résistante et bien close, occupe le sommet de l'édifice ;
il est en même temps le point de départ et le point
d'arrivée de toutes les expansions nerveuses, et tout ce
qui part de ce sanctuaire ou y arrive passe par l'un des
défilés les plus étroits de l'organisme, *le trou occipital*.

La partie du *Rachis* qui a passé ce trou avec ses
annexes intimes forme ce qu'on appelle le *Bulbe* ou
Moelle allongée ; c'est là, à notre avis, le point le plus
remarquablement intéressant du réseau nerveux, et
nous ne saurions trop attirer l'attention sur cette région encéphalique où viennent sans nul doute se
croiser les deux courants antagonistes dont l'un,
arrivant par les Sens, vient de l'extérieur, et l'autre,
remontant par le Rachis, vient du Système ganglionnaire et de l'intérieur viscéral (fig. 2).

En cette région, le couronnement de la Moelle
(*couches opto-striées*) et ses épanouissements (*protubé-
rance annulaire, pédoncules, tubercules*, etc.) forment
un enchevêtrement complexe où viennent aboutir les
nerfs des Sens (goût, odorat, vue, ouïe), et les nerfs qui,
par leurs fonctions, sont plus ou moins affectés à
l'expression des émotions de l'âme ou à la rhythmique
du cœur et des poumons, tels que le *pathétique*, le
lacrymal, le *facial*, le *trijumeau* et le *pneumogastrique* ;
ce doit être en quelque sorte l'organe *de réception* de
l'Encéphale.

Le *Cervelet* avec ses deux lobes, placé à cheval sur

la *moelle allongée* et ses *irradiations*, vient compléter le jeu de cette région *encéphalo-rachidienne*, en remplissant, en dehors des autres propriétés physiologiques qu'on peut lui attribuer, l'importante fonction d'*obturateur* sur le trajet des courants *sensoriel* et *viscéral* dont nous venons de parler.

Enfin les deux *hémisphères cérébraux*, affectant la forme d'une lentille convexe dont la concavité serait tournée intérieurement vers le corps, complètent l'Encéphale qu'on peut considérer comme le siège des *perceptions* et l'instrument des *volitions*. Disons en passant que *Rachis*, *Moelle allongée*, *Cervelet* et *Cerveau*, organes de *concentration*, sont des appareils de luxe qui n'appartiennent qu'aux organismes supérieurs, toute vie rudimentaire se contentant de la *dispersion* nerveuse ganglionnaire avec ses actions inconscientes et réflexes.

Telle est l'esquisse sommaire de l'instrument des résonnances vitales ; ce rapide exposé nous suffira pour tirer les considérations qui nous restent à déduire.

L'Être, en rapport obligé et constant avec le milieu dans lequel il est appelé à vivre, puise par toutes les radicelles nerveuses périphériques les éléments diffus du mouvement qui le baigne ; il rassemble ces éléments, les canalise et les différencie au moyen des nerfs : ceux-ci, au lieu d'agir *électriquement*, comme on a pu le supposer, remplissent le simple rôle de *condensateurs, conducteurs, modificateurs* des courants, et c'est du choc, soigneusement pondéré, des résonnances externes et internes, transmises au cerveau d'une part par le courant *sensoriel* et de l'autre par le courant *viscéral* que naît l'*équilibre énormon* ; c'est sous l'influence combinée de ces deux poussées antagonistes, l'une externe, l'autre interne, que l'éréthisme nerveux se bande ou se détend, faisant monter ou descendre le diapason de l'Énormon (ce *stimulus-lumière* de la Tonalité), qui porte devant le miroir cérébral l'image plus ou moins nette du tronc organique et des Sens, et va stimuler *ces actes en retour*, sortes de *reflets* lumineux que nous nommons *jugement, pensée, volition* et *mouvement*.

Les Sens, le Cerveau et le Tronc forment ainsi un ensemble harmonique de résonnances dont tous les éléments sont solidaires et dont Louis Lucas donne une juste idée par la comparaison analogique suivante : « Les *Sens* et le *Tronc,* dit-il, jouent tour à tour, les uns vis-à-vis des autres, le rôle d'*oculaire* ou d'*objectif,* selon qu'ils se considèrent à un point de vue différent ; quant au Cerveau, il représente la *lentille de champ* placée au *centre focal.* »

Toute la philosophie du système nerveux est là et la solution du problème que nous étudions réside dans une question de *mise au point* ; au physique, la mise au point est la *Santé* ; au moral, c'est la *Conscience* et la *Raison* ; si les forces, centrifuges et centripètes, ne s'équilibrent pas, s'il y a inégalité de succession ou d'intensité dans les dispersions et les condensations, les éléments d'*élimination* et de *nutrition* ne se compensent plus, il y a flottement dans les fonctions organiques et la *Maladie* apparaît ; en même temps, la len-

lille cérébrale insuffisamment éclairée ne reproduit
plus que des formes vagues et confuses, aux contours
indécis, dont le manque de netteté et de proportions
engendre l'hallucination, l'inconscience et le rêve qui
sont un acheminement vers la *Folie*.

La conservation de la personnalité, la sauvegarde
physique et morale de l'Être dépendent de cette *mise
au point* ; tout procédé susceptible de maintenir cet
équilibre est bienfaisant ; toute cause qui en éloigne
est nocive.

Or si nous nous reportons aux procédés hypnotiques
e tmagnétiques, voici ce que nous constatons :

Les hypnotistes et les fascinateurs, en agissant directement sur les sens de la vue et de l'ouïe par des procédés violents ou continus , produisent l'éréthisme
de ces sens ; et comme toute tension, toute force
accumulée provoquent un antagonisme correspondant,
il résulte de ces vives attaques sensorielles une réaction
centrifuge; la poussée nerveuse s'accentue des centres à
la périphérie et amène, *par dispersion*, un abaissement
sensible de la production de la force, comme lorsqu'au
moyen d'un commutateur on ouvre brusquement un
courant électrique, trop d'intensité au point de départ
peut compromettre le travail des piles ; d'une part, le
trouble apporté dans les organes de la vue et de l'ouïe,
en enrayant et diminuant l'action métrale des sens,
d'autre part l'abaissement tensionnel de l'Énormon, en
cessant de mettre tous les points du réseau nerveux
en relations suffisantes avec les centres récepteurs,
donnent à la lentille cérébrale une sorte de *flou* qui,

produisant dans la sensation un défaut notable de proportionnalité, dispose le sujet à tous les écarts et à toutes les illusions de l'*idée improportionnée* et le met ainsi à la merci des suggestions les plus extravagantes. De plus, comme tout excès de dispersion engendre des tensions musculaires anormales (ce qui est facilement vérifiable par l'expérience), on voit bientôt se dérouler, sous l'influence des procédés hypnotiques, cette succession de mouvements *neuro-musculaires*, spasmes, contractures, catalepsie, qui, entravant le jeu des brides organiques, produisent ces brusques alternatives de dispersions et de condensations qui font succéder parfois d'une façon si imprévue l'hyperesthésie à la paralysie et *vice versâ*.

Enfin le Cervelet, que nous considérons comme un organe *obturateur* chargé de régler dans une certaine mesure les dispersions vitales, subissant la même influence que les autres brides organiques, rompt, en obturant le défilé cérébral ou *trou occipital*, le passage des courants qui mettent le Tronc et le Cerveau en relation par le Rachis ; par suite de la cessation momentanée de ces rapports, les mouvements automatiques inconscients, qui ont leur source dans la Moelle, prédominent, et l'Etre, en quelque sorte isolé de l'influence cérébrale, se trouve dans un état physiologique passager ayant quelque analogie avec celui que l'on constate chez un animal décapité.

L'excès de dispersion, produit par la violence ou la continuité des procédés hypnotiques, n'influence pas seulement le mouvement neuro-musculaire, il

éteint aussi plus ou moins la sensibilité périphérique ;
or, quand le *toucher*, sens antagoniste des sens de
la tête (vue, goût ouïe, odorat), vient par une cause
quelconque à être paralysé ou obscurci dans son
travail d'équilibration organique, un contre-coup se
produit et la rétroversion des sens supérieurs a lieu.

En résumé, les manœuvres hypnotiques, en activant le
mouvement de *concentration dispersive*, poussent les courants à *s'extérioriser*, affaiblissent la tension normale,
troublent plus ou moins l'harmonie de la *mise au point*,
et dans cette profonde atteinte de l'équilibre vital
tendent à amoindrir, sinon à détruire l'unité physique
et consciente de l'Être.

Il n'en est pas de même des procédés magnétiques.
Les magnétiseurs, au lieu d'attaquer le réseau nerveux
par les Sens, concentrent leur action sur le centre
nerveux le plus important du système ganglionnaire
le *Plexus solaire*, qu'on a appelé avec raison « le cerveau
de la vie organique » ; excluant tout acte violent provo-
cateur, ne procédant que par imbibition progressive, et
influençant la poussée nerveuse par l'extrémité diamétralement opposée à celle qu'ont choisie les hypnotistes,
les magnétiseurs agissent sur le courant qui remonte
en sens inverse des profondeurs viscérales le long des cordons, des ganglions et des plexus du Système ganglionnaire ; en actionnant ce mécanisme compliqué dont les
enchevêtrements multiples semblent spécialement cons-
titués par la nature pour retarder, en la réglant, la poussée
nerveuse vers le Cerveau (comme dans la circulation
du sang les valvules des veines retardent la poussée

du sang vers le Cœur), les magnétiseurs règlent
mieux l'action progressive de leurs radiations, déjà
si bienfaisantes par elles-mêmes, en les soumettant au mécanisme physiologique chargé de les
recevoir ; ces radiations, amorties par les ganglions
du Grand Sympathique et de la Moelle, remontent
le Rachis vers le passage occipital qu'elles traversent
sans encombre, car le Cervelet, qui remplit le rôle
d'*obturateur* dans les invasions violentes susceptibles de
compromettre l'intégrité de l'Être, laisse en cette occurrence passer l'ondée nerveuse ; cette ondée va, sans secousse et sans choc, réveiller dans l'appareil cérébral,
à l'extrémité du circuit, une réaction *centripète*, qui
ferme les voies externes, rétroverse les Sens et consécutivement amène l'insensibilité périphérique. Ici le
phénomène, sous l'influence condensatrice des impositions magnétiques, se produit en sens inverse ; la
rétroversion des Sens amène l'insensibilité périphérique, comme tout à l'heure l'insensibilité périphérique
produisait la rétroversion des Sens ; car, ne l'oublions
pas, sous des apparences de similitude, condensations
et dispersions produisent alternativement des effets
contraires.

Dans le cas présent, la réaction centripète, en
fermant les voies qui donnent accès aux résonnances externes, favorise le mouvement de concentration en voie de réalisation, augmente la force
tensionnelle de l'Énormon, et, par une isolation plus
complète, éclaire vivement la lentille cérébrale. L'Être,
ainsi séparé du monde extérieur, en quelque sorte

retourné vers lui-même, *se voit* dans l'appareil cérébral ;
cet appareil, placé sur le circuit nerveux, comme le
Cœur est placé sur le circuit sanguin, oppose aux tendances condensatrices des agglomérations capillaires,
viscérales et périphériques, sa haute puissance centrali-
sante. Empêchant la force nerveuse de se répandre en
aveugle à travers les tissus ; évitant ainsi une diffusion
qui amènerait infailliblement la ruine de la Tonalité en
amoindrissant sa tension ; rhythmant l'ondée nerveuse,
comme le Cœur rythme l'ondée sanguine ; maintenant
en un mot le battement de la rhythmique vitale, le Cerveau nous apparaît, dans cet équilibre réalisé par les procédés magnétiques, comme le plus merveilleux rouage
des combinaisons mystérieuses de la vie organique. Les
Sens, au lieu de s'extérioriser par l'excitation, comme
dans les phénomènes hypnotiques, se tournent dans le
calme le plus absolu vers les résonnances du Cerveau,
qui forment comme une sorte de capital précieux amas-
sé par mémoire ; par leur intervention , les sens
viennent augmenter la mise en œuvre de ce trésor
caché et développer les facultés synthétiques de
l'Être; non seulement rien n'empêche l'appareil cérébral de se mettre en jeu intégralement, mais tout concourt au contraire à développer les phénomènes de
l'entendement et de la volonté ; chaque ébranlement
nerveux, quelque léger qu'il soit, fait résonner le cla-
vier cérébral, d'autant plus sensible qu'il est mieux
équilibré; chaque idée y porte non seulement sa résonnance individualisée, mais toutes les résonnances
de la Série, ainsi qu'en Acoustique toute note *fonda-*

mentale entraîne à sa suite la série infinie des *harmoniques*, et nous assistons ainsi à l'accomplissement du phénomène de la naissance et de l'association des idées.

Dans cet état de concentration équilibrée tout s'enchaîne et se coordonne ; chaque centre nerveux, subordonné à son voisin hiérarchique, est en même temps susceptible de déterminer et de maintenir les mouvements qui lui sont propres ; les glanglions du Grand Sympatique coordonnent les énergies des éléments des tissus; les ganglions de la Moelle épinière coordonnent les fonctions des centres organiques ; les centres sensoriels contrôlent les centres spinaux et tout l'ensemble nerveux vient se synthétiser dans les deux lobes cérébraux, réalisant ainsi la manifestation la plus élevée de *l'individualisation.* Il n'y a pas, comme sous l'influence des manœuvres hypnotiques, prédominance tyrannique d'un des côtés du levier éréthique sur l'autre ; la Volonté, produit d'un antagonisme équilibré, n'est pas submergée par le manque de coordination des centres, elle persiste et maintient ainsi l'intégrité du *Moi conscient.* En un mot, il y a subordination mutuelle de toutes les parties et par suite équilibre, et de cet équilibre naît la pénétration profonde et à longue portée de la Clairvoyance magnétique inconnue en Hypnotisme.

De cet équilibre découlent également toutes les vertus curatives du sommeil *non provoqué,* équilibre, nous ne saurions trop le répéter, qui se produit sous l'influence de la magnétisation mesmérienne *en dehors de tout sommeil,* et que les manœuvres artificielles et violentes des hypnotistes ne sauraient à aucun prix déterminer.

CHAPITRE IV

Étude comparative, au point de vue curatif,
des effets hypnotiques et magnétiques.

L'hypnotisme et ses vertus curatives d'après les partisans de
cette méthode. — L'hypnotisme et ses dangers : prohibition des
expériences publiques par l'autorité administrative. — Opinion
des magnétistes, Aubin-Gauthier, de Jussieu, de Puységur, de
Bruno, Dr Roullier, Deleuze, Mesmer. — Nos constatations personnelles. — Expériences faites sur les animaux par Lafontaine,
le Dr Harting et Beckensteiner. — Généralisation des procédés
magnétiques, leur application aux dégénérescences des tissus et
des organes. — Exemples de guérisons : Guérison d'une arthrite-
chronique causée par une entorse. — Guérison d'une hémiplégie
faciale, conséquence d'une carie du Rocher. — Guérison d'un
Kyste multiloculaire.

Si l'on admet les considérations physiologiques que
nous avons développées dans le chapitre précédent, il
ne faut pas être grand clerc pour se prononcer *à priori*
sur les avantages, au point de vue curatif, que doit
présenter l'une des deux méthodes sur l'autre ; il est

évident que les procédés faisant appel à l'équilibre
vital et contribuant à ramener cet équilibre devront à
tous égards posséder de plus hautes vertus curatives
que ceux qui tendent manifestement à détruire cet équilibre en provoquant des troubles profonds dans l'organisme.

Malgré cela, cependant, les hypnotistes présentent
leur méthode comme pouvant s'adresser à certaines
maladies que la médecine ordinaire est impuissante à
guérir : « Par la façon dont l'Hypnotisme impressionne
le système nerveux, dit Braid, il possède le pouvoir de
guérir rapidement de nombreux *désordres fonctionnels*
intraitables ou tout à fait incurables par les remèdes
ordinaires, ainsi qu'un grand nombre de ces affections
douloureuses qui, pour la plupart, *n'étant pas accom-*
pagnées de modifications pathologiques dans la structure
des organes, sont appelées, de l'aveu de tous, des
« troubles nerveux » et dépendraient d'un état spécial
du système nerveux. »

Désordres fonctionnels et troubles nerveux, tel serait
le champ étroit des vertus curatives de l'Hypnotisme ;
de l'aveu même des partisans de cette méthode, toute
la Thérapeutique hypnotique se résumerait donc en ceci :
opposer un désordre à un autre désordre ; on tire l'ordre
de la confusion, au petit hasard, comme lorsqu'on
jette une pièce de monnaie en l'air pour voir si elle re-
tombe pile ou face ; quant aux atteintes organiques
profondes qui exigent pour leur réparation le concours
équilibré de toutes les forces vitales de l'Être, les hypnotistes, bien entendu, les ont placées d'eux-mêmes en

dehors de leur compétence ; ils ont eu raison, car la
base de leur méthode curative étant la *Suggestion*,
c'est-à-dire l'asservissement des facultés volitives du
sujet à celles de l'opérateur, ils ne pouvaient songer à
redresser, par la seule influence extérieure dont ils disposent, autre chose que de simples *habitudes* physiques
ou morales. On comprend aisément que, par la force
impérative de la Volonté, on puisse agir dans de certaines limites sur un être crédule et inconscient,
comme l'est tout sujet hypnotique placé artificiellement dans l'état hypotaxique. On suggère à un enfant
de ne plus être paresseux, à un ivrogne de ne plus
boire et à un menteur de dire la vérité ; mais ce qui
ne serait plus compréhensible, c'est qu'une suggestion, aussi énergique fût-elle, pût réussir à réduire
une entorse, à combattre une carie ou à débarrasser
l'organime d'un kyste ou d'une tumeur.

Les effets bienfaisants que les hypnotistes attribuent
à leurs procédés (dans les limites restreintes qu'ils
fixent eux-mêmes) nous paraissent encore fort contes-
tables ; c'est là une appréciation que nous ne sommes
pas seuls à émettre et qui tend depuis quelque temps
à se généraliser; partout où naguère les expériences
d'Hypnotisme et de Fascination obtenaient une si
grande vogue, l'autorité administrative est intervenue
et les a prohibées dans l'intérêt de la santé publique.
Après avoir été d'une excessive tolérance à cet égard,
on commence enfin à écouter les sages avertissements
des magnétiseurs qui, dans une prudente réserve
inspirée par leur grande expérience, ne cessaient de

dire à qui voulait les entendre : « Pas d'expériences !
n'en faites jamais ! elles sont plus qu'inutiles ! elles sont
dangereuses !... bornez-vous à observer les crises produites par la nature dans le cours d'un traitement.
Voilà les seules expériences permises, car, si elles profitent à l'observation, elles profitent aussi au malade ! »

« Dès le premier moment où je me suis occupé de
Magnétisme, dit Aubin Gauthier, j'ai reconnu que
les expériences étaient aussi inutiles que dangereuses;
j'ai toujours protesté contre celles que j'ai vu faire, et je
n'ai jamais voulu assister à aucune de ces expériences
si souvent encouragées ou ridiculisées par un public
ignorant ou stupide, défiant ou présomptueux, quelquefois tout cela en même temps. »

Aubin Gauthier se trouve d'accord sur ce point
avec tous les bons magnétiseurs, et voici leur opinion afin qu'on ne cherche pas à contester la
sienne :

DE JUSSIEU : « Retranchons avec soin de la pratique
toutes les expériences de curiosité qui sont « la magie du Magnétisme » et qu'une sage médecine rejette
comme inutiles, souvent illusoires, quelquefois nuisibles et toujours peu dignes d'occuper des hommes
chargés de plus grands intérêts ! »

DE PUYSÉGUR : « Si je pouvais me permettre un conseil sur la manière de procéder, ce serait de dire à tous
les magnétiseurs que le moyen le plus sûr d'obtenir de
bonnes expériences est de ne jamais chercher à en
faire : guérir voilà le seul but qu'on doit avoir ! »

DE BRUNO : « La plupart des expériences d'une vaine

curiosité sont pour le moins inutiles et *peuvent devenir dangereuses !* »

Dr Roullier : « En cédant trop facilement au désir de ceux qui ne connaissent le Magnétisme que par ce qu'ils en ont entendu dire, vous ne vous exposez que trop souvent — s'ils ne sont pas malades ou souffrants — à une nullité d'effets qui remplace dans leur esprit la disposition à la confiance par le doute et l'incrédulité. *Évitez de donner le Magnétisme en spectacle et surtout d'amuser les curieux par ce qu'on appelle des tours de force* : il n'en est pas du Magnétisme comme d'une expérience de fantasmagorie ! »

Deleuze : « La faculté de magnétiser ou celle de faire du bien à ses semblables par l'influence de sa volonté étant la plus belle et la plus précieuse qui ait été donnée à l'homme, il faut regarder l'exercice du Magnétisme comme un acte qui exige le plus grand recueillement et la plus grande pureté d'intention. *C'est donc une sorte de profanation de magnétiser par amusement, par curiosité, par le désir de montrer des effets singuliers !* »

Cette unanimité des Maîtres en Magnétisme à se prononcer contre toute *provocation* insolite des phénomènes n'est pas seulement basée sur le respect dont ils voulaient envelopper leurs actes, mais ils considéraient aussi ces dangereuses provocations comme profondément nuisibles aux personnes qui servent de sujets d'expérience.

« En actionnant une personne par amusement, pour faire acte de curiosité et montrer sa force, on excite des mouvements nerveux qui fatiguent et peuvent compromettre la santé, dit Aubin Gauthier. » « Le Magnétisme, devant être employé avec précaution et *peu à peu*, ajoute Deleuze, si l'on emploie tout à coup une force extraordinaire, c'est du mal que l'on fait au lieu du bien que le malade attend. »

Le Dr d'Eslon, plus explicite encore, affirme « que si au lieu de penser à la santé du malade on ne cherche qu'à le rendre somnambule et que pour y parvenir on concentre l'action sur un organe (*particulièrement sur le Cerveau*), il peut en résulter des inconvénients graves ou tout au moins des malaises fâcheux » !

Aussi tous ceux qui se sont sérieusement voués à la pratique du Magnétisme, en vue de soulager les malades, déplorent-ils (le célèbre de Jussieu en tête), « qu'on se soit attaché aux grandes spéculations, *aux grandes expériences* qui ne sont que la partie brillante, et *peut-être erronée* de la méthode ; et qu'on ait laissé de côté *la partie pratique, la seule qui soit vraiment solide et essentielle !* »

Mesmer lui-même, dans ses aphorismes, condamne tout genre d'excitation : « Quand on excite des crises violentes chez un sujet, dit-il (Aphor. 342), on entretient dans les organes un état d'élasticité forcé qui diminue dans la fibre la faculté de réagir sur elle-même et sur les humeurs qu'elle contient ; *d'où s'ensuit une sorte d'inertie qui entretient l'état contre nature que l'on occasionne.* »

Mesmer, par ses traitements publics et sa fameuse *chambre des crises*, semble cependant en contradiction avec ses propres principes ; ses ennemis n'ont pas manqué de le prendre à parti sur ce point, et ils ont vivement critiqué ses disciples en leur disant : « Quoi ! vous proscrivez toute mise en scène, toute expérience publique, et votre Maître donnait journellement l'exemple de ce que vous défendez ?... »

A cela nous répondrons qu'il faut faire la part des circonstances et des difficultés d'un début ; Mesmer, malgré tous les inconvénients qu'il prévoyait, dut en passer par là pour faire connaître et propager sa méthode ; débordé par le nombre des assistants dans les traitements publics qu'il inaugura, et ne voulant pas laisser les malades exposés à être touchés par tout le monde, il fut pour ainsi dire contraint d'organiser « la Chambre des crises » ; mais ses procédés furent bientôt connus d'un grand nombre d'initiés ; ces initiés se crurent autorisés à envahir le sanctuaire pour mieux voir les malades : la Chambre des crises devint alors un lieu banal dont le maître fut impuissant à garder les issues. « *Rien n'est venu adoucir les chagrins de l'honnête homme forcé de laisser ainsi profaner ses moyens* », dit de Puységur. Mesmer se plaint amèrement, en effet, dans ses mémoires, des *exagérations*, des *abus* et des *absurdités* auxquels sa découverte donna lieu, et des *étranges applications* qu'en firent des hommes qui n'en avaient qu'une connaissance très superficielle. Que dirait donc le Maître aujourd'hui en présence des écarts funestes vers lesquels inclinent les principes hypnotiques adoptés et prônés par la science officielle ? Quel sévère examen de conscience doivent faire tous ceux qui dans un intérêt étroit et privé ont faussé les admirables voies de la nature au détriment de l'humanité entière !...

On a pu constater les déplorables conséquences de l'hypnotisation répétée. A l'époque où les expériences publiques de *Fascination expérimentale* avaient une si grande vogue à Paris, je suivais ces expériences avec beaucoup d'intérêt, et j'eus l'occasion, pour mon compte, de constater que plusieurs jeunes gens, servant habituellement de sujets dans les représentations publiques durent renoncer à un exercice qui les fatiguait ; l'un d'eux, étudiant dans une école dentaire, M. W..., sujet très sensible et très délicat, se plaignait d'avoir été complètement détraqué par ces hypnotisations répétées et dut renoncer à s'y soumettre ; il ne pouvait plus dans la journée se livrer à son travail professionnel sans s'endormir ; l'attention soutenue qu'il était obligé de prêter au montage des pièces, le brillant de l'acier des instruments qu'il employait suffisaient pour l'hypnotiser, et peu à peu il était tombé dans un énervement et un marasme compromettants pour sa santé.

Les expériences faites sur les animaux sont peut-être plus concluantes encore que celles faites sur l'homme. Les expérimentateurs, n'ayant plus à redouter les suites fâcheuses de leurs tentatives, n'ont pas craint de pousser l'expérience jusqu'à ses limites extrêmes, afin de mieux éclairer leur jugement.

Lafontaine dans son livre, *l'Art de Magnétiser*, cite plusieurs exemples de la puissance du regard sur les animaux, et les terribles conséquences que ces expériences peuvent avoir pour eux : plaçant une grenouille dans un bocal de verre blanc de 15 centimètres de diamètre sur 30 de hauteur, il se mit à l'hypnotiser du regard ; la grenouille commença par sauter et s'agiter ; puis, au bout de quelques instants, elle se tint tranquille et ses yeux se fixèrent sur ceux de l'opérateur comme s'ils ne pouvaient plus s'en détacher ; bientôt la bouche contractée s'ouvrit, les membres se raidirent et l'animal expira ; l'expérience en tout avait duré treize minutes.

Lafontaine prétend avoir souvent répété cette expérience avec le même succès sur des couleuvres, des lézards et des crapauds. A l'appui du dire de Lafontaine nous citerons un fait dont M. Milne-Edwards a rendu compte à l'Académie des sciences dans sa séance du 13 février 1882 : M. Harting, professeur à l'Université d'Utrecht, a fait sur des poules, des pigeons, des lapins, des essais d'*Hypnotisation continue* qui ont eu à la longue le même résultat que les essais de *Fascination* de Lafontaine : « Si l'hypnotisation est plusieurs fois répétée sur le même individu, dit M. Harting, *son système nerveux s'en trouve fortement ébranlé.* J'avais six poules, qui à des intervalles de deux ou trois jours furent soumises à l'hypnotisation. Après trois semaines environ, une poule commençait à boiter ; bientôt une hémiplégie se déclara et l'animal mourut. Il en fut de même des cinq autres poules ; toutes furent atteintes d'hémiplégie les unes après les autres, bien qu'après des espaces de temps très différents. En trois mois toutes les poules étaient mortes. Cette expérience ajoute M. Harting *doit nous rendre très circonspects lorsqu'il s'agit d'appliquer l'Hypnotisme à l'espèce humaine !* »

Enfin un troisième genre d'expérience, en venant s'ajouter aux citations qui précèdent, est bien fait pour nous mettre en garde contre tout procédé *d'extériorisation violente* appliqué à l'organisme. Le chat, très amateur de caresses, est l'animal qui se prête le mieux peut-être à la magnétisation ordinaire ; véritable réservoir magnétique, comme tous les animaux à longs poils, il condense les courants avec une telle puissance qu'en certaines conditions de température on peut en tirer des étincelles. On peut profiter de cette disposition spéciale pour faire l'expérience suivante : Par un temps froid et sec, un ciel découvert et une température au-dessous de zéro, prenez l'animal sur vos genoux, posez-lui la main droite sur la nuque et les doigts de la main gauche *en pointes* vers la région de l'épigastre ; en faisant de la main droite quelques passes *appuyées* et rapides sur la colonne vertébrale, de la naissance de la nuque à la queue, vous déterminez une décharge qui donne une étincelle assez vive ; le chat, qui d'ordinaire éprouve un plaisir sensible aux passes douces et lentes faites le long de l'épine dorsale, et en témoigne son contentement en *ronronnant* et faisant le gros dos, se sauve précipitamment en cette circonstance, après la secousse que vous lui donnez ; il se prête peu volontiers à une deuxième épreuve ; et si vous parvenez à la renouveler plusieurs fois, il devient triste, languit et meurt. Un électricien dis-

tingué, qui a longtemps habité Lyon, M. Beckensteiner, rend compte de ce fait dans son ouvrage sur
l'*Électricité*.

Il n'y a rien d'étonnant que par ces décharges répétées,
qui *extériorisent* brusquement les courants dans un
appareil organique si spécialement disposé pour les
condenser, on ne prive l'animal d'une partie essentielle de ses réserves, et qu'en affaiblissant ainsi ses
facultés condensatrices, on ne le mette dans l'impossibilité de réparer ses pertes. Toute cause provocatrice violente tendant à une brusque *extériorisation* des courants est aussi funeste à l'organisme que l'action répétée
et continue des excitations sensorielles ; une excessive dépense physique en un court espace de temps,
une vive et brusque émotion morale, certaines médications dites *héroïques*, une hypnotisation répétée,
une fatigue continue amènent également, par perte progressive ou par décharge foudroyante, la ruine de nos
forces.

Gardons-nous donc contre la puissance dispersive
de ces vibrations d'inégale intensité, qui, par leur
effet continu ou leur choc, s'attaquent plus ou moins
directement à la réserve de nos forces capitalisées, et
peuvent, à notre insu, nous enlever l'essentialisation
de notre vitalité, notre suprême ressource, à l'instar
des voleurs de nuit qui dévalisent nos coffres-forts.
Maintenons par tous les moyens dont nous pouvons
disposer l'égalité de notre *tension vitale* ; c'est cette
tension équilibrée qui assure à son tour la régularité et
la succession normale des *dispersions* et des *conden-*

sations qui représentent le mouvement régulier de la vie. C'est en cela que les procédés magnétiques, qui visent spécialement à maintenir l'équilibre vital en soutenant la puissance condensatrice de l'Être, sont éminemment supérieurs aux procédés hypnotiques dont les *provocations* extériorisantes et *dispersives* sont mises en évidence par les faits; lors donc qu'on pourrait, comme on le prétend, tirer dans quelques cas particuliers très rares un effet curatif de cette dangereuse méthode qu'on appelle *Hypnotisme*, on ne peut raisonnablement pas compter en généraliser l'application, comme on a le droit de l'espérer des pratiques de la doctrine mesmérienne.

Ces pratiques, en effet, peuvent s'appliquer à tous les cas. Faisant appel à une réaction vitale équilibrante, elles triomphent avec un égal succès des troubles fonctionnels, des maladies nerveuses ou inflammatoires, des déviations organiques et des dégénérescences de tissus. Par suite d'un singulier préjugé, facilement partagé par ceux-là mêmes qui devraient le combattre, on est arrivé à propager cette idée que les pratiques magnétiques n'ont une réelle efficacité que dans les maladies nerveuses; il est possible que l'action directe du Magnétisme sur le système nerveux ait pu tromper à ce point certains expérimentateurs distraits sur les limites de la puissance de cet agent de la nature; mais c'est méconnaître les admirables ressorts des réactions vitales et les lois qui régissent l'organisme que d'attribuer au Magnétisme un champ d'exploration si étroit. Personnellement,

j'ai pu me former, à cet égard, une conviction absolue ;
par une suite ininterrompue d'expériences, pendant
plus de vingt-cinq années d'études attentives, en observant les effets du Magnétisme dans les affections étrangères aux troubles et aux lésions du système nerveux,
j'ai constaté que les procédés magnétiques, en actionnant les sources mêmes de la vie, peuvent faire naître
une réaction susceptible de supprimer la cause de ces
profondes dégénérescences d'organes et de tissus, qui,
toutes, ont leur origine dans la décoordination des
forces vitales. J'en pourrais fournir de nombreux
exemples, mais je m'en tiendrai aux trois premières
observations qu'un heureux hasard m'a permis de faire
au début de mes études, observations qui ont largement
contribué à fixer mon jugement sur un point si
vivement contesté par la science, et qui, en me dévoi-
lant toute l'étendue des vertus curatives du Magnétisme, que j'aurais été longtemps sans soupçonner
peut-être, m'ont décidé à accomplir une évolution radicale dans le cours de ma vie et à me lancer dans
la voie des recherches que j'ai poursuivies.

Ces trois cas, que j'ai déjà racontés ailleurs, mais
qui sont si propres à donner une idée juste de l'étendue de la puissance curative du Magnétisme, me paraissent les meilleurs arguments qu'on puisse opposer
aux objections et aux attaques dont le Magnétisme
est l'objet. C'est, en outre, le meilleur parallèle que
l'on puisse faire avec l'Hypnotisme, qui, en présence
de cas de désorganisations vitales aussi radicales et
aussi profondes, ne peut qu'avouer son impuissance.

1re Observation. — *Guérison d'une arthrite chronique,*
suite d'une entorse négligée.

C'était en 1872, j'étais encore dans l'armée, au 11e régiment de cuirassiers (ex-régiment des carabiniers de la
garde) qui, après nos désastres, était venu se reformer à
Angers, où il tenait garnison ; très enclin aux études
physiologiques, que je menais de front avec mes travaux militaires depuis une dizaine d'années, je m'oc-
cupais beaucoup à cette époque de Magnétisme, re-
cherchant toutes les applications qu'on pouvait en
faire à la guérison des malades. J'avais sous mes
ordres un vieux sous-officier médaillé, nommé Miavril, qui était sur le point de prendre sa retraite. Miavril, après la reddition de Metz, avait été dirigé à pied
sur l'Allemagne comme tous nos pauvres soldats pour
y être interné ; ces malheureux prisonniers, poussés
comme un vil troupeau devant le vainqueur, faisaient
presque sans nourriture, dans une boue visqueuse et
glissante, sous la pluie, de longues étapes qui les épuisaient ; un grand nombre d'entre eux périrent de pri-
vations et de fatigue avant d'arriver au but ; Miavril,
dans une de ces premières fatales journées de captivité
et de misère, eut la malechance de faire un faux pas et
de se donner une entorse ; écloppé, souffrant, non seulement il ne lui fut prodigué aucun soin, mais il dut,
malgré d'atroces douleurs, poursuivre sa route sous
peine d'être maltraité ; les hommes de l'escorte mena-

çaient de fusiller les retardataires et stimulaient leur zèle à coups de crosse de fusil.

Les soins tardifs que reçut Miavril, à son arrivée à destination, ne purent réduire l'entorse qui, favorisée par le tempérament lymphatique du sujet, prit bientôt un grand développement et dégénéra en *tumeur blanche,* variété de l'arthrite chronique caractérisée par l'envahissement de l'articulation et la prolifération d'un tissu fongueux.

Deux ans après sa rentrée de captivité, malgré les traitements qu'on lui avait fait suivre dans les hôpitaux militaires, le malheureux était toujours dans un état déplorable : le pied, la cheville, tout le bas de la jambe étaient devenus énormes ; l'articulation n'avait plus de mouvement, et, au milieu de cette masse inerte, la circulation, entravée sans doute, avait occasionné des suppurations à la face plantaire. Miavril venait de passer une saison aux eaux lorsque je le rencontrai vers le commencement d'août dans la cour du quartier ; obligé de porter une chaussure spéciale, pâle, défait, se traînant péniblement en s'appuyant sur un bâton, il faisait peine à voir ; je l'interrogeai sur sa santé ; il me dit avec tristesse qu'on ne lui laissait plus aucun espoir, et que, comme dernière tentative (bien aléatoire), les médecins proposaient d'essayer sur son pied les effets de la *cautérisation transcurrente.*

J'avais en la puissance de la Nature la foi la plus grande ; mais en présence d'un mal qui résistait depuis deux ans à tous les efforts de la science, en présence d'une déformation si complète, je ne savais vraiment qu'au-

gurer ; comment oser concevoir quelque espérance ?
Cependant, le cas me semblait intéressant à bien des
titres ; je proposai à Miavril de le magnétiser, et, pour
me fortifier dans la décision que je venais de prendre,
je résolus de demander l'avis d'un des vétérans les
plus dévoués à la cause magnétique, M. Perreau, ancien officier de marine, que j'avais connu au temps où
je suivais les cours de l'Ecole de cavalerie ; je venais
d'apprendre que M. Perreau (quoique *nonagénaire*)
continuait, par amour de la science et de la charité, à
répandre les bienfaits du Magnétisme à Saumur ; je
m'empressai de lui écrire pour lui soumettre le cas de
mon sous-officier ; voici la réponse que je reçus par
retour du courrier. Je cite ce document intéressant, que
j'ai conservé, parce qu'il me semble de nature à fortifier les convictions hésitantes comme était la mienne
alors :

« Saumur, le 5 août 1872.

« Monsieur, j'écris difficilement et je vous prie de
« vouloir bien excuser la brièveté de ma réponse à
« votre lettre reçue hier soir. Il m'est impossible d'entrer
« dans des détails relativement à l'affection dont vous
« me parlez, mais je suis convaincu *que le Magnétisme*
« *seul peut la guérir*. Permettez-moi, monsieur, de vous
« dire que ce qu'il y aurait de mieux à faire serait de
« me faire une petite visite par le train qui arrive ici à
« huit heures du matin, accompagné de votre sous-
« officier : je vous recevrai avec infiniment de plaisir,

« et *je ne doute pas de la réussite ;* nous causerons lon-
« guement, et je suis sûr qu'avec une ferme volonté et
« l'amour du bien vous serez aidé dans votre travail
« charitable. Agréez, Monsieur, avec mes civilités les
« plus empressées, l'expression de tout mon dévouement.

« Signé : Perreau (24, *rue du Temple).* »

Le lendemain, à huit heures, j'étais avec Miavril chez
cet homme de bien, très vert encore malgré son grand
âge, et il nous donna une telle assurance par ses bons
et chaleureux encouragements et ses démonstrations
que nous revînmes à Angers avec la joie dans le cœur ;
le vieux praticien ne nous avait-il pas affirmé que ce
n'était qu'une question de temps : « Ne vous découragez
pas, nous avait-il dit, ne comptez avec impatience ni les
jours, ni les semaines, ni les mois ; persévérez et vous
arriverez au but ! *Avec de la patience on guérit à peu
près tout par le magnétisme !* »

Miavril vint tous les jours chez moi, de une heure à
deux heures de l'après-midi : je faisais des impositions
avec les deux mains sur la cheville, puis des passes à
distance sur la jambe, de la hanche jusqu'au bout du
pied, pendant la première demi-heure : j'employais le
reste de la séance à de douces frictions sur la peau, les
mains humectées d'un peu d'eau légèrement *arniquée.*

En quelques jours les abcès de la plante du pied se
cicatrisèrent ; au bout d'un mois, un changement notable se fit dans la tumeur blanche. Cette amélioration
stimula notre zèle ; absorbé par l'intérêt de la cure, je
laissai toute distraction de côté ; quant à mon sous-offi-

cier, se rattachant à l'espérance, il commençait à entrevoir des jours meilleurs et bénissait la Providence qui m'avait mis sur sa route ; il se fût bien gardé de manquer une seule séance et suivait aveuglément toutes mes prescriptions ; grâce à cette persévérance et à cette régularité dans le traitement, les effets du Magnétisme devinrent de plus en plus marqués : l'engorgement des tissus diminua, la circulation anormale superficielle qui sillonnait la peau de vaisseaux bleuâtres disparut ; les chairs semblèrent fondre sous mes doigts ; le pied et la jambe reprirent insensiblement leur forme première, et cela d'une façon si complète qu'au bout de quelques mois de traitement il eût été difficile à première vue de distinguer la jambe malade de celle qui ne l'était pas.

Pendant le cours du traitement, Miavril dut traverser des périodes de souffrances atroces ; aussitôt que le magnétisme commença à amener la réaction vitale dans cette masse informe, où la sensibilité était éteinte depuis longtemps, de violentes douleurs se firent sentir, douleurs si vives que plus d'une fois le patient s'effraya et fut près de perdre courage, croyant à une recrudescence du mal ; mais je le tranquillisai de mon mieux, en lui donnant l'assurance que ce retour inespéré de la sensibilité devait être le précurseur certain d'une guérison prochaine.

Cette succession de crises douloureuses, mais heusement assez courtes, mit la cure en si bonne voie que je me contentai d'appliquer le Magnétisme seulement tous les deux jours, et le traitement, commencé le 8 août 1872, cessa le 24 mars 1873 ; il avait fallu cent quatorze magnétisations pour réduire radicalement cette grave affection ; les pronostics de M. Perreau étaient justifiés et notre persévérance recevait sa récompense.

Je ne puis dire combien je fus heureux d'un succès aussi complet ; cette expérience concluante me donnait la certitude que le Magnétisme, en réveillant l'action vitale, pouvait non seulement d'une façon générale rétablir l'équilibre de la santé troublée, mais que cet agent précieux possédait aussi la merveilleuse puissance d'agir directement sur les tissus organiques, de les modifier, de les réduire, et de les transformer de façon à les ramener à leur état normal ; c'était une première observation que d'autres faits, non moins probants, devaient bientôt venir confirmer, en me poussant dans une suite d'expériences et de recherches qui, peu de mois après, me décidait à quitter l'armée.

Lorsqu'en 1876 je vins me fixer à Paris, j'eus l'occasion de me rencontrer avec M. le D^r baron Larrey, membre de l'Institut et inspecteur général du service médical de l'armée ; je lui citai ce curieux cas de guérison ; M. le baron Larrey, qui ne croyait à l'influence du Magnétisme que dans les affections nerveuses, s'étonna beaucoup des résultats obtenus dans un cas de dégénérescence d'organe aussi bien caractérisé ; pour lui, la formation des nouveaux tissus, qui spécialise la tumeur blanche, devait être dans l'espèce un obstacle invincible : « Et pourquoi, objectai-je à l'illustre académicien, la nature aurait-elle donc plus de difficultés à redresser une anomalie qu'à la produire ? Il me semble que ce qu'elle a fait, elle peut le défaire ! » Je ne sais si cet argument a porté ; mais ce que je puis affirmer, c'est que l'expérience est venue bien souvent depuis confirmer la logique de mon raisonnement.

2ᵉ OBSERVATION. — *Guérison d'une hémiplégie faciale, compliquée d'une carie du Rocher.*

Dans le même temps où je traitais Miavril, un de ses camarades, nommé Robert, voyant les résultats que j'obtenais, vint me trouver ; condamné par la Faculté, lui aussi, il avait tout le côté gauche de la face paralysé ; les paupières sans mouvement, l'œil tout grand ouvert, les muscles de la joue atrophiés, la bouche tordue et grimaçante lui faisaient un masque horrible à voir ; la langue alourdie lui donnait une parole pénible et traînante. Un écoulement infectueux de l'oreille, accompagné de violents maux de tête, avait été le prélude de cette affection, ce qui faisait supposer quelque dépôt purulent interne ; Robert était en traitement depuis plus d'un an à l'hopital pour une *carie du Rocher*, mais, aucun médicament n'ayant pu arrêter les progrès du mal, on venait de le faire rentrer au corps, où, exempt de service, il allait être l'objet d'une proposition pour la réforme. Encouragé par les résultats que j'obtenais, je résolus de tenter un nouvel essai ; mais, avant de prendre une décision à cet égard, j'étais bien aise de demander l'avis du médecin major du régiment, et je m'ouvris à lui ; le major, très sceptique en matière de magnétisme, ne se fit pas faute de rire de mes prétentions : « Comment pouvez-vous songer à guérir avec votre magnétisme un mal aussi terrible que la carie osseuse, une carie du Rocher surtout ; mais c'est un mal implacable, qui ne pardonne pas ! Robert tôt ou tard sera foudroyé par une méningite ; aucune puissance humaine ne peut le tirer de là ! *Vous me le montreriez guéri que je vous dirais que cela n'est pas !* » Cette réponse catégorique, ce pronostic désespérant, assaisonné de plaisanteries plus ou moins spirituelles sur le Magnétisme et les magnétiseurs, n'étaient point faits pour m'encourager ; heureusement je commençais à m'habituer à ces jugements inconsidérés, à ces façons cavalières de trancher les questions, même lorsqu'on ne les a pas étudiées ; et ce persiflage ironique, loin de me faire renoncer à mon projet, ne fit qu'augmenter mon désir d'opposer à ces dénégations anticipées le fait brutal d'une solution nette appuyée sur une expérimentation sincère.

Dès le lendemain je me mis à l'œuvre. Robert, comme son camarade, vint passer tous les jours une heure chez moi. Convaincu que l'hémiplégie était la conséquence du dépôt interne signalé dans la région du *Rocher*, et que ce dépôt, en obstruant le passage du courant nerveux le long du nerf *trijumeau*, produisait la paralysie de l'œil, de la joue et de la bouche, je m'attachai à combattre ce foyer purulent. Je commençai par faire des impositions sur la tête, en mettant mes deux mains en opposition sur les oreilles, de façon à préparer les longues passes *d'entraînement* que je fis ensuite de la tête aux pieds, à distance et sans aucun contact ; à ces passes *à grands courants*, je joignis l'emploi de l'eau magnétisée : j'en faisais boire chaque jour un verre à mon sujet ; au moyen de ces procédés j'obtins bientôt un succès complet. Les impositions sur la tête, par lesquelles je commençais chaque séance, produisirent dès le début un engourdissement cérébral qui plongeait le patient dans un assoupissement que le moindre bruit faisait cesser ; peu à peu cet état s'accentua et Robert finit par s'endormir d'un sommeil lourd et profond, sans lucidité, accompagné de sueurs profuses et de tressautements musculaires ; mes passes de dégagement pouvaient seules le tirer de cette sorte d'état léthargique.

Le premier verre d'eau magnétisée produisit dans les vingt-quatre heures *trois* selles liquides et infectes ; du 14 au 30 octobre, les selles augmentèrent jusqu'à *huit* par jour, puis se réduisirent progressivement et redevinrent normales le 31 ; et (coïncidence digne d'être notée !) à l'instant où cessèrent ces évacuations, qui avaient eu une durée de 18 jours, l'écoulement de l'oreille, peu à peu ralenti, *disparut définitivement* ; la réaction vitale, en provoquant cette crise salutaire, avait entraîné à l'extérieur par des selles abondantes les humeurs de l'oreille ; la vie revint alors progressivement dans les nerfs atrophiés ; des boutons enflammés et douloureux surgirent sur le trajet de ces nerfs depuis l'angle de la machoire jusqu'à l'œil ; vers le commencement de décembre toute la partie gauche de la face devint extrêmement douloureuse, et l'on put croire un instant à une aggravation du mal ; mais c'était au contraire la vie qui revenait dans ces parties depuis longtemps privées de tout mouvement et de toute excitation nerveuse, car, à partir de ce moment, la guérison marcha à grands pas : l'œil cessa d'être congestionné, les paupières et l'arcade sourcilière reprirent leur mobilité, les muscles de la joue s'arrondirent et se fortifièrent, la bouche se redressa, la langue reprit sa liberté, et le 23 mars 1873, en même temps que son camarade Miavril, après 135 séances, Robert, *radicalement guéri*, reprit son service actif.

Cette seconde expérience, en venant confirmer la première, me prouvait une fois de plus tout ce que pouvait donner l'action persévérante et bien dirigée du Magnétisme ; elle me fortifia contre le doute sceptique de ces gens de métier qui, de parti pris, nient ce qu'ils ne veulent ni étudier ni comprendre.

Quand je montrai mon homme *guéri* au major du régiment, il se contenta de lever les épaules avec indifférence en disant : « Il n'y a rien là d'étonnant ; contre toutes nos prévisions les malades guérissent par eux-mêmes, on ne sait pas pourquoi ! Vous auriez bien tort de penser que vous y êtes pour quelque chose ! »

3° OBSERVATION. — *Guérison d'un kyste multiloculaire*.

Quelques mois après les deux guérisons que je viens de citer, dans les premiers jours du mois de juillet 1873, M. L., conseiller à la Cour d'Angers, vint me trouver. Il avait entendu parler des expériences auxquelles je me livrais et il venait me demander conseil pour sa fille. Le cas était fort grave : Mlle L..., âgée de trente ans, était atteinte d'un kyste dit *multiloculaire*, qui avait envahi toute la région abdominale. Le mal, qui remontait à une dizaine d'années, avait débuté par une anémie ; mais l'anémie est une maladie si commune à notre époque chez les jeunes filles, qu'on ne s'en préoccupa pas immédiatement. Le médecin lui-même, sans chercher à approfondir les causes du dépérissement progressif qu'on lui signalait, de l'affaiblissement graduel de la vue, et — suivant en cela la déplorable routine de l'école — se contenta d'indiquer l'application d'un régime tonique et fortifiant : il ordonna l'emploi de la série banale des prétendus reconstituants préconisés en pareil cas, tels que l'hydrothérapie, l'électricité, l'huile de foie de morue, le fer et ses succédanés.

Ce traitement devait être impuissant, on le comprend, à arrêter le développement du germe parasitaire que les forces vitales *déséquilibrées* favorisaient au détriment du fonctionnement normal de la vie organique ; les menstrues devinrent de plus en plus irrégulières ; des troubles graves survinrent dans les fonctions digestives ; la taille et l'abdomen se développèrent et s'arrondirent comme dans l'état de grossesse ; les parents s'alarmèrent ; les médecins, consultés de nouveau, déclarèrent tardivement la présence d'un kyste, mais sans pouvoir se mettre d'accord sur sa nature. Ce qu'il y eut de plus évident, c'est que la jeune fille, à bout de forces et ne pouvant plus résister à l'envahissement progressif de la tumeur, dut s'aliter.

Depuis six mois sur son lit de douleur, elle avait

failli succomber à une péritonite aiguë, causée par l'énorme développement du kyste ; et malgré l'application de nombreux vésicatoires, malgré de fréquentes ponctions faites dans le but d'arrêter les progrès de l'épanchement séreux, les proportions du kyste ne faisaient qu'augmenter.

M. le Docteur F..., doyen de la Faculté, qui soignait la malade, ne croyant pas, dans un cas aussi grave, devoir assumer toute la responsabilité, avait, avec l'assentiment de la famille, appelé en consultation deux de ses confrères, MM. D... et M..., les deux plus habiles praticiens de la localité ; après s'être consultés, ils avaient déclaré l'état de la malade désespéré, l'inutilité des ponctions, et s'étaient retirés en ne laissant aucun espoir aux parents : la malheureuse mère, foudroyée par cet arrêt sans appel, ne pouvait se faire à l'idée que tout était fini et que son unique enfant allait lui être ravie ! La science ne pouvait-elle se tromper ? Pourquoi n'en appellerait-elle pas de l'arrêt qui venait de la frapper dans ses affections les plus chères ?

Au milieu de sa douleur une inspiration traversa son cerveau : la pensée lui vint que le Magnétisme pouvait encore sauver sa fille ! L'amour maternel a de ces presciences qui trompent rarement !..... M. L... m'apportait l'expression de l'anxiété du cœur de la mère luttant désespérément contre la fatalité et se rattachant à une dernière lueur d'espoir ! Vivement ému, je promis mon concours : je ne mis qu'une condition à ma promesse, c'est que M. le Dr F... et ses confrères seraient prévenus de la tentative que nous allions faire, et dégageraient ma responsabilité par leur présence au chevet de la malade. C'était là, dans ma pensée, non pas seulement une mesure de prudence, mais avant tout une marque de déférence ; je fus donc bien étonné d'apprendre que, loin d'apprécier mes procédés, MM. les Docteurs, accueillant avec dédain la démarche de M. L..., avaient nettement refusé de se prêter *à une comédie qu'ils considéraient*, disaient-ils, *comme indigne de la science et de ses représentants.*

Ce refus ne découragea pas M. L... ; il alla frapper à toutes les portes ; mais pas un des *quatre-vingts* médecins de la ville ne voulut consentir à nous assister ! Ils avaient tous la crainte de se mettre en opposition ouverte avec le doyen de la Faculté. Il fallut donc se résigner à passer outre. Je ne savais trop ce qu'on pouvait attendre de l'action magnétique dans une occurrence aussi grave ; mais, par humanité, je ne pouvais me résoudre à priver ces malheureux parents de l'unique satisfaction qui leur restait de se dire que tout avait été tenté pour sauver leur enfant ; le 14 juillet je commençai le traitement ; je magnétisai deux fois par jour, matin et soir.

Alitée depuis six mois, la malade souffrait tellement de la tension de l'abdomen qu'on avait été obligé, pour la protéger contre tout contact douloureux, de soutenir les draps et les couvertures avec des cerceaux ; très constipée, ne pouvant plus digérer, elle était sans appétit et sans sommeil, et plongée dans un marasme inquiétant dont rien ne pouvait la tirer.

Dès le début du traitement, un phénomène remarquable se produisit : un abcès se forma sur la *ligne blanche*, à quelques centimètres du nombril ; et par l'ouverture de cet abcès, qui perça bientôt de lui-même, toutes les matières liquides contenues dans le kyste s'écoulèrent ; il y eut le 16 août une sortie considérable de sérosités purulentes (près de deux grandes cuvettes). Cette évacuation continua les jours suivants dans une moindre proportion ; mais bientôt vinrent se joindre à ces écoulements permanents des sueurs profuses et d'abondantes selles liquides d'une odeur infecte. Je magnétisai dès lors toutes les boissons et l'eau servant aux ablutions et aux cataplasmes. Le ventre désenfla rapidement et, le 30 août, on constatait une diminution de *dix-huit* centimètres de tour de taille.

Ce premier résultat, en nous comblant de joie, nous permit de pressentir une heureuse issue. En effet, peu à peu, avec l'appétit et le sommeil, les forces revinrent ; la nature expulsa, par l'exutoire qui s'était formé et par les selles, les matières liquides, les peaux et les membranes qui constituaient la tumeur parasitaire ; celle-ci se vida progressivement et s'affaissa si bien que le 6 octobre suivant (trois mois à peine après la première magnétisation) la malade, transportée sur un fauteuil dans le salon, assistait à une petite réunion de famille, qui avait pour objet de fêter cette résurrection providentielle.

Pendant près de deux ans, l'exutoire, qui s'était si miraculeusement ouvert sous l'influence du Magnétisme, continua à suppurer et ne se referma que lorsque l'organisme n'eut plus rien à expulser. Aujourd'hui (au bout de plus de *vingt ans*) Mlle L... jouit d'une santé parfaite, et elle a bien lieu de se féliciter, ainsi que ses parents, d'avoir eu recours, *malgré* les hautes décisions de la Faculté, à un moyen qui l'a si radicalement guérie ; quant à moi, en présence d'une cure aussi inespérée, je croirais encore à un miracle, si depuis je n'avais obtenu, dans des conditions plus ou moins identiques, d'autres guérisons du même genre.

Cette répétition de faits ne laisse aucun doute sur la grande efficacité curative des pratiques magnétiques, et démontre qu'il serait possible, dans bien des cas, d'éviter les opérations chirurgicales si périlleuses et si cruelles auxquelles on a communément recours aujourd'hui pour combattre les affections kysteuses de la matrice et des ovaires.

Dans le traitement je n'ai fait usage que de procédés très simples : de longues impositions sur l'épigastre et des passes *à grands courants* de l'épigastre au bout des pieds ; jamais je n'ai actionné directement le Cerveau, aussi n'ai-je pas produit le *sommeil provoqué*.

On pourrait multiplier indéfiniment les exemples et citer un grand nombre de cas semblables ; mais les trois cures dont nous venons de faire le récit détaillé suffisent pour établir la démonstration que nous avions en vue, à savoir : que les procédés magnétiques les plus simples, en agissant profondément sur l'organisme, peuvent venir à bout des déformations organiques les plus graves et les plus rebelles, et cela sans avoir recours au *sommeil provoqué*, puisque sur trois malades un seul a subi un demi-état de sommeil naturel.

Par l'emploi des procédés hypnotiques fût-on arrivé à cet heureux résultat ? Qu'eût pu faire la *suggestion* sur des maux qui affectaient si profondément l'organisme, non seulement au point de vue des fonctions, mais encore au point de vue des tissus eux-mêmes ? La haute puissance équilibrante des pratiques mesmériennes, qui rappellent la vie à l'accomplissement de l'œuvre réparatrice que la Nature lui a dévolue, pouvait seule produire ces merveilleuses métamorphoses. Il n'y a que la vie qui puisse faire de pareils miracles ! C'est la Nature qui guérit et non le médecin, *natura medicatrix* ; les pratiques magnétiques, nous l'avons dit, n'ont qu'un objectif: *ramener la réaction vitale* ; l'expérience ici nous le prouve ; la théorie est donc d'accord avec les faits.

CHAPITRE V

Des Crises.

Tout traitement magnétique tend à amener un effort
de la nature contre la maladie.

L'action magnétique, par l'accroissement d'activité
qu'elle donne aux fonctions, par la tonicité plus grande
qu'elle procure aux organes, contribue à dissiper les
obstructions, à dissoudre et évacuer les éléments qui
les constituaient, et concourt ainsi au rétablissement

de l'harmonie et de l'équilibre dans toutes les parties de l'organisme.

Les évolutions vitales qui provoquent dans l'économie ces transformations plus ou moins profondes sont ce qu'on appelle *des Crises*.

De tout temps le mot *Crise* a été pris dans des acceptions bien différentes, et sa signification a souvent varié : les uns l'ont appliqué seulement à la solution heureuse des maladies, les autres à une solution quelconque ; d'autres ont donné le nom de crises aux mutations notables qui s'opèrent dans le cours des maladies. Selon ces derniers l'effort de la nature se produit particulièrement du premier au quatrième jour, puis du septième au quatorzième ; les symptômes observés le quatrième jour annoncent ce qui doit arriver le septième ; ceux observés les onzième et dix-septième indiquent les événements des quatorzième et vingtième. C'est ce qu'on appelle les jours *décrétoires* ou *critiques*.

Cette doctrine des crises, qui date de la plus haute antiquité, a du bon ; mais, comme elle repose sur des données assez compliquées, l'observation moderne ne l'a pas encore consacrée. Il est évident que dans le cours d'une maladie surviennent des changements subits paraissant être un effort de la nature pour expulser le principe morbifique ; ces changements, qui viennent plus ou moins profondément modifier la marche du mal, ont, à n'en pas douter, un caractère de périodicité. Seulement les pronostics qu'on en tire ne sont pas d'une sûreté absolue, et ce n'est pas à ce point de vue que les magnétiseurs ont considéré les crises qui se produisent dans l'organisme. Ils ont plus spécialement appelé *Crises* « les changements remarquables que l'action du Magnétisme provoque chez ceux qui y sont soumis, ou l'état différent de l'état naturel dans lequel le Magnétisme les fait entrer » (DELEUZE). Mais comme de tous les changements d'état qui sont la suite du Magnétisme le somnambulisme est le plus singulier et le plus caractérisé, il est arrivé que tous ceux qui se sont occupés plus particulièrement de somnambulisme ont fini par donner improprement à cet état spécial le nom de *Crise*, et voilà comment, pour la généralité, les somnambules sont devenus des *Crisiaques*.

Cette dénomination, ainsi restreinte, qui s'écarte absolument du sens que lui avaient donné les médecins, a le grave inconvénient d'établir une confusion regrettable. Le mot *Somnambulisme* étant devenu le synonyme du mot *Crise*, et l'état critique ordinaire de toute magnétisation étant le somnambulisme, on en vint à présenter l'état de crise comme étant l'état habituel de ceux qui se soumettent au magnétisme ; c'est dans cette erreur d'appréciation que tombèrent MM. les commissaires en rédigeant leur rapport au Roi en 1784.

« Le Magnétisme, dit M. le docteur Bonnefoy, membre du collège de chirurgie de Lyon, dans son analyse raisonnée de ce rapport, n'est point comme le donnent à entendre MM. les Commissaires « *l'art d'exciter des Convulsions* » ; il les calme, bien au contraire, et lors-

qu'il fait naître des crises, c'est qu'il réveille une
action salutaire qui cesse aussitôt que l'obstacle est
vaincu ! »

M. le Dr Bonnefoy ajoute que sur cent vingt traitements faits par lui six seulement ont amené le somnambulisme ; les commissaires eux-mêmes n'ont trouvé
aucun *Crisiaque* parmi les trente-sept premières personnes qu'ils ont soumises au Magnétisme.

Ils ont donc commis une erreur grave et une faute
impardonnable en excitant par leurs assertions erronées et leurs réticences une injuste prévention contre
le Magnétisme.

Loin d'être dangereux et funeste, comme on s'est
plu à le montrer, loin de troubler les fonctions naturelles, le Magnétisme « aide au contraire la Nature
dans l'accomplissement de la révolution nécessaire à la
guérison » (MESMER), et les crises qu'il produit ne
doivent être imputées qu'à la Nature seule qui agit sur
les causes de la maladie, comme lorsque, livrée à elle-
même, elle triomphe de ce qui lui nuit, soit en rejetant au dehors spontanément par les selles, les vomissements et les sueurs, les principes morbifiques qui
gênent l'organisme, soit en brisant lentement les obstacles qui entravent le circulus vital. Toute crise doit
donc être considérée comme l'annonce certaine d'un
mouvement de réaction, et loin d'arrêter une crise il faut
s'appliquer à la développer et à la soutenir ; quelque
grave qu'elle paraisse au premier abord, elle mène
sûrement à la guérison.

En résumé, il faut prendre le mot crise dans une

acception plus générale que celle qu'on lui a donnée, et comprendre sous cette dénomination tous les effets produits par la magnétisation depuis l'effet le plus imperceptible et le plus léger, jusqu'au plus apparent et au plus profond : pleurs, rires, douleurs, spasmes, contractures, évacuations, sueurs, hémorrhagies, éruptions, vomissements sont les différents degrés et les diverses expressions de la crise, aussi bien que la Léthargie, la Catalepsie, le Somnambulisme et l'Extase.

On confond souvent l'*État magnétique* avec l'*État de crise*.

L'État magnétique est l'état différent de l'état naturel dans lequel se trouve nécessairement toute personne soumise à l'influence magnétique. Cet état n'a pas besoin de s'exprimer par des symptômes apparents, il persiste depuis le moment où le malade reçoit les premières radiations magnétiques jusqu'à celui où il revient à la santé.

En un mot, l'État magnétique est permanent et la Crise est accidentelle ; la crise est la manifestation bruyante des migrations vitales produites par le travail magnétique. C'est l'effet apparent qui se déclare pendant l'état magnétique.

On peut être en État magnétique sans avoir de crises; le Magnétisme, *sans symptômes apparents,* donne souvent au malade des forces qu'il n'avait pas, facilite la circulation, fait cesser les insomnies et rétablit l'équilibre qui n'existait pas avant le commencement du traitement ; le malade revient insensiblement à la santé sans passer par aucune secousse ni crise ; il est cependant ce qu'on appelle en État magnétique.

La crise étant un des stades de la marche normale du mouvement vital vers le rétablissement de la santé, il faut l'accueillir avec joie quand elle survient et la laisser se développer sans l'interrompre, quelle que douloureuse qu'elle soit. Comme elle est la meilleure preuve de l'action efficace du Magnétisme, le malade doit l'accepter avec résignation et courage, et le magnétiseur avec calme et sang-froid, en évitant toute intervention qui pourrait gêner l'effort de la nature : tous deux doivent avoir une égale confiance dans le résultat final qui ne peut être que favorable.

Lors donc que la magnétisation réveille des douleurs anciennes et assoupies, on en excite de nouvelles ou de plus aiguës dans les parties du corps les plus particulièrement affectées, comme ces effets ne sont que passagers et que le malade en doit éprouver un mieux sensible après les avoir subis, il n'y a pas lieu de s'alarmer de symptômes qui certainement disparaîtront d'eux-mêmes en temps et lieux ; on se borne tout simplement, si les douleurs deviennent par trop intenses, à les calmer par des impositions dégageantes[1] ou des passes calmantes à grands courants[2], sans perdre de vue que ces mouvements critiques, indispensables à la marche du traitement, doivent plutôt être soutenus

[1] Voir Magnétisme curatif, *Manuel technique*, N°. 142 et suivants.

[2] *Ibid.*, 103.

dans leur développement qu'entravés par une action inopportune.

Il arrive quelquefois (ces cas sont très rares, mais il est bon d'être prévenu) que la première impression du Magnétisme produit sur certains organismes des troubles profonds, tels que spasmes nerveux, mouvements convulsifs, contractures des membres ; il ne faut pas s'en effrayer, mais agir en conséquence par des paroles douces et bienveillantes en même temps que fermes et assurées ; il faut chercher à inspirer du calme et de la sécurité au malade, prendre ses mains, faire quelques longues passes le long des membres en touchant légèrement ou à distance (selon l'effet qu'on en obtient) et le calme finit par arriver.

Si l'effet se produit plusieurs jours de suite, c'est que le sujet est très sensible, et alors il faut modifier ses procédés en raison de cette excessive sensibilité, se contenter d'établir le Rapport et magnétiser ensuite à grands courants ; aussitôt que le malade revient au calme on reprend les procédés nécessaires au traitement dont le malade finit peu à peu par supporter l'action (DELEUZE, DE PUYSÉGUR).

« Les convulsions nerveuses au début d'une magnétisation sont chose si rare, dit Deleuze, que je n'ai constaté le fait que trois ou quatre fois à peine dans une pratique de trente-cinq ans. Ces incidents n'ont aucun danger entre les mains de gens sages et prudents ne magnétisant que dans l'intention de faire le bien et de guérir ; s'ils ont eu parfois des suites regrettables, c'est lorsqu'ils se sont produits au cours d'expériences faites dans le but d'exciter la curiosité publique par l'étrangeté de certains phénomènes. »

« Un jour, dit Deleuze, je magnétisais une dame depuis quelques minutes à peine, lorsque tout à coup elle eut des mouvements convulsifs, ses membres se roidirent, le cou se gonfla et elle renversa la tête en arrière en poussant des cris. Je pris les pouces, je lui répétai plusieurs fois sur un ton impérieux : « Calmez-vous ! » J'attirai sur les jambes ; je m'éloignai ensuite pour magnétiser à grands courants ; enfin, j'essayai, toujours à distance, des passes transversales vives pour *rompre* le courant ; alors la figure changea, mais il survint un accès de rire qui dura quelques minutes ; puis tout se calma peu à peu et elle me dit qu'elle se trouvait très bien. Si j'eusse appelé quelqu'un pour la tenir, si je me fusse effrayé, si je n'eusse pas calmé doucement la crise, il est probable que la dame ainsi magnétisée eût été incommodée pendant plusieurs jours » (DELEUZE, *Inst. prat.*).

A l'appui du fait cité par Deleuze en voici un non moins intéressant dont j'ai été le témoin :

Pendant le cours de l'année 1876 je soignais depuis six mois une jeune fille atteinte d'une maladie interne fort grave qui avait mis un instant sa vie en danger. Cette jeune fille, d'une sensibilité magnétique très grande, était devenue naturellement d'une lucidité remarquable au cours du traitement et m'annonçait toujours d'avance toutes les crises par lesquelles elle devait successivement passer. Elle m'en prédit une, finale, où à la suite de vomissements elle resterait dans un état voisin de la folie pendant plusieurs jours. Elle me recommanda avec instance de ne pas m'effrayer de cet état passager, de ne prévenir personne de sa famille (elle habitait chez moi) et surtout de n'avoir recours à aucun médecin, de peur que, se méprenant sur son état, il n'empêchât par une intervention intempestive le développement normal de la crise. Les choses arrivèrent comme la voyante les avait prévues. Des vomissements survinrent qui déterminèrent une sorte d'atonie cérébrale qui dura plus de 52 heures. La malade ne reconnaissait plus personne, et, malgré l'assurance qu'elle nous avait donnée, j'avoue que ma femme et moi nous restâmes fort inquiets jusqu'à l'issue de la crise ; cependant, très confiant dans le Magnétisme et dans la merveilleuse lucidité de mon jeune sujet, je me conformai scrupuleusement à ses instructions, et j'eus lieu de ne pas m'en repentir, car la crise suivit son cours normal comme elle l'avait prédit et aboutit à une guérison complète et définitive.

Toute intervention étrangère en cette circonstance eût été, je n'en doute pas, dangereuse, et en entravant l'effort de la Nature, eût certainement compromis l'issue du traitement ; l'expérience d'une longue pratique pendant laquelle j'eus l'occasion de constater souvent des effets semblables m'en donne la conviction.

Voici d'un autre côté quelques exemples de crises favorables produites à la sollicitation du Magnétisme *par l'Évolution vitale*, crises qu'aucune espèce de médication n'avait pu déterminer et qui ont en quelque sorte tiré providentiellement les malades de la situation désespérée où ils se trouvaient :

Première observation.

C'était un soir (il y a de cela quelques années), à l'heure du couvre-feu, je me disposais à aller me coucher lorsqu'on sonna à ma porte :

> Qui peut à pareille heure
> Se présenter en ma demeure?

Cette réminiscence du 2º acte de la *Dame Blanche* avait à peine traversé, comme une interrogation, mon esprit, que F. T. faisait irruption dans la pièce où je me trouvais, F. T., l'homme aimable, le compositeur charmant, connu de tout Paris et dont les gracieuses mélodies sont si à la mode.

— Comment, vous? Vous, à cette heure?

— Oui, moi ! mon cher ami, cela vous étonne ! Mais un cas grave m'amène : ma belle-mère est malade, très malade, et je viens vous chercher.

Et prenant mon mouvement de surprise pour de l'hésitation :

« Ne me refusez pas, ajouta-t-il ; si à cette heure indue je viens vous trouver, c'est que nous avons tout tenté et que nous n'avons plus d'espoir que dans le Magnétisme : il faut que vous veniez de suite, j'ai une voiture en bas et je vous enlève ! »

L'année précédente j'avais passé la saison d'été à Etretat, où je m'étais rencontré avec F. T. ; dans nos longues flâneries le long des falaises et sur les galets de

la plage, il nous était arrivé souvent de parler Magnétisme ; en sa double qualité de créole et d'homme
éclectique et intelligent, F. T. n'a pas seulement l'esprit
ouvert à toutes les beautés de l'art, les mystérieux ar-
canes de la science ont aussi pour lui un vif attrait :
il a tout ce qu'il faut pour faire un adepte.

Je me serais bien gardé de refuser mon concours à un homme partageant si entièrement mes
vues ; et n'eût été la sympathie bien franche que j'é-
prouvais pour lui, le fait d'un gendre qui tente de
sauver la vie à sa belle-mère est si rare, que je me serais fait un véritable devoir de récompenser un si beau
zèle par mon empressement à le seconder.

En un instant je fus prêt et nous descendîmes.

Dans la voiture, F. T. me mit promptement au courant de ce qui s'était passé : « Ses bébés avaient eu la
rougeole, ils l'avaient tous eue, et pour comble de
malheur, la grand'mère, en soignant ses petits-enfants,
l'avait attrapée à son tour ! »

Or on n'a plus impunément la rougeole quand on
est grand'mère ! A une fièvre intense avait succédé un
état congestif incoercible de la vessie et des intestins,
qui en se prolongeant commençait à inquiéter tout
le monde ; et malgré les médications, la pauvre
grand'mère, faisant concurrence à Marie Alacoque et à
Louise Lateau dont le cas est bien connu dans l'histoire, menaçait de rester à l'état de *Corps glorieux*.

M. le docteur T., un des doyens de l'homœopathie,
médecin de la famille, constatant l'impuissance des
médicaments et désespérant de vaincre cet état de

tension nerveuse qui, en apportant un trouble fonctionnel général, commençait à influencer gravement le Cerveau, fut le premier à conseiller le Magnétisme ; M. le docteur T., aux débuts de sa carrière médicale, a fait à Paris, vers 1844, des cours sur le Magnétisme, et a publié plusieurs ouvrages remarquables qui font encore loi en la matière.

Ce conseil, venant d'un praticien si éclairé, fut d'autant mieux goûté par la famille, que F. T., se souvenant de nos conversations d'Etretat, avait lui-même déjà songé à ce moyen ; et voilà comment on s'était décidé à faire appel à mes soins.

F. T. achevait à peine de me mettre au courant de la situation, que nous arrivions à son domicile ; Mme F. T., anxieuse, nous attendait, et nous introduisit aussitôt auprès de la malade.

Qui ne se souvient de la belle et gracieuse cantatrice dont le merveilleux talent a fait courir tout Paris ? Mme de la G., quoique les frimas aient un peu blanchi ses cheveux, est toujours la femme aimable et distinguée que notre génération a connue et admirée. Malgré les vives souffrances qu'elle endurait et l'extrême agitation où la mettait la fièvre, elle me reçut avec la grâce et la bonté qui la caractérisent, et me remercia de l'empressement que j'avais mis à venir la voir.

Les circonstances ne m'avaient jamais mis encore en rapport avec Mme de la G. : c'était la première fois que je l'abordais ; mais la connaissance fut bientôt faite, car le Magnétisme a cela de bon qu'il fait promptement naître un lien sympathique entre l'opérateur et son sujet.

Je m'appliquai, par de longues et persistantes impositions des mains placées en opposition sur les reins et l'épigastre et par de lentes passes faites de la tête aux pieds, à ramener le calme et l'équilibre dans cet organisme vibrant que la congestion avait profondément exaspéré, en fermant depuis quatre jours aux excrétions toutes les issues.

Par de chaudes et pénétrantes insufflations au cervelet, à l'épigastre et sur les hypocondres, je cherchai à provoquer la réaction des centres nerveux et à rappeler vers la périphérie, par une dispersion salutaire, les forces dont la condensation exagérée enrayait le rayonnement fonctionnel.

Peu à peu, ces efforts redoublés eurent un plein succès ; un calme relatif se fit, une douce moiteur remplaça la chaleur sèche et brûlante de la peau, les nerfs se détendirent, des bâillements fréquents survinrent, et une douce somnolence remplaça l'agitation fébrile de tout à l'heure.

Je profitai de cet instant pour magnétiser un verre d'eau que je recommandai de faire boire par petites gorgées, et je m'éloignai sur la pointe du pied afin de ne pas tirer la malade de cet assoupissement de bon augure.

Il était plus de minuit, la séance avait duré près de deux heures, j'étais très fatigué ; je rassurai de mon mieux Mme F. T. sur l'état de sa mère, en lui exprimant l'espérance d'une détente prochaine plus complète, et je pris congé, en promettant de revenir le lendemain matin à la première heure.

Quand le lendemain je me présentai au domicile de ma malade je jugeai, d'un coup d'œil, à l'empressement qu'on mit à m'introduire et au rayonnement des figures des personnes de service que les choses étaient en bonne voie comme je l'avais prévu. Je trouvai en effet la malade tout à fait bien ; elle me dit qu'après mon départ, l'état de calme dans lequel je l'avais laissée avait continué ; qu'elle avait pris religieusement, comme je le lui avais recommandé, l'eau magnétisée, par petites gorgées, de quart d'heure en heure, et que vers quatre heures du matin des coliques et une forte poussée interne avaient amené une détente complète en rétablissant les fonctions si longtemps suspendues.

Tout était donc pour le mieux et quelques jours de traitement suffirent pour faire revenir complètement les forces et remettre la malade sur pied.

En racontant ce qui précède j'aurais pu citer les noms sans porter atteinte au secret professionnel, car toute la famille, enchantée de cet heureux dénouement, crut devoir, dans l'intérêt de la vérité et comme une chose bonne à faire connaître, proclamer *urbi* et *orbi* les merveilleux effets du magnétisme; elle ne manque jamais une occasion de le dire et de le faire savoir, et Mme de la G. ne m'appelle plus que *son Sauveur !*

La rapidité de cette cure fit grand bruit dans l'entourage ; et comme il arrive toujours en pareil cas, l'histoire prit en passant de bouche en bouche une tournure telle (l'imagination aidant) que mes faibles mérites et ceux du Magnétisme en furent considérablement accrus, à tel point que quelques mois après, M. de X... s'étant brisé la colonne vertébrale dans une chute de cheval à Lyon, Madame la comtesse de R., qui avait connu le cas de Madame de la G., envoyait télégrammes sur télégrammes à F. T. pour me faire partir sans retard, espérant, hélas! dans sa grande douleur, que mon intervention pourrait sauver son gendre.

J'eus beaucoup de peine à me défendre d'un si grand honneur et à faire comprendre que le Magnétisme n'allait pas jusqu'à faire des miracles ! La mort seule de M. de X. vint rompre les négociations.

Malheureusement l'action magnétique a ses limites et il est bon que cette action soit secondée par les conditions de milieu dans lequel on l'exerce.

Ici j'avais trouvé Madame de la G. admirablement préparée aux influences dynamiques par le traitement homœopathique qu'elle avait suivi depuis le commencement de sa maladie.

Aucune médication violente n'était venue perturber l'organisme et entraver la réaction vitale ; en un mot j'avais trouvé la route libre pour agir et faire pencher la balance de la vie dans le sens du mouvement fonctionnel qu'on voulait rétablir ; cela n'arrive pas toujours chez les malades traités *allopathiquement,* et les médicaments à dose massive sont souvent des obstacles insurmontables aux actions magnétiques.

Je ne saurais donc terminer le récit de cette première

observation sans rendre ici hommage à la sagesse et à
l'éclectisme du praticien prudent et éclairé qui, sentant
que le médicament devenait impuissant à rappeler la
réaction vitale, n'hésita pas à conseiller l'emploi d'un
moyen complémentaire utile.

Ce n'est pas d'hier, du reste, que M. le Dr T. s'est
exprimé nettement sur le degré de confiance qu'on doit
avoir dans les vertus curatives du Magnétisme; dans
la préface de son ouvrage intitulé : *Le Magnétisme
expliqué* (remarquable résumé de ses leçons orales),
il s'exprimait ainsi en 1845 :

« Plaise à Dieu que les incrédules à moitié convertis
qui commencent à dire du Magnétisme : « *Il y a
quelque chose là dessous!* » ajoutent, après avoir lu
ces pages : « *Il y a quelque chose là dedans !* »
« Quant aux *incrédules systématiques*, qui, après
« s'être inconsidérément prononcés contre le Magné-
« tisme, n'ont pas assez de courage pour revenir sur
« leurs pas, et se contentent de fermer les yeux en
« criant au charlatanisme, je ne leur demande qu'une
« chose : c'est de me laisser tranquille ! Esprits vains,
« bornés et faux, qu'ont-ils à démêler avec nos vérités?
« Elles n'ont que faire de leur appui pour grandir
« dans le monde; et lorsqu'ils affichent la prétention
« d'en arrêter le cours, ils me rappellent ce paysan,
« qui, mettant un pied sur la source du Danube, se
« persuadait qu'il allait priver d'eau toutes les contrées
« que ce fleuve arrose ! ! »

Que de *paysans du Danube*, ajouterons-nous, ont
surgi depuis cette boutade spirituelle du Maître! Mais

aussi que d'eau a déjà passé sous le pont, et combien malgré eux il en passera encore ! !..... espérons-le pour l'humanité !........

Deuxième observation.

Lorsqu'on se trouve en présence de simples troubles fonctionnels de l'espèce de ceux qui font l'objet de cette première observation, le Magnétisme obtient des effets immédiats. Je sais bien que certains incrédules, plus ou moins sceptiques, ne veulent voir dans cette action rapide qu'une coïncidence heureuse : « Vous êtes arrivé au bon moment, disent-ils, mais lors même que vous n'eussiez rien fait, la vie eût repris ses droits et la fonction se fût rétablie. »

Cette objection peut avoir son poids en présence d'un fait isolé ; mais, quand dans une suite d'observations, les faits se répètent et s'enchaînent avec constance, n'y a-t-il pas indifférence ou mauvaise foi à persister à ne voir partout et toujours que rencontres banales et coïncidences fortuites ?

Voici un deuxième cas, bien digne d'être cité pour appuyer mon dire ; je le choisis de préférence entre beaucoup d'autres à cause des liens étroits qui le rattachent au premier et à cause aussi de l'originalité typique qui le caractérise.

Un matin je reçus la lettre suivante :

« Paris, mercredi 25 avril 1888.

« Monsieur, un ami de Madame de la G. me dit « quelle cure merveilleuse vous avez faite d'une ma-

« ladie d'intestins qui devait l'emporter. Mon vieux
« professeur de chant, M. P., est à toute extrémité
« d'une maladie qui paraît semblable. Je viens vous
« demander de vouloir bien le voir aujourd'hui même ;
« il est soigné par ses concierges auxquels je vous
« supplie de dire toute votre pensée : ce sont des gens
« sûrs.

   « Mon vieil ami me paraît bien mal ce matin ; j'in-
« siste donc particulièrement auprès de vous pour que
« vous ne perdiez pas un instant au reçu de ma lettre.
« Si, malheureusement, vous ne pouvez rien après
« l'avoir vu, je n'aurai pas à me reprocher de n'avoir
« pas tout tenté auprès d'un homme dont le dévoue-
« ment a été si apprécié par M. F. T. dans une circons-
« tance grave. Recevez, avec mes remerciements anti-
« cipés, l'assurance de mes sentiments distingués. »

                              Signé : Baronne D. P.

   J'apprenais, en même temps, d'autre part, que l'ami
qui avait fait connaître la cure de Mᵐᵉ de la G. à Mᵐᵉ la
baronne D. P. n'était autre que le beau-frère de F. T.,
Mʳ L., le violoniste bien connu ; et je recevais de ce
dernier les sollicitations les plus pressantes pour me
rendre à l'invitation qui m'était faite. Je m'empressai
donc d'aller voir M. P.

   Les concierges de M. P., comme j'en étais
prévenu, étaient bien en effet ses *factotum* les plus dévoués : c'était un jeune ménage d'Auvergnats,
braves gens, à l'abord avenant, et dont le visage res-
pirait la plus parfaite honnêteté. Ils avaient été sans
doute prévenus de ma visite, car ils me reçurent comme

quelqu'un d'attendu, et, pendant que la femme vaquait aux soins de son petit ménage en surveillant un gros poupard de deux ou trois ans qui courait dans la loge et venait se jeter dans mes jambes, le mari me mit promptement au courant de la situation :

« *Le bonhomme* (comme il l'appelait familièrement)
« était dans de fichus draps ; depuis longtemps il traî-
« nait avec des douleurs rhumatismales qui le forçaient
« de temps à autre à garder la chambre ; mais depuis
« cinq ou six mois les choses s'étaient singulièrement
« compliquées : il était au lit, sans pouvoir bouger,
« geignant du matin au soir, ne mangeant plus, n'allant
« plus à la selle, et, le pire de tout, rendant main-
« tenant ses matières fécales par la bouche.

« Or, quand on a 72 ans, ajoutait mon Auvergnat, et
« qu'on en est là, il y a bien peu de chances de s'en tirer !
« On a fait tout et le reste, d'ailleurs ; les médecins ont
« succédé aux médecins, on a essayé de tous les modes
« de traitement, rien n'y fait! Il est toujours dans le
« même état; j'ai bien peur que vous ne fassiez pas
« mieux que les autres. »

Et comme nous gravissions l'escalier, tout en cau-
sant, mon guide, se retournant vers moi, me dit d'un ton de demi-confidence : « Et puis, vous savez, il n'est pas commode, on n'en fait pas toujours ce qu'on veut, surtout depuis qu'il est malade, vous allez voir! »

Et sur ces mots, comme nous arrivions au palier du quatrième étage, il m'introduisit dans un appartement dont la clef était sur la porte.

Je m'arrêtai dans le salon, pendant qu'il allait prévenir M. P. de ma venue ; je l'entendis échanger avec lui quelques paroles, fermer une fenêtre, puis il reparut sur le seuil pour me faire signe que je pouvais entrer.

J'étais en cet instant dans un état facile à comprendre ; les détails qu'on venait de me donner sur mon nouveau client n'étaient guère de nature à m'encourager ; quand je fus en sa présence mon désenchantement fut plus grand encore.

Sur un lit, au fond d'une alcôve, dans une chambre étroite, assez mal éclairée par une seule fenêtre, gisait un moribond, haletant, geignant, le visage ravagé par la souffrance et dont le regard atone se tourna à peine vers moi quand je m'approchai.

En deux mots j'exposai le but de ma visite, je dis de quelle part je venais ; et tout en parlant de ma voix la plus compatissante et la plus douce pour vaincre de mon mieux la défiance que je lisais dans les yeux du vieillard, évitant la forme interrogative pour ne l'obliger à aucune réponse, je pris sa main dans les miennes, une main décharnée qui tranchait à peine sur la blancheur des draps.

J'obtins ainsi naturellement une entrée en matière, qui, peu à peu, mit mon malade en confiance et me permit, quelques minutes après, de poser l'une de mes mains sur son épigastre.

Alors, me concentrant avec énergie dans le puissant désir de le soulager, je m'emparai insensiblement de sa volonté chancelante : quelques instants encore son regard vague flotta de mes mains à mon visage si-

lencieux, comme s'il cherchait à comprendre ce que
je faisais; puis ses paupières s'abaissèrent, la contraction des traits s'effaça, et la respiration, moins sacca-
dée, cessa d'être une plainte.

Je m'étais ainsi emparé de lui, et j'étais par insinua-
tion dans la place, sans avoir été contraint de prononcer
le fameux mot de *Magnétisme* : ce mot, parfois si mal
compris, eût peut-être inquiété mon malade ; il l'eût
mis en garde, tout au moins ; et, en cette circonstance
moins qu'en toute autre, je n'aurais voulu, à aucun
prix, entrer dans des explications théoriques.

Déjà je sentais peser instinctivement sur moi le regard inquisiteur de mon Auvergnat qui n'avait pas
quitté la place, et qui suivait avec une curiosité mêlée
d'étonnement tous mes mouvements, ne s'expliquant
pas pourquoi je me mettais ainsi en arrêt sur son patron, les bras et les mains étendus vers lui. Quand il
me vit dessiner très lentement, de la tête aux pieds, de
longues passes à distance, et que, rabattant les couvertures vers le pied du lit, je me mis à faire des insufflations sur l'épigastre et le cæcum, il n'y tint plus, et
dans la glace placée au-dessus de la table de nuit, je
saisis un sourire et un haussement d'épaules qui signi-
fiaient, à n'en pas douter : « Si c'est ça qui va le guérir,
je veux bien que le diable m'emporte ! » Puis il sortit
sur la pointe du pied, comme s'il en eût assez vu pour
être fixé sur mon compte.

Ce départ, loin de me démonter, me rendit, au contraire, toute liberté pour déployer mon action que je
sentais quelque peu entravée tout à l'heure par la pré-

sence d'un témoin ignorant et sceptique qui me gênait.

Je m'attachai surtout à agir sur le cæcum qui faisait une saillie proéminente dans la fosse iliaque droite, et semblait très tendu et douloureux, comme s'il y avait engouement et inflammation.

Puis je dégageai mon sujet, et avant de me retirer je magnétisai une carafe pleine que j'avais trouvée à portée de ma main, engageant instamment M. P. à boire de cette eau jusqu'à ma prochaine visite, que je lui annonçai pour le lendemain à la même heure.

C'est à peine si j'obtins de ce taciturne un regard de remerciement et d'adieu et je descendis. Au moment où j'arrivai devant la loge, je me trouvai face à face avec mon Auvergnat sceptique, qui, avec un mouvement de tête significatif, m'apostropha laconiquement ainsi : « Eh bien ! » — « Je pense, lui répondis-je, qu'il est peut-être un peu tard pour obtenir un résultat ; mais enfin il faut voir ! Dans trois ou quatre jours..... »

Et je passai rapidement.

J'entendis alors mon homme qui, d'un ton gouailleur, disait à sa femme, en tournant sur les talons : « Trois ou quatre jours ! Ah ben ! s'il croit que le bonhomme va l'attendre ! y a longtemps qu'il n'y sera plus ! »

C'était la flèche du Parthe que me lançait mon Auvergnat ; décidément je n'avais pas affaire, dans cette maison, à des convaincus.

Le lendemain, à 3 heures, je revins. Le concierge, sous prétexte qu'il était seul pour garder la loge, me tendit la clef de M. P. et m'invita à monter sans lui.

M. P. m'accueillit d'assez mauvaise grâce : à l'entendre il avait été plus mal que jamais, il avait horriblement souffert, n'avait pas fermé l'œil de la nuit, et les vomissements avaient eu une recrudescence marquée ! Je le trouvai donc peu disposé à recevoir mes soins ; il m'exprima même la crainte que mon traitement n'exaspérât son mal ; je dus pour ainsi dire m'imposer et le magnétiser malgré lui. Bien m'en prit, car ma persévérance devait, comme on va le voir, trouver sa récompense.

En effet, le jour suivant, à 3 heures, une véritable ovation m'attendait ; dès que je parus, mon Auvergnat, rayonnant, courut à ma rencontre en gesticulant : « Victoire sur toute la ligne ! Le matin même, à 8 heures, M. P. avait eu *trois selles naturelles* et il ne vomissait plus !......... » Décidément j'étais un grand homme ! mon traitement faisait merveille ! on ne me regardait plus d'un air narquois par-dessus l'épaule ! Pendant un quart d'heure je dus subir le verbiage prolixe du mari et de la femme.

En haut même accueil qu'en bas : je trouvai M. P. sur son séant, qui s'inquiétait déjà de ce léger retard ; il avait craint, un instant, ne pas me voir ; il me parla des heureux effets obtenus, se prêta à tout avec une rare complaisance, et (Dieu me pardonne !) je crois même qu'il esquissa un gracieux sourire ; quelle différence avec les jours précédents où l'on me faisait si grise mine ! C'était une véritable compensation et je m'en réjouissais ! Jamais je n'eusse osé espérer un succès si rapide et si complet : deux séances, cellesdu

25 et du 26 avaient suffi pour amener une détente ; la troisième, celle du 27, devait considérablement l'accentuer.

En effet, quand, le 28, dans l'après-midi, je vins revoir mon malade, il avait eu depuis la veille plusieurs selles, et, chose bien appréciable, *les vomissements n'avaient point reparu !*

Je grandissais chaque jour, par ce fait même, dans l'estime de mon malade et de ses concierges, et mon amour-propre satisfait prenait largement sa revanche des premiers jours ; j'oubliais, hélas ! que la roche Tarpéienne n'est pas loin du Capitole ! Le 30 un orage formidable devait fondre sur ma tête !.. ...

Ce jour-là, à mon arrivée, le concierge et sa femme m'abordent consternés : « Ah ! monsieur, s'écrie mon Auvergnat, votre malade est aux cent coups de la garnison ! Depuis hier soir 5 heures, il faut le mettre sur le pot (sauf votre respect) toutes les deux heures ; il ne décolère pas ! il dit qu'il va mourir et qu'on veut le tuer !.. Ma femme et moi nous sommes sur les dents ; avec toutes ces allées et venues et le service de la loge, vous comprenez, si ça dure longtemps comme ça, nous ne pourrons plus y suffire ! Que faire ? » Et ils levaient les bras au ciel d'un air désespéré en me remettant la clef de l'appartement.

Pendant la montée des quatre étages, je me préparai à l'accueil que ces paroles ne me faisaient que trop prévoir. Mais je ne me doutais pas encore de la scène tragi-comique qui m'attendait.

Je trouvai mon malade sur son séant, très surexcité ; ce n'était plus l'atonie geignante et pleurarde des premiers jours ; sous les mèches rebelles de ses cheveux blancs, son regard brillait du feu de la fièvre, le sang teintait légèrement ses pommettes saillantes ; le torse agité d'un tremblement convulsif, le bras tendu vers moi, il semblait vouloir me foudroyer de sa malédiction, et d'une voix que l'effort visible qu'il faisait pour se dominer rendait sépulcrale, il m'adressa les reproches les plus amers, m'accusant d'avoir trop libéralement ouvert à la Nature les issues depuis longtemps fermées, et d'avoir ainsi abusé, *par gloriole sans doute,* de ma puissance magnétique pour mettre *à quia* un pauvre vieillard qui n'avait plus que le souffle !

J'avais beau me défendre de cette injuste imputation, en expliquant que la nature, en reprenant ses droits, agit comme bon lui semble, et que nous n'avons aucune autorité pour régler le cours des choses, il ne voulait rien entendre.

— « Oui, monsieur, me répétait-il, oui, vous avez abusé de vos moyens ! et c'est très mal ! Ne pouviez-vous donc vous contenter du merveilleux succès qu'en deux séances vous aviez obtenu ? Ne vous suffisait-il pas d'avoir arrêté ces horribles vomissements que rien ne pouvait enrayer ? Les selles naturelles n'étaient-elles pas rétablies ? Mes connaissances, mes amis, les gens qui m'ont soigné, M. le docteur X. lui-même, tout le monde enfin vous rendait justice, à vous, et à votre traitement, monsieur, dont on reconnaissait l'efficacité incontestable ! Que vouliez-vous de plus ? Pourquoi m'astreindre à ce perpétuel besoin qui le jour et la nuit ne me laisse plus ni repos ni trêve? Je n'en peux plus, monsieur, je suis exténué et je sens que je vais rendre l'âme ! »

Et, laissant retomber sa tête sur l'oreiller : « Non, c'est trop! c'est trop ! » répétait-il d'une voix dolente.

Il ne fallait pas songer à lutter contre cette excitabilité nerveuse et ces injustes préventions : le parti le plus sage, dans l'intérêt même du malade, était de me retirer. C'est ce que je fis.

Quelques jours s'écoulèrent et dans le feu de mes occupations journalières j'avais presque oublié ce malade original, lorsque je reçus un petit mot de madame la baronne D. P.

« Je reviens, me disait-elle, d'un voyage de quelques
« jours ; je trouve M. P. tellement mieux, que j'en
« suis toute heureuse, et je veux vous en remercier ;
« je l'ai vu tout à l'heure, *il m'a prié de vous exprimer*
« *le désir qu'il a de vous revoir.* Il a encore des douleurs
« assez vives, mais le grand mal est conjuré! Croyez,
« monsieur, à ma reconnaissance et à mes sentiments
« distingués. »

En même temps, je trouvai chez moi la carte de M. le docteur X... avec ces quelques mots tracés au crayon : « Cher Monsieur, je fais appel à votre dévoue-
« ment pour venir chez M. P. *Il désire vous voir.* »

Je ne pouvais éluder deux invitations si précises sans laisser croire que j'avais conservé de la rancune pour le passé, ce qui était très loin de mon cœur, et je retournai voir M. P. auquel je fis quelques visites encore.

Peu à peu les douleurs s'apaisèrent ; les selles, dont

la fréquence était modérée, redevinrent normales, et
M. P. reprit sa vie ordinaire ; aussi le 25 mai, Mme la
baronne D. P. m'envoyait-elle le petit mot suivant qui
servira d'épilogue à ce récit :

« J'ai à vous envoyer, monsieur, tous les remercie-
« ments de ma mère et les miens pour les soins si
« heureux donnés à M. P. Il est vraiment en très bonne
« voie ! Je vous remercie surtout pour les dernières
« visites que vous lui avez faites sur ma demande, et
« vous assure de mes sentiments distingués et d'un
« souvenir reconnaissant. »

De quelle maladie était atteint M. P., et comment
a-t-il guéri ? Telle est la question qu'on peut naturellement se poser. M. P. était rhumatisant ; mais en dehors des douleurs rhumatismales dont il souffrait, il est
probable qu'il existait dans l'intestin une invagination
ou une hernie de l'appendice cæcal, ainsi qu'en témoi-
gnaient les vomissements de matières stercorales.

Le Magnétisme, en provoquant un mouvement des
fibres nerveuses, détermina certainement des contractions péristaltiques qui dégagèrent l'intestin de la
pression herniaire qui l'entravait ; ce qui le prouve,
c'est l'abondance des gaz et l'impulsion prodigieuse des
matières liquides qui avaient si fort inquiété le malade.
Le baron du Potet dans le *Manuel de l'étudiant magnétiseur*, page 59, cite du reste un cas de guérison identique à celui-ci.

Troisième observation.

Les relations qui résistent le mieux aux contacts
et aux heurts de la vie sont assurément celles que l'on

a contractées sur les bancs de l'école. Ces douces fleurs
de l'amitié, nées au printemps de l'existence, dans la
libre expansion de leur développement, ont le don de
conserver indéfiniment leur parfum ; et, alors que
notre cœur, devenu quelque peu méfiant par l'âge, ne
s'ouvre plus aux affections nouvelles, elles ne cessent
de le charmer et de le réjouir comme un vivant et du-
rable souvenir.

Le nom seul d'un de mes vieux camarades du
Prytanée militaire, prononcé par hasard, bien longtemps après notre sortie de l'école, a toujours réveillé en
moi ces lointains échos d'un passé que j'aime à revivre.
Il en est ainsi, je crois, pour chacun de nous ; on dirait
qu'une sorte de franc-maçonnerie du cœur entretient
en nous, même à distance, de sympathiques souvenirs
que ne sauraient affaiblir les efforts du temps.

Parmi mes vieux camarades d'enfance, il en est un
qui habite Paris et que je revois de temps à autre :
c'est le marquis de V.

De V. m'est doublement cher par ses qualités naturelles, qui font de lui, en même temps que l'ami le
plus dévoué, l'homme le plus sincèrement honnête que
je connaisse. S'il n'eût été aussi modeste qu'il est
brave, il porterait certainement aujourd'hui, comme
son père, ancien aide de camp du roi Louis-Philippe,
les épaulettes à trois étoiles ; mais, après avoir conquis,
pendant l'année sanglante, de glorieuses balafres qui
lui ont mutilé les membres et la face, il a quitté pré-
maturément l'armée comme colonel, se trouvant (à
l'encontre de bien d'autres plus ambitieux) suffisam-

ment récompensé par la satisfaction du devoir accompli.

Resté célibataire, il consacre ses nombreux loisirs
au soulagement de toutes les infortunes ; partout où il
y a une souffrance morale ou physique à alléger, on
est sûr de le rencontrer porteur de consolations discrètes
et empressées ; la camaraderie pour lui est un culte ;
le chevet des malades l'attire ; et, si ce n'était déjà le
type du plus parfait gentilhomme, on ne pourrait
mieux le dépeindre qu'en le représentant comme le
modèle des sœurs de charité, tant il possède le dévouement et la patiente bonté de ces saintes filles.

Un soir, mon vieil ami, tout triste, vint me trouver,
et de suite, en s'asseyant : « Tu sais bien C., me dit-il,
C. qui commande le régiment de chasseurs en garnison à Rambouillet ?... Eh bien, ce pauvre C. se
meurt !... »

C. (comme on le devine) était un de nos camarades avec lequel, non seulement nous avions fait
toutes nos classes à la Flèche, mais qui était aussi de
notre cours à Saint-Cyr. Les liens de la plus étroite
camaraderie nous unissaient tous trois ; cette nouvelle
était donc bien faite pour me consterner, et elle me
surprenait d'autant plus que j'avais eu des nouvelles
de C. peu de temps auparavant et que je le croyais en
parfaite santé.

C. (d'après ce que m'apprit de V.) était souffrant
depuis quelques mois ; mais il n'avait pas pris garde à
ce qu'il croyait être une simple indisposition due à un
chaud et froid, à un rhume mal soigné, lorsque survint
l'inspection générale de son régiment ; le surcroît de

fatigue qu'il eut à cette occasion, une douloureuse déception qu'il éprouva le démoralisèrent complètement ;
il se mit au lit avec la fièvre et une grave albuminerie
se déclara.

Malgré les soins les plus éclairés, la maladie fit de
rapides progrès, et, à la suite d'une consultation de
trois médecins, au nombre desquels se trouvait une
notabilité médicale parisienne appelée par la famille,
un fatal diagnostic avait été porté : il n'y avait plus
d'espoir ; les reins profondément lésés ne fonction-
naient plus ; et l'œdème, envahissant les membres
inférieurs, gagnait rapidement les poumons et le cœur
menaçant les sources mêmes de la vie.

« Je reviens de Rambouillet, me dit de V., navré
du spectacle que j'ai eu sous les yeux ; la douleur de
ceux qui entourent notre pauvre ami fait peine à
voir ; quant à lui, à moitié suffoqué, haletant, sentant l'œdème qui lui monte au cœur et qui l'étreint,
il lutte pied à pied contre la mort, s'étonnant de
l'impuissance de la médecine et ne comprenant pas
comment on ne peut trouver un remède à son mal.
Quand la maladie lui laisse un peu de répit, il s'emporte contre les docteurs et la Faculté ! Ne voulait-il
pas, l'autre jour, mettre aux arrêts le médecin-major
de son régiment parce qu'il ne le guérissait pas
assez vite ! Ce serait comique, si ce n'était, hélas !
profondément triste !

« Hier, dans la conversation, ton nom fut prononcé
par hasard. C. connaît, paraît-il, les expériences
magnétiques auxquelles tu te livres depuis plusieurs

années; aussi s'est-il écrié aussitôt : « Ah ! ce n'est pas Bué qui me laisserait souffrir comme ça ; je suis bien sûr que, s'il était là, il me tirerait d'affaire ! » Et il insista vivement pour que je vienne te chercher; je le lui ai promis, et me voilà ! »

« Je ne crois pas, ajouta de V., que tu puisses tirer C. de ce mauvais pas ; il n'est , hélas ! que trop irrévocablement condamné ! Mais je suis bien sûr (comme je connais ton cœur) que tu tiendras à répondre au désir d'un mourant, et que tu voudras bien donner à notre pauvre ami ce dernier témoignage de ton affection. »

Je serrai la main de V. en lui affirmant qu'il ne s'était pas trompé sur la nature de mes sentiments, et nous prîmes rendez-vous à la gare pour le départ du premier train qui, le lendemain matin, devait nous mettre à Rambouillet vers les huit heures.

C'était un dimanche, ma journée était libre de toute entrave, et je me promettais bien, malgré le désespérant pronostic porté contre mon vieux camarade, d'utiliser tout mon temps et toutes les ressources du Magnétisme, en un suprême et dernier effort, pour tenter de le sauver.

En arrivant à Rambouillet, nous trouvâmes C. sur son lit de douleur, entouré d'oreillers, haletant, suffocant : il était au plus mal ; c'est à peine s'il nous donna signe de vie lorsque nous entrâmes, et quand je lui serrai silencieusement la main, en m'approchant de son lit : « Ah ! mon pauvre ami, je suis f...u ! » me dit-il en répondant à ma pression amicale, et une grosse larme roula dans ses yeux un peu perdus déjà dans le vague.

Ce n'était pas l'instant des longs discours : je m'installai à son chevet, et, sans préambule, je me mis à le magnétiser ; la position du torse dégagé des oreillers par l'attitude prise pour faciliter la respiration me rendait ma besogne assez aisée en mettant à ma portée la colonne vertébrale et les reins, sur lesquels précisément je voulais opérer.

Je pouvais ainsi faire des insufflations tout le long de l'axe cérébro-spinal, sans obliger mon malade à prendre une position nouvelle qui eût pu le fatiguer.

« Si les reins ne sont pas entièrement perdus, me disais-je, j'ai des chances pour éveiller la fonction rénale en concentrant toute mon action sur le réseau du *grand sympathique*, ce fleuve nerveux puissant qui va porter l'innervation et la vie dans tous les ganglions e les plexus des viscères ; le cas d'ailleurs est-il aussi désespéré qu'on le prétend ? L'expérience m'a souvent démontré qu'on ne doit pas avoir une si absolue confiance dans les jugements portés par la docte Faculté ! » et j'engageai la lutte avec toute la ténacité et toute l'ardeur que me donnaient mon amitié pour mon vieux camarade, le désir de le sauver, et l'entière et profonde confiance que j'ai dans le Magnétisme.

Vers midi, de V. et un autre de nos camarades qu était venu avec sa femme pour prendre des nouvelles de C., m'entraînèrent un peu malgré moi hors de la chambre du malade et m'emmenèrent à l'hôtel. Un instant de repos m'était en effet nécessaire, je déjeuna

très sommairement avec eux, et, malgré leur scepticisme que voilait à peine leur bienveillante sollicitude
pour ma santé, je retournai en toute hâte, à mon poste
de combat, reprendre mes insufflations sur lesquelles
je comptais plus que jamais, un mieux sensible que
tout le monde avait pu constater s'étant déjà manifesté
chez mon malade depuis mon arrivée.

Vers le tantôt, ce mieux s'accentua rapidement : la
vie semblait renaître sous mon souffle ; la respiration
moins courte devenait plus libre ; le cerveau se déga-
geait, la pensée se faisait jour et avec elle le souvenir,
la parole et presque la gaîté ; notre pauvre ami n'était
plus, comme le matin, absorbé, haletant, indifférent à
tout ce qui se passait autour de lui : il causait maintenant, changeait de position, s'agitait ; un moment
même, reportant ses souvenirs vers nos années de collège, il fredonna en riant le refrain d'une chanson
anglaise, avec laquelle, à cette époque, j'avais eu
quelques succès ! Quelle transformation ! et combien
j'étais payé de mes efforts en le voyant se réjouir avec
nous de l'allègement qu'il éprouvait dans ses souffrances ! Nous étions tous dans la joie ! Un seul point
noir subsistait à l'horizon : la fonction rénale, entièrement supprimée depuis plusieurs jours, ne reparaissait
pas encore, et, tant qu'elle n'avait pas reparu, comment
oser se laisser aller à l'espérance ? J'étais le seul à
prendre patience, car par expérience je savais qu'il faut
à la réaction vitale un certain laps de temps pour se
produire ; tous les symptômes recueillis m'indiquaient
bien une solution prochaine, mais les minutes, en

s'écoulant, avaient amené la fin de la journée, l'heure du départ avait sonné, et je dus, à mon grand regret, quitter mon vieux camarade sans avoir eu la douce satisfaction de lui donner une assurance que j'emportais dans mon cœur.

Je rentrai chez moi sur les minuit, brisé, rompu par cette longue journée d'anxiétés et de fatigue, laissant mon vieil ami de V., peu confiant dans mes affirmations et peu rassuré de l'avenir, rejoindre de son côté son domicile.

Le lendemain, à mon réveil, j'eus l'indicible joie de recevoir cette laconique, mais rassurante dépêche :

« Votre ami a éprouvé cette nuit une détente très « sérieuse : il urine, et tout est là ! Merci du grand « bien que vous lui avez fait ! »

Je n'avais donc pas perdu ma peine et mon temps, et j'étais bien récompensé de la tenace persévérance qu'il m'avait fallu déployer pour réagir contre la déplorable influence de l'opinion émise par les médecins consultants, et aussi contre l'atmosphère d'incrédulité au milieu de laquelle j'avais opéré.

C. se rétablit assez rapidement ; journellement on me tenait au courant des améliorations qui se manifestaient dans son état, et, le 31 mars suivant, dix jours seulement après ce fameux dimanche où je l'avais trouvé expirant, je recevais de sa main même ce petit mot de remerciement et d'amitié :

« Mon cher Bué, je te remercie de ta bonne lettre ; « j'ai bien regretté que tu aies été empêché de venir à « Rambouillet dimanche, car c'est assurément à tes

« bons soins que je dois le mieux qui s'est manifesté
« dans mon état dès ta première visite ; ce mieux a
« heureusement continué. J'espère aujourd'hui être
« sérieusement en bonne voie.

« Je serai content de te revoir, de te remercier, de te
« dire combien je suis reconnaissant de la preuve
« d'affection que tu m'as donnée ; j'espère que tu
« tiendras ta promesse en me venant voir à Garges où
« je vais achever ma convalescence ; j'ai la plus grande
« hâte de quitter Rambouillet où tu m'as vu si misé-
« rable. Au revoir donc, et sois assuré de ma bien vive
« et bien sincère amitié. »

Si j'ai choisi cet exemple de guérison, au milieu de
bien d'autres, ce n'est certes pas dans la pensée étroite
de me faire valoir auprès de ceux qui me liront ; comme
le don de guérir par le Magnétisme n'est l'apanage exclusif de personne et que tout homme de bonne volonté
peut répéter ce que j'ai fait, j'espère qu'on ne me fera
pas l'injure de croire que j'ai voulu me poser en exception.

En citant ce fait, je veux simplement montrer que,
contrairement aux décrets de la Faculté, et dans les circonstances en apparence les plus critiques, le désir
ardent et profond de soulager son semblable, doublé
d'une imperturbable ténacité, peut triompher de tout
obstacle en ramenant inopinément la réaction vitale ;
et, pour l'édification de tous, j'ajouterai qu'en plusieurs
circonstances graves, j'ai eu l'inestimable bonheur d'en
faire l'heureuse expérience et sur ma femme et sur mon
propre enfant !...

CHAPITRE VI

Du somnambulisme

Définition du Somnambulisme. — Fausse appellation. — Classifications arbitraires. — Le phénomène ne présente en réalité que trois phases distinctes. — Le Somnambulisme a été plus nuisible qu'utile à la cause du Magnétisme : opinions de Lafontaine, Deleuze et Aubin Gauthier. — Apparences complexes du phénomène dues à l'Idiosyncrasie des sujets. — Procédés pour favoriser l'éclosion du Somnambulisme et pour le faire cesser — Effets physiques : Attraction magnétique, annihilation des sens, renversement de la pupille, insensibilité. — Effets psychiques : exaltation des facultés intellectuelles, transmission de la pensée, clairvoyance, vue à distance, perception des maladies, prévision. — Fragilité de la clairvoyance. — Nécessité d'une bonne direction. — Impressions morales transmises. — Suggestions. — Perte du souvenir au réveil. — Perception lumineuse des radiations magnétiques. — Rayonnement des Corps. — Variations résultant de l'âge, du tempérament et de l'état de santé. — Expérience du verre d'eau. — Accroissement de l'éclat lumineux par le mouvement et le choc. — Concordance entre la façon de voir des Somnambules et des Sensitifs dans la chambre noire. — *L'Od* du baron Reichenbach. — *Les vibrations* de

M. A Gautier. — *La Force radiante* de Crookes. — *La Force rayonnante* du Dr Barety. — *Relations entre la Force et la Matière* de M. Lodge.

Sous l'influence des radiations magnétiques il se produit parfois spontanément dans l'organisme un état particulier qu'on a improprement appelé *Somnambulisme* ; cette expression s'applique plus justement à *l'action de marcher en dormant* des noctambules naturels.

Le Somnambulisme magnétique, état mixte ne participant ni de la veille ni du sommeil, diffère essentiellement du noctambulisme ; une sorte de concentration intérieure des facultés semble apporter chez le sujet un changement radical entre les relations ordinaires de l'âme et du corps ; le phénomène, sous un double aspect psycho-physiologique, nous apparaît comme dépendant de deux conditions essentielles : « la suspension plus ou moins absolue de l'action des sens externes et une disposition nouvelle et spéciale de synthétiser intérieurement toutes les perceptions. »

On a cherché à établir dans cet état particulier des classifications et des degrés. Certains *somnambuliseurs*, imbus de la manie de spécialiser, en sont venus jusqu'à prétendre qu'on pouvait pousser les sujets jusqu'au *trente-troisième* degré de clairvoyance. M. le comte de Lutzelbourg, plus modeste dans ses écrits, se borne à fixer au nombre de sept les périodes critiques dont les trois premières seraient réputées *demi-crises*, distinctions spécieuses dont tous les magnétiseurs sérieux ont fait justice en engageant leurs adeptes à tirer du somnambulisme tout ce qu'il peut donner, à quelque degré qu'il parvienne. « Qu'importe le nombre de marches d'un escalier, si sa hauteur est la même », disait logiquement une somnambule à laquelle on demandait son appréciation sur les classifications en cours. En réalité on ne peut établir que les distinctions suivantes :

Le sujet dort mais ne parle pas, première phase. Il parle, mais, concentré en lui-même, il ne sent pas la volonté du magnétiseur et ne voit rien, deuxième phase. Enfin, il sent la volonté du magnétiseur et il est clairvoyant, troisième et dernière phase.

Si le somnambule arrive à voir sa maladie, à prévoir ses crises, et peut indiquer la meilleure marche à suivre pour obtenir promptement la guérison, n'est-ce pas là, au point curatif, tout ce qu'on doit attendre du somnambulisme?

« Quand le malade peut tout cela, qu'importe les subtilités d'une classification scientifique plus ou moins arbitraire! Remercions la Providence de la grâce qu'elle nous accorde en apportant une lumière si précieuse au milieu des ténèbres de notre ignorance et ne cherchons pas au-delà! Souvenons-nous que nous ne magnétisons pas spécialement pour nous ménager de vaines satisfactions d'amour-propre en ergotant sur les idées et sur les mots. mais uniquement pour soulager les souffrances d'un malade qui se livre à nos soins, à notre bienveillance et à notre charité » (AUBIN GAUTHIER).

« Le premier conseil que je puisse donner, c'est celui de ne jamais chercher à produire le somnambulisme, mais de le laisser venir naturellement pour en profiter, s'il y a lieu ! Il serait fâcheux qu'un malade puisse croire qu'il ne peut guérir qu'en devenant somnambule, car sur cent personnes il y en a dix à peine qui tombent en état somnambulique » (DELEUZE).

« La lucidité d'un somnambule ne dépendant pas entièrement du magnétiseur, il existe une foule de causes pour que le somnambule le plus clairvoyant ne le soit pas lorsqu'il est consulté ; et comme on n'a pas de moyens pour découvrir quand il voit positivement ou quand il est sous l'influence d'une hallucination, on ne devrait penser à utiliser sérieusement la lucidité des somnambules que lorsqu'on aura découvert quelles sont les conditions qui peuvent la rendre exacte. En général, le somnambulisme a été jusqu'ici plutôt nuisible qu'utile à la cause du Magnétisme. Les magnétiseurs qui se sont attachés particulièrement au somnambulisme ont, par l'exploitation qu'ils en ont faite et leur ignorance, causé plus de mal au Magnétisme que les diatribes de ses plus fougueux détracteurs » (LAFONTAINE).

Telles sont les paroles textuelles des magnétiseurs considérés avec raison comme les plus expérimentés et dont l'autorité en pareille matière est incontestable ; je ne saurais trop insister sur leurs dires ; une longue pratique m'a amené à partager leur opinion et j'engage vivement, avec ces hommes de bien, tous ceux qui s'occupent de Magnétisme, à ne l'envisager qu'au point de vue thérapeutique et à se dévouer à une pratique sérieuse et fatigante, il est vrai, mais qui

seule peut faire ressortir la véritable utilité du Magnétisme, et en le vulgarisant par des cures merveilleuses,
apporter un réel bienfait à l'humanité.

Si l'état somnambulique ne comporte que trois
phases, comme nous venons de le dire, et si ces trois
phases ne sont en réalité que les degrés ascendants
d'un tout indivisible, il n'est pas moins vrai que le
phénomène se présente à nous sous des apparences
complexes bien faites pour nous tromper. Autant de
sujets différents, autant de variétés de nuance; de même
qu'aucun Etre ne se ressemble dans la nature, de
même aucun somnambule n'est identique à un autre
somnambule. Chaque individu, inversement influencé
en raison de son idiosyncrasie et de son tempérament,
voit naître en lui, dans cet état mixte, toute la succession ininterrompue des rapports qui, sous l'influence
de conditions spéciales de temps, de milieux, ou d'incitations diverses, peuvent incessamment se produire
entre les influences internes et externes.

C'est, comme dans le caléidoscope, une diversité infinie
de combinaisons et de nuances se manifestant dans la
production du phénomène ; et devant une telle variété
de manifestations, il n'est pas étonnant que les expérimentateurs, se trompant sur l'origine des faits, aient
attribué au phénomène lui-même ce qui, en réalité,
n'est que le simple reflet de l'idiosyncrasie des sujets
mis en expérience; de là ces groupements artificiels et
ces classifications qui, loin d'éclairer le problème,
n'ont fait que l'embrouiller.

Lorsqu'en magnétisant une personne, non dans

l'intention de la rendre somnambule, mais pour la
guérir ou la soulager, on voit survenir chez elle des
bâillements, que les yeux clignotent, que les paupières
battent et se ferment, que la tête s'incline, et qu'un
engourdissement plus, ou moins profond semble
vouloir l'envahir, on peut favoriser cet état somnolent
en continuant de tenir les mains ou en imposant les
pouces sur l'épigastre; puis, lorsque l'œil cesse de
rouler sous les paupières et que le mouvement de dé-
glutition, un instant accéléré, diminue, on élève les
deux mains au-dessus de la tête du sujet; on fait une
imposition de quelques secondes sur le Cerveau et l'on
descend ensuite par de longues passes très lentes le
long des bras jusqu'au bout des doigts. On répète
des passes semblables en face du tronc jusqu'à hauteur
de l'épigastre où l'on s'arrête chaque fois en présentant
les doigts en pointe; on fait aussi quelques passes en
imposant les mains sur le cervelet et en les descendant
derrière les oreilles et les épaules pour revenir sur les
bras, de façon à envelopper littéralement le sujet de
passes à grands courants; c'est la meilleure façon
d'agir pour produire normalement l'état somnambulique, et subséquemment développer la lucidité, toute
incitation directe et violente sur le cerveau pouvant
avoir les inconvénients que nous avons déjà signalés.

Après avoir opéré ainsi pendant quelques instants
on interroge doucement le sujet sur son état présent :
« Dormez-vous ? »

S'il est seulement dans un état d'engourdissement
il se réveille ; on cesse alors l'opération et l'on

dégage, remettant à une autre occasion une tentative que l'on ne doit jamais pousser à l'extrême dans l'intérêt même du malade.

Le sommeil peut être assez profond pour qu'aucun bruit, aucune sensation ne viennent émouvoir le sujet : on l'interroge, il ne répond pas ; on le touche, il ne sourcille pas. C'est le premier pas dans l'état somnambulique.

Peu à peu cet état s'affirme sous l'impulsion de l'action magnétique prolongée ; le sujet finit par percevoir le son de la voix ; seulement, en cet instant, ne le pressez pas de parler ; il lui faut le temps de se faire à sa nouvelle situation : il reste dans une torpeur, un anéantissement corporel dont il a besoin et dans lesquels il se plaît ; dans un instant il vous répondra par un signe de tête ou de main, et vous indiquera le moment où il voudra être réveillé.

Parfois l'interrogation : « Dormez-vous ? » le touche comme une étincelle électrique et il répond ; c'est un signe manifeste que le sujet est dans l'état somnambulique complet ; il faut bien se garder alors de le presser de questions ; il faut se borner à lui demander comment il se trouve, ce que l'on doit faire pour son bien et combien de temps on peut le laisser dans cet état.

On le réveille ensuite en employant les *dégagements*[1], les *insufflations froides à distance* sur le front et sur les yeux, et en touchant vivement les sourcils depuis

---

[1] Voir Magnétisme Curatif, *Manuel techni ue*.

leur naissance jusqu'aux tempes. Il est important, après l'état somnambulique, de bien dégager pour éviter la lourdeur de la tête ou l'engourdissement des jambes qui pourraient persister.

L'état somnambulique produit sur le physique et le moral des sujets des perturbations plus ou moins profondes, en raison de leur tempérament et de leur idiosyncrasie :

EFFETS PHYSIQUES. — Au point de vue *physique*, on constate généralement que le magnétiseur devient maître des mouvements volontaires de son sujet : il lui fait lever, baisser ou tourner la tête ; il lui fait lever les bras ou il le fait marcher, tout cela par une sorte d'attraction en présentant la main du côté vers lequel il veut entraîner le membre ; mais il y a des sujets mobiles comme des aimants, tandis que d'autres au contraire n'obéissent que lentement à ces actions et sont presque insensibles à l'attraction magnétique.

En général le somnambule ne perçoit plus les formes, les images, les sons, les odeurs, les saveurs, par les organes où résident ces perceptions ; il entend, il voit, il sent, sans le secours des sens, par les doigts, le front, l'occiput, l'épigastre ; cependant, tandis que certains sujets sont complètement isolés, ne voyent, n'entendent que leur magnétiseur et ne communiquent qu'avec lui, d'autres ne sont isolés qu'à demi, et il y en a qui ne le sont pas du tout.

L'état somnambulique est presque toujours caractérisé par le renversement de la pupille et par une insensibilité absolue qui permet de traverser les chairs

avec des aiguilles et de faire sans douleur toute espèce
d'opérations chirurgicales ; mais il y a des cas de somnambulisme où ces caractères manquent absolument ;
il n'y a ni renversement de la pupille, ni insensibilité.

Ce serait une erreur de croire, du reste, que les somnambules sont toujours insensibles ; presque tous les
sujets qu'on voit en cet état servent généralement de
point de mire dans les expériences publiques, et leur
disposition particulière provoquée est due à une magnétisation trop intense et mal dirigée. Les vrais somnambules, c'est-à-dire ceux chez lesquels l'état somnambulique a été normalement développé par des actions
progressives, ressentent très vivement au contraire les
émanations physiques des êtres vivants qui les entourent ; ils sont quelquefois même profondément se-
coués et affectés par le moindre attouchement ; un
animal qui vient les frôler à l'improviste, une main
étrangère qui les touche sans qu'ils y soient préparés
peuvent les plonger instantanément dans des crises
nerveuses très douloureuses et difficiles à calmer, et
cette grande délicatesse de sensibilité, que blessent aussi
les actions à distance, est une des causes majeures des
troubles qui se manifestent souvent chez les somnambules lorsqu'ils se trouvent dans un milieu hostile ou
peu sympathique.

Après avoir constaté plusieurs cas où l'insensibilité
était confirmée par les médecins, Deleuze ajoute : « *Mes
somnambules ne l'ont jamais présentée* ; leur sensibilité
au contraire est *plus délicate* que dans l'état de
veille ; le contact d'un corps non magnétisé leur est

désagréable, et l'attouchement d'une personne étrangère leur fait beaucoup de mal. J'ai même la certitude que des somnambules ont éprouvé des convulsions et se sont réveillés pour avoir été touchés brusquement par quelqu'un qui n'était point en rapport »
(DELEUZE, *Inst. prat.*).

EFFETS PSYCHIQUES. — L'Etat somnambulique exalte
les facultés intellectuelles et morales. En cet état, le
sujet a présent à l'esprit tout ce qu'il sait, et peut percevoir ce qu'il ne sait pas. Il lit dans la pensée ;
il entend et répond sans qu'on lui ait parlé. Il voit à
travers les corps opaques et à des distances plus ou
moins grandes. Il éprouve momentanément les affections maladives des personnes avec lesquelles il est mis
en rapport ; il voit souvent le point de départ des maladies et peut indiquer les moyens les plus aptes à
les guérir. Il voit son propre mal, prévoit ses crises et
celles des autres, et annonce le mode et l'époque de
la terminaison finale.

Il y a chez lui en même temps *clairvoyance et prévision*, mais à des degrés bien différents, et il est rare
que, tout en synthétisant les facultés, le somnambulisme
parvienne à les harmoniser complètement ; s'il en était
ainsi, le sujet en somnambulisme atteindrait à un état
très supérieur à celui de la nature humaine dont il
participe toujours plus ou moins ; chez lui, certaines
facultés s'exaltent sinon au dépens des autres, du moins
plus que les autres ; admirablement lucide sur un point,
il reste absolument obscur sur d'autres : le rêve semble
alterner en lui avec la réalité ; aussi la lucidité som-

nambulique est-elle un instrument d'une fragilité
inouïe que le moindre incident peut fausser ; elle varie
à l'infini d'un sujet à l'autre et dans le même sujet
d'un moment à l'autre ; les femmes, par exemple,
perdent généralement toute leur clairvoyance au moment des menstrues.

Cette précieuse faculté demande à être développée
avec art par l'exercice et exige une direction prudente
et bien entendue ; ce n'est pas le tout de trouver un
somnambule, il faut savoir ensuite le former et veiller
surtout à ce que ses qualités, péniblement acquises, ne
viennent pas à se perdre ou à dévier ; c'est là une chose
délicate qui demande des soins ; un somnambule
manié par plusieurs magnétiseurs ne sent la volonté
d'aucun et ne s'appartient pas davantage ; s'il avait, dès
le début, quelques qualités, il les perd bientôt ; son
esprit de concentration faiblit, il s'extériorise et perd
ses facultés synthétiques ; un sujet se perfectionne donc
ou s'égare selon la direction qu'il reçoit, et, s'il en fait
un métier journalier, dans un but de lucre quelconque,
il ne tarde guère à arriver à la simulation consciente
ou inconsciente.

Le somnambule est susceptible de recevoir aussi des
impressions morales qui peuvent modifier dans une
certaine mesure son caractère ; il reçoit ce qu'on appelle des suggestions ; ces suggestions persistent après
le réveil.

En général, le somnambule perd complètement la
mémoire de ses actes ; il est au réveil dans une ignorance absolue d'avoir vu, agi et parlé. Cependant cer-

tains sujets, faisant exception à cette règle, conservent
sinon le souvenir, tout au moins une impression vague
et instinctive de ce qu'ils ont éprouvé pendant le sommeil.

Enfin, dans l'état somnambulique, il y a ceci de particulier à noter (et c'est très important), c'est que la plupart des sujets sensitifs *voient les radiations magnétiques*.

L'arbre nerveux avec ses centres, vrais accumulateurs
de la Force libre, avec ses carrefours, ses ganglions, ses
plexus, ses innombrables voies qui s'entrecroisent en
tous sens et vont se perdre en filaments capillaires infinis dans la masse de nos tissus, apparaît aux sensitifs
comme le support d'une force, essentialisée qui court,
lumineuse, vibrante, radiante, le long de tous ces canaux, dessinant en un ruisseau de feu une charpente
idéale, sorte de phosphorescence vaporeuse aux contours de laquelle la matière obéissante semble se mo-
deler par attraction ; notre forme matérielle, en apparence si lourde, si grossière, si opaque, leur apparaît
aussi lumineuse que la poussière de feu qui blanchit
la voie lactée, et notre silhouette se détache dans l'espace non moins vaporeuse et diaphane que l'étoffe
qui forme la queue des comètes voyageuses.

Ils voient des extrémités des doigts du magnétiseur,
lorsque celui-ci les descend lentement le long de leur
corps sans le toucher, jaillir de longues gerbes brillantes
qui semblent les envelopper de leurs lueurs phospho-
rescentes.

Tous les corps de la nature, à quelque règne qu'ils
appartiennent, homme, animal, plante, minéral, res-

plendissent également pour eux de ce feu divin ; tous
sont lumineux et diaphanes et leurs reflets varient depuis le blanc laiteux de l'opale jusqu'aux teintes multiples des rayonnements irrisés du spectre.

Les corps organiques vivants sont plus brillants
que les végétaux et les minéraux ; dans les végétaux
les lueurs les plus vives sont aux *anthères, au pistil*
et aux *ovaires* ; parmi les minéraux ce sont les métaux
et le cristal de roche qui priment en incandescence.

Il semblerait que l'éclat lumineux suive le degré de
vitalité des corps et leur ordre hiérarchique dans la
nature ; la mort est plus sombre que la vie, la maladie
éteint le feu des organes qui ne fonctionnent plus, et
c'est à cela que les somnambules peuvent reconnaître
les parties malades ; ce sont celles qui dans l'organisme
leur paraissent les plus obscures.

Les nuances brillantes diffèrent selon les individus :
elles varient du jeune au vieux, du sanguin au bilieux,
de l'homme sain au malade.

Pour m'en assurer j'ai souvent répété l'expérience
suivante sur des somnambules : je leur présentais tout
d'abord un verre rempli d'eau pure et je leur deman-
dais : « Que voyez-vous? » Etonnés de ma question,
ils me répondaient généralement sur un ton d'indifférence marquée : « Eh bien, c'est un verre avec
de l'eau dedans ! » Me mettant à l'écart, je faisais
quelques passes sur l'eau et sur le verre et je les leur
représentais à nouveau en renouvelant ma question. Il
est rare, alors, que mon sujet ne me témoignât pas
spontanément son étonnement en s'écriant : « Ah ! que

c'est joli! comme ça brille! on dirait de l'eau phospho-
rescente !... »

Si je faisais ensuite passer le verre aux personnes
présentes en les priant de vouloir bien le magnétiser,
chacune à leur tour, le sujet appelé à se prononcer sur
l'état de l'eau percevait fort bien autant de couches
de nuances différentes qu'il y avait eu d'opérateurs,
comme si chacun de nous avait successivement emma-
gasiné dans cette eau des radiations de qualités
diverses, qui s'étaient superposées sans se confondre.

L'éclat lumineux s'accroît avec le mouvement ; il
varie selon qu'on est debout ou couché, en station
ou en marche ; une vive contention de la volonté suffit
seule pour augmenter sensiblement l'intensité lumineuse des radiations et l'activité de leur émission.

Tout choc détermine de véritables décharges et des
éclairs fulgurants : une cloche ébranlée par le son devient étincelante ; l'archet qui glisse sur les cordes
d'un violon illumine les cordes et la table d'harmonie,
et la lumière est d'autant plus vive que le son est plus
aigu, ce qui permet de dire *que chaque son,* pour le
sujet somnambulique, *a sa couleur lumineuse.*

Une bouteille de Champagne que l'on débouche
produit une pluie de feu colorée qui donne l'image
d'un vrai feu d'artifice.

Cette faculté particulière que possèdent la plupart
des somnambules de voir le rayonnement des radiations
magnétiques des corps semble au premier abord
quelque peu extraordinaire et l'on serait tenté de croire
ou que les somnambules sont dupes d'une illusion de

leurs sens ou qu'ils obéissent à quelque influence suggestive ; mais, quand on observe l'accord qui existe entre eux sur tous ces points, et qu'on recueille l'unanimité des témoignages des expérimentateurs sur ce sujet[1] ; quand, d'un autre côté, on compare ces phénomènes avec ceux obtenus par le baron Charles Reichenbach dans ses recherches sur « *le Dynamisme dans ses rapports avec la Force vitale* », on est obligé de convenir qu'il existe des relations intimes entre la façon de voir des sujets somnambuliques et celle des sensitifs renfermés dans la chambre noire ; les uns et les autres se contrôlent, car chacun de leur côté ils constatent l'existence d'une force universelle, pénétrant tous les corps et leur imprimant des vibrations lumineuses et colorées.

« Il existe, à n'en pas douter, dans la nature quelque chose d'infiniment subtil que les sensitifs aperçoivent, mais dont on ne connaît pas l'essence ; ce quelque chose ressemble à une flamme et s'échappe des corps ; les propriétés de cet agent démontrent qu'il est tout autre que les agents dynamiques connus, tels que l'électricité, le magnétisme terrestre, la chaleur, la lumière ; ce quelque chose, qui présente à l'examen des propriétés variées aussi bien dans sa manière d'être propre que dans l'ensemble des phénomènes qui s'y rat-

---

[1] En rendant compte des expériences récemment faites par M. le docteur Luys à la Charité sur les impressions colorées éprouvées par les sujets hypnotiques, quelques reporters zélés ont présenté la coloration des radiations magnétiques comme un phénomène nouveau ; ils en attribuent la découverte à l'éminent physiologiste, tandis que ce phénomène est connu depuis longtemps de tous les expérimentateurs et a été mille fois constaté par eux.

tachent, a été désigné sous le nom d'*Od*[1]. L'Od, cette chose inconnue, perceptible au moyen des sens, est nécessairement d'essence matérielle, mais d'une matérialité extrêmement tenue puisqu'elle traverse le verre, pénètre l'eau, s'y amasse et s'y condense. Actuellement encore ignoré en physique et en physiologie, inhérent à tous les corps et leur permettant d'agir à distance, les uns sur les autres, à travers l'espace et les corps opaques, l'Od est un des principaux facteurs dans l'ensemble complexe des forces que nous nommons *forces vitales* ; il y domine, détermine les formes, gouverne la matière, prend part au développement, à toutes les fonctions, et accompagne la vie animale et spirituelle dans l'état de santé et dans la maladie jusqu'à ce qu'elle s'éteigne..... Comment cette action profonde de l'homme sur l'homme, qui occasionne parfois de véritables révolutions du système nerveux, n'aurait-elle aucune influence sur l'état de santé et de maladie? Les médecins qui le prétendent ont certainement peu étudié la question au point de vue thérapeutique et sont dans l'erreur » *(Précis des expériences du baron de Reichenbach* (Le Fluide des Magnétiseurs), par le lieutenant colonel de Rochas, Paris 1891).

Ceux qui n'accorderaient pas un caractère suffisamment scientifique aux expériences faites par le baron de Reichenbach sur ses sensitifs peuvent s'en

---

[1] Od est tiré du sanscrit *va* (souffler) qui avait fourni à l'ancienne langue germanique le mot *rodan* signifiant « *une chose qui pénètre tout* ».

référer à l'opinion émise par un savant officiel, M. Armand Gautier.

Dans son cours de chimie à la Faculté de Médecine de Paris, l'éminent professeur démontre par des faits irrécusables que ce n'est point la Matière, en tant que substance, qui agit sur nos sens et nous influence, mais bien le mode de structure de cette matière et la *nature du mouvement qui dérive de l'arrangement de ses molécules* ; en un mot, d'après M. Armand Gautier, « *nous percevons les corps par leurs vibrations et non pas par leur masse* ». La substance proprement dite n'est qu'un intermédiaire servant à nous communiquer *le mouvement vibratoire des forces* ; ce ne serait donc pas, comme on se plaît à le supposer, à la spécificité chimique des substances médicamenteuses que seraient dues les réactions physiologiques exercées sur l'organisme, mais bien *aux mouvements vibratoires* que ces substances nous transmettent (*Revue scientifique du 3 janvier 1885*).

Voilà un aveu venant de l'école officielle qu'il est bon d'enregistrer ; faisant justice des vieux préjugés de la thérapeutique et de la polypharmacie, il donne singulièrement raison aux théories dynamistes et particulièrement à celles des magnétiseurs en admettant l'existence de l'émission vibratoire des corps, invisible pour nous, mais dont les somnambules et les sensitifs perçoivent le rayonnement dans l'état particulier où ils se trouvent.

De nombreuses notabilités scientifiques viennent éclairer la question de leur haute compétence, et don-

ner raison en quelque sorte aux diies des *lucides* et des
sensilifs : en Amérique, M. le Dr Robert Hare ; en
Angleterre, M. le Dr Benjamin Richardson ; en Russie,
M le professeur Boutlerow de l'Université de Saint-
Pétersbourg ; en Suisse. M. le professeur Thury de
l'Académie de Genève ; en France, M. le comte Agénor
de Gasparin et M. le Dr Barety ont admis depuis longtemps l'existence d'une atmosphère et d'un rayonnement nerveux. Personne n'ignore enfin les épreuves
expérimentales faites sur la *Force rayonnante* par l'é-
minent savant anglais M. Crookes, qui, au moyen
d'instruments très délicats et d'une précision absolue,
construits spécialement pour cet objet, est arrivé non
seulement à prouver que l'organisme humain agit à
distance par son rayonnement sur la matière inerte,
mais est parvenu à chiffrer mathématiquement la puissance de projection de *cette force radiante.*

Qu'on varie sur l'appellation de cette force, à laquelle
les expérimentateurs ont donné des noms différents.
Od, Force vitale, Force psychique ou *Ecténique, Force
neurique* ou *rayonnante*, il n'en est pas moins vrai que
cette force existe, qu'elle rayonne, et que, dans certaines conditions physiologiques, elle se projette à
des distances plus ou moins considérables ; il n'y a
donc rien d'étonnant à ce que les somnambules et les
sensilifs en signalent l'existence et prétendent en percevoir les radiations lumineuses.

« Nous sentons bien, disait dernièrement M. Lodge,
« président de la section des Sciences mathématiques
« et physiques au Congrès de l'Association britannique

« pour l'avancement des sciences, qu'au delà de nos
« connaissances actuelles s'étend une vaste région en
« contact avec plusieurs branches connues de la science
« et qu'un esprit cultivé est à même d'aborder. Ce do-
« maine est limitrophe à la fois à la Physique et à la
« Psychologie, intermédiaire entre l'Energie et la Vie,
« entre l'Esprit et la Matière.

« La relation entre la Vie et l'Energie est encore in-
« comprise ; la Vie est un principe dirigeant qui n'a
« pas encore trouvé sa place dans le domaine de la
« Physique. Qu'est-ce que la *Force* et comment les êtres
« vivants la dépensent-ils? De quelle façon la Matière
« peut-elle être déplacée, guidée, dérangée par l'inter-
« médiaire des êtres vivants ?

« La découverte d'un nouveau mode de communi-
« cation par une action plus immédiate peut-être
« à travers l'Ether n'est nullement incompatible avec
« le principe de la conservation de l'Energie ni avec
« aucune de nos connaissances actuelles, et ce n'est
« pas faire preuve de sagesse que de se refuser à exami-
« ner des phénomènes parce que nous croyons être
« sûrs de leur impossibilité, comme si notre connais-
« sance de l'Univers était complète !.....

« Après tout quand nous y serons accoutumés cela
« ne paraîtra plus aussi étrange ; ce n'est peut être
« qu'une conséquence naturelle de la communauté de
« vie ou des relations de famille entre tous les êtres
« vivants.

« La transmission de la Vie peut être comparée à
« beaucoup d'égards à la transmission du Magnétisme ;

« tous les aimants ne sont-ils pas reliés sympathique-
« ment de sorte que, s'ils sont convenablement suspen-
« dus, *toute vibration de l'un d'eux se répercute sur*
« *tous les autres, fussent-ils éloignés de 150 millions*
« *de kilomètres !*

« Pourquoi la barrière qui jusqu'ici a séparé l'Esprit
« de la Matière ne pourrait-elle pas être écartée gra-
« duellement comme l'ont été déjà tant d'autres bar-
« rières ? Pourquoi ne pourrions-nous pas arriver à
« une perception plus complète de l'unité de la Na-
« ture telle que les philosophes l'ont déjà rêvée.

« Tout d'abord les choses paraissent mystérieuses :
« une comète, la foudre, l'aurore, la pluie sont autant
« de phénomènes mystérieux pour qui les voit pour la
« première fois. Tout paraît raisonnable, contemplé
« d'un point de vue convenable ; les possibilités de
« l'Univers sont infinies comme son étendue physique.
« Pourquoi chercher toujours à nier *à priori* l'impossi-
« bilité des choses qui sortent de notre conception
« ordinaire ?

« Nous ne devons reculer devant aucun problème,
« quand le moment paraît venu de s'y attaquer. Nous
« ne devons pas hésiter à poursuivre librement la re-
« cherche des lois mystérieuses encore qui régissent la
« Vie et l'Esprit ; ce que nous savons n'est rien auprès
« de ce qui nous reste à apprendre ! Vouloir res-
« treindre notre examen aux territoires déjà à demi
« conquis, c'est tromper la foi des hommes qui ont
« lutté pour le droit de libre examen, c'est trahir les
« espérances les plus légitimes de la science !... »

Nous avons voulu terminer notre exposé par ces nobles paroles du savant physicien anglais afin de montrer que tout esprit libéral doit s'affranchir de ses préjugés dans l'examen des phénomènes de la nature, quelque étranges qu'ils puissent nous paraître, comme la perception lumineuse des radiations magnétiques par les somnambules.

CHAPITRE VII

De la clairvoyance au point de vue thérapeutique.

Rareté de la clairvoyance magnétique. — Son utilité au point de vue thérapeutique quand elle se développe spontanément au cours d'un traitement. — Guérison d'une somnambule racontée par elle-même. — Conclusion du rapport de la commission de l'Académie de médecine en 18 31 sur la faculté que possèdent les somnambules de préciser le genre, la durée et l'issue des maladies. — Différents modes de perception des somnambules. — Consultations sur des objets, sur des cheveux. — Précautions préventives à prendre avec un sujet somnambulique.

De l'avis même des Maîtres en Magnétisme, il est admis que l'on ne doit pas magnétiser dans le but exclusif de produire le somnambulisme.

« Si l'on se bornait à ce seul mode de magnétiser, dit avec raison Aubin Gauthier, si vraiment les procédés magnétiques étaient ceux dont se servent les *somnambuliseurs* pour lesquels le Magnétisme n'existe que dans le somnambulisme, il faudrait convenir tout de suite qu'il n'y a ni science ni art à magnétiser, et que tout le savoir consiste à former des somnambules afin d'en tirer des oracles. »

On tomberait ainsi dans ce travers fâcheux qui a si grandement contribué à déprécier le Magnétisme en le circonscrivant dans les limites trop étroites et en lui donnant une base trop fragile.

Comme d'une part on trouve à peine dix somnambules sur cent malades, et comme d'autre part la clair-voyance de ces somnambules est toujours plus ou moins hypothétique, il serait profondément regrettable que cette erreur vînt à s'accréditer, qu'un malade ne peut guérir qu'en devenant somnambule.

Acceptons donc le somnambulisme quand il se pré-sente naturellement et d'une façon toute spontanée, mais *gardons-nous de le provoquer*, et surtout ne nous attachons pas avec persistance à l'obtenir quand il tarde à se manifester ; outre que nous n'en tirerions aucun avantage marqué, nous risquerions fort de fati-guer notre malade et de le détraquer davantage.

Si la manifestation du somnambulisme est rare, celle de la véritable clairvoyance l'est plus encore ! Nous avons dit dans le chapitre précédent quelle était l'extrême fragilité de la lucidité et la faible créance qu'on pouvait lui accorder.

A part deux ou trois exemples de parfaite lucidité justifiée par l'accomplissement des faits, je n'ai guère eu l'occasion, dans ma longue carrière magnétique, de réunir assez de faits probants pour affirmer l'utilité pratique de la clairvoyance magnétique. Il m'a semblé impossible de tirer sérieusement parti de ces éclairs de lucidité se manifestant, à intervalles irréguliers, d'une façon absolument imprévue, et sur lesquels on ne saurait compter à point nommé sans courir sûrement au-devant d'une déconvenue.

Où la clairvoyance me semble devoir rendre de véritables services, c'est lorsque, se développant normalement au cours d'un traitement, sans avoir été voulue ni cherchée, elle se manifeste spontanément chez un malade comme une crise naturelle qui devait se produire.

Le malade, en cet état, juge très clairement de la nature de son mal, de son origine et de sa cause, des moyens à employer pour le combattre ; il *voit* l'intérieur de son corps , ses organes malades ; il prévoit d'avance la nature et l'époque précise des crises par lesquelles il devra passer, et il annonce toutes les péripéties de la marche de la maladie, sa durée et son mode de terminaison.

Les rares voyants que j'ai rencontrés ne se sont jamais trompés sur les points qui les concernaient directement ; moins affirmatifs et moins clairvoyants pour les autres, je les ai trouvés souvent en contradiction avec les faits lorsque je les ai consultés pour des tiers.

La clairvoyance, se manifestant à propos dans les cas difficiles, est d'un grand secours ; il est certain que le phénomène se produisant au moment opportun et dans les conditions voulues offre un aide puissant au magnétiseur pour le guider dans les crises et le rassurer sur leur issue.

Je pourrais fournir plusieurs exemples de l'étonnante lucidité qui se développe parfois chez les malades au moment les plus critiques de leur maladie, je me bornerai à citer celui que je considère comme le plus remarquable et le plus susceptible de donner une juste idée des avantages que présente la clairvoyance au point de vue thérapeutique, quand cette clairvoyance est réelle, qu'elle se manifeste spontanément et qu'elle est uniquement employée au bien du malade.

Considérant comme le seul aspect vraiment sérieux du Magnétisme sa puissance curative, je me suis toujours uniquement préoccupé de magnétiser pour guérir, et je n'ai jamais cherché à provoquer chez mes malades le sommeil, la double vue, la catalepsie ou l'extase.

Quand, par hasard, ces phénomènes se sont présentés au cours de mes magnétisations, je les ai laissés se manifester librement, saisissant ainsi une occasion de les étudier ; mais je me suis bien gardé d en faire un amusement, comme c'est l'habitude de tant d'autres, et j'ai cherché à utiliser le développement de ces phénomènes au profit de la guérison que je voulais produire.

Parmi les sujets que le hasard m'a fait rencontrer, il en est un dont la remarquable clairvoyance m'a non seulement permis de faire les expériences les plus curieuses de transmission de pensée et de vue à distance, mais m'a fourni les moyens de mener à bonne fin l'une des cures les plus intéressantes qu'on puisse entreprendre.

Mon sujet était une charmante jeune fille de 24 ans, Mlle Blanche H.

Depuis plusieurs années cette malheureuse enfant dépérissait à vue d'œil sans qu'on pût donner un nom à sa maladie.

Il y avait consomption générale, et les médecins consultés, attribuant à cette cause vague, indéfinie, qu'on est convenu d'appeler *Anémie*, les progrès incessants du mal, avaient prescrit, comme toujours, sans résultat : fer, quinine, huile de foie de morue, régime fortifiant, etc.....

Les parents, justement alarmés d'un état de langueur que rien ne pouvait vaincre, eurent l'heureuse pensée d'avoir recours au Magnétisme ; comme nous étions intimement liés , ils me confièrent leur enfant , et Blanche vint s'installer à notre foyer où elle trouva tous les soins empressés que nécessitait son état de santé.

Après un traitement de six mois, semé de mille péripéties, la guérison fut complète ; somnambule d'une remarquable lucidité, ma jeune malade fut si émerveillée des efforts faits par la Nature pour arriver au résultat que nous avions obtenu, qu'elle m'engagea vivement, un jour dans son sommeil, à livrer à la publicité le récit de cette merveilleuse cure.

Pour raconter dans tous leurs détails les différentes phases de sa maladie , ma mémoire m'eût certainement fait défaut , car j'avais négligé de prendre des notes pendant le cours du traitement; je lui exprimai mon embarras, mais elle trancha la difficulté en m'offrant de faire elle-même pendant qu'elle était en état somnambulique la relation de sa cure. Très curieux de savoir comment elle s'acquitterait de cette tâche, j'ac-

ceptai son offre avec empressement, et voici le document
qu'elle me dicta en trois séances consécutives, les 19,
20 et 21 septembre 1875. Je n'y ai pas ajouté ni changé
un mot. Il est impossible, dans un style plus correct,
de faire une relation plus exacte des faits qui se sont
passés ; livré à moi-même, j'aurais difficilement atteint
à ce degré de netteté et de précision ; en tout cas, cette
rédaction eût exigé de ma part un travail assez long,
tandis qu'elle parut ne lui coûter à elle aucun effort.

Guérison d'une somnambule racontée par elle-même.

Je suis sauvée ! Aidé de l'homœopathie, le Magnétisme a ramené doucement en moi la vie qui s'éteignait
peu à peu ! et aujourd'hui après trois mois du traitement le plus simple, le plus naturel, je me vois à la
veille d'être radicalement guérie d'une maladie toujours très grave, souvent mortelle, et que l'allopathie
ne manque jamais d'appeler incurable.

Que les ignorants nient donc le Magnétisme, que les
sots le ridiculisent, que ceux qui sont intéressés à
étouffer cette science sublime dans son germe fécond
parlent de Magie, de sorcellerie, elle n'en est pas moins
appelée à un règne éclatant et universel. Un jour
naîtra où le monde revenu de ses erreurs grossières,
de ses vieux préjugés, de son aveuglement systématique, comprendra la lumineuse simplicité du Magnétisme et voudra en connaître les merveilleux effets.
Ce jour-là, l'allopathie et ses faux principes, ses
maximes surannées auront cessé de vivre.

C'est ma guérison que je veux raconter telle que je

la vois dans ce sommeil immatériel, où l'âme, dégagée des liens naturels qui l'attachent au corps, est si clairvoyante et ne s'inspire que de la vérité.

Puisse ce récit éclairer quelques aveugles, convertir quelques incrédules ! Quoi qu'il en soit, et quoique les humains devront en penser, j'accomplis un devoir filial envers une science qui m'a rendu la vie. Je rends un solennel hommage de reconnaissance émue et profonde à l'ami dévoué dont l'intelligence et le cœur au dessus des misérables scrupules du vulgaire m'ont sauvé d'une mort imminente et prochaine.

Déjà une fois le Magnétisme m'avait guérie d'une affection d'estomac qui datait de mon enfance ; dès que je me sentis faible, allanguie, en proie à un abattement qui m'enlevait jusqu'à la faculté de voir juste et de raisonner droit, j'accourus à la source de la santé.

Mon teint était affreusement jaune et terreux ; mon œil creux et cerné ; mon front, mon nez, mon menton couverts d'une multitude de points noirs, indices certains d'un désordre interne ; tout annonçait une décomposition graduelle ; la consomption qui ne pardonne pas suivait lentement une marche progressive.

Les premières séances (deux par jour et d'environ 3/4 d'heures chacune) me plongèrent dans une prostration voisine de l'hébêtement ; après chaque magnétisation je restais de longues heures affaissée, muette, anéantie ; si j'essayais de faire quelques pas, je retombais aussitôt sur un siège, inerte, étourdie, semblable à un enfant habitué à boire de l'eau et auquel on aurait présenté un vin pur, généreux ; j'étais comme enivrée d'un fluide encore trop fort pour mon sang affaibli.

Je n'éprouvais pas de sérieuses souffrances, mais telle était ma torpeur générale, que, dans mon sommeil somnambulique, je n'avais plus la même lucidité, la même sûreté de coup d'œil, la même précision de langage. J'ordonnai cependant *Alumina* pour faire cesser les flueurs blanches qui m'épuisaient ; puis *Arsenicum* afin de rétablir l'équilibre dans les organes.

Trois semaines se passèrent ; je commençai à sortir de cet engourdissement morbide ; je vis plus clair dans mon état ; le Magnétisme éveilla la douleur en déchirant le voile qui obscurcissait ma pénétration.

L'intérieur de mon corps m'apparut nettement comme dans la glace la plus pure, la plus fidèle : une inflammation épouvantable rongeait les entrailles, dévorait la matrice ; deux mois, au plus, et une fièvre péritonite aiguë, mortelle, se déclarait. Je pris *Sépia* et j'attendis une première crise que le Magnétisme ne pouvait manquer d'opérer. Les douleurs devenaient de plus en plus vives pendant les séances ; l'imposition des mains sur le ventre et principalement sur la matrice me causait de cruelles souffrances : les dix doigts de mon magnétiseur produisaient l'effet de dix fers rouges tombant lourdement sur une plaie vive et la fouillant en tous sens.

Mais, toujours admirablement prévoyante, lorsque des mains aussi coupables qu'inhabiles ne l'entravent pas dans ses efforts et ne la détournent pas de son but, la Nature agissait avec précaution, mesurant son travail à ma débilité, comme une mère tendre et prudente, qui au moment de verser à son cher enfant malade le remède amer qui doit le ramener à la vie le caresse longuement et multiplie les baisers en raison des souffrances.

La crise annoncée ne se fit pas attendre, les règles survinrent et en décidèrent l'explosion.

Je compris alors d'où venait cette maladie de matrice, qui pouvait étonner dans une jeune fille. Formée trop jeune, à 11 ans, mon sang était déjà appauvri à l'âge ordinaire de la puberté chez la femme ; il aurait eu besoin de bonne heure d'être renouvelé par le mariage. Au lieu de cela une existence concentrée, monotone, absolument contraire aux aspirations ardentes de ma nature essentiellement aimante et active, avait épuisé la source vitale en moi ; des pertes blanches continuelles, des règles trop fréquentes, en forçant la matrice à un travail incessant, avaient fait le reste.

Pendant cette crise les douleurs lancinantes et les sensations de brûlure étaient si aiguës que j'arrêtai le magnétisme tout un jour. Le fluide perforait la matrice, tapissée de boutons purulents, avec une intensité que je n'avais pas encore la force de supporter ; à ma prière, on m'appliqua sur le ventre un cataplasme de farine de graine de lin (fait avec de l'eau magnétisée) destiné simplement à amollir les chairs, en les préparant à une sortie de boutons que je prévoyais. Elle eut lieu, abondante, cuisante, et me causa de douloureuses démangeaisons internes et externes ; mais, la matrice provisoirement dégagée, je me relevai de cette crise, déjà moins faible.

L'Allopathie crierait au blasphème ! Une crise sans
secousses, une maladie sans convalescence et tout son
cortège exige d'opérations transitoires ! Mais, aux yeux
de nos *illustres* disciples de l'*illustre* Hippocrate, c'est
tout simplement une hérésie scandaleuse, un crime de
lèse-principe médical ! !

Je substituai *Arsenicum* à *Sépia,* que je réservai pour
les crises. Je recommandai les ablutions froides, afin
de redonner de la vigueur à mes nerfs abattus.

Quelques jours après une seconde crise se produisit ;
mais cette fois mes forces me permirent d'endurer le
Magnétisme ; nouvelle éruption plus considérable encore, démangeaisons intolérables aux parties tuméfiées.
Pendant les séances, les élancements étaient si violents
que j'écartais avec rage les mains de mon magnétiseur ; mes bras se tordaient, mes doigts crispés
craquaient, une sueur froide ruisselait sur mon corps
secoué convulsivement, des larmes abondantes cou-
laient de mes yeux ; mon visage se contractait convulsivement ; et au milieu de ces souffrances inouïes,
j'affirmais avec assurance et sérénité ma guérison encore indéterminée, mais certaine.

Deux autres crises se succédèrent ainsi, toujours
plus fortes à mesure que ma faiblesse diminuait, crises
avec écoulements fétides, parmi lesquels se trouvaient
de petites peaux minces et noirâtres détachées de la
matrice.

L'état général était plus satisfaisant ; mon regard
reprenait un peu d'animation ; les fonctions intestinales s'accomplissaient régulièrement et ma lucidité

somnambulique redevenait vive, pénétrante. Je découvris alors, attachée aux parois de l'ovaire gauche, immobile, et à demi cachée sous l'inflammation, une tumeur grosse comme une noix, mais allongée comme une amende ; je n'en fus pas effrayée ; si je voyais le mal, je voyais aussi sûrement la guérison ; toutefois elle devait se faire attendre ; avant que le Magnétisme n'agît d'une façon énergique et directe sur la tumeur, il fallait que la matrice fût en pleine voie de guérison. Je l'ai dit et je le répète : jalouse de ses moyens, ambitieuse d'atteindre son but, mais avant tout sage et précautionneuse, la Nature marche lentement et ne procède jamais, comme les hommes, par saccades et brusques mouvements.

Chaque crise, chaque douleur était un pas vers la santé. Je le comprenais si bien ! je suivais si scrupuleusement les progrès de ce mal qui tous convergeaient vers un même point : *La Guérison* ! Mon corps souffrait, mais mon âme planait au-dessus de la terre, admirant et bénissant cette volonté maîtresse et souveraine dont un seul effort m'endormait d'un sommeil profond, repos bienfaisant qui me permettait d'endurer des tortures que je n'eusse jamais pu supporter éveillée !...

Le cinquième assaut fut terrible ! Affectant toutes le même caractère, produisant toutes les mêmes résultats, ces crises ne différaient que par une intensité toujours croissante. Pour calmer les ardeurs intolérables de la matrice, je me fis magnétiser un demi-litre d'eau et je priai qu'on y versât deux gouttes d'*Arnica* et trois gouttes de *Rhus toxicodendron*. J'en éprouvrai aussitôt un très grand bienfait. La matrice allait mieux, ces éruptions cinq fois répétées l'avaient puissamment soulagée ; l'appétit était bon, le sommeil moins agité ; la vie circulait plus chaude et plus rapide dans mes veines régénérées.

Un jour, après une magnétisation vigoureuse, pendant laquelle je souffris au point de m'arracher les cheveux et de jeter des cris âpres, sauvages ; après des insufflations ardentes sur les reins et sur le côté, j'entendis un choc dans mon corps ! C'était la tumeur qui se détachait ! Sous l'action chaleureuse du Magnétisme, je la sentis battre, s'agiter ! Plus de doute, elle était mobile ! Il ne restait plus qu'à *vouloir le succès !...*

Arriva une sixième crise ; mon sang, jusqu'alors à l'état d'eau rousse, commençait à s'épaissir ; *Rhus* et *Belladona* alternés achevèrent de lui donner une couleur naturelle, en même temps que le Magnétisme le fortifiait et l'épurait ; les règles venaient maintenant à époques fixes, ce qui depuis dix ans n'était jamais arrivé : la Nature poursuivait donc son œuvre stratégique avec une remarquable circonspection ; tout était prêt pour la lutte suprême : la vie et la mort, face à face, allaient se livrer un combat décisif.

Persévérant comme la Nature, dont il est l'agent principal, le plus fidèle et le plus zélé, le Magnétisme, voyant un nouvel ennemi à combattre, une nouvelle victoire à remporter, redoubla d'efforts courageux ; non seulement les parties malades furent imprégnées de fluide, mais mon corps, tout entier, en fut pénétré ;

j'en fus littéralement baignée, inondée! Des gronde-
ments sourds semblables à des plaintes inarticulées,
des bruits effrayants de sonorité et de durée se firent
entendre dans l'ovaire ; c'était l'ennemi qui, forcé dans
sa retraite, se décidait enfin à abandonner la place. En
adversaire habile et implacable, le Magnétisme avait
attaqué la tumeur par le centre, et semblable à un
fruit dont un ver ronge le cœur, celle-ci allait se
corrompre, se dissoudre, et se perdre dans des écoulements !

Nous en sommes là : je prends *Carbo vegetabilis*
afin de faire disparaître toute trace de chlorose : mes
souffrances sont atroces, inouïes, et d'autant plus in-
supportables qu'elles se prolongent au réveil ; mais
avant deux mois la guérison ! Avant deux mois la
Nature et le Magnétisme auront achevé leur œuvre!
Cinq mois de labeurs patients, de dévouement infati-
gable auront suffi pour accomplir cette prodigieuse
résurrection!....

Et maintenant que l'on ose dénier l'action puissante
du Magnétisme ! Que l'on ait l'audace de dire que le
Magnétisme n'existe pas ! !

Je le sais, pour exciter la confiance et obtenir l'ap-
probation de notre société « dite du Progrès », il faut
l'appui, la sanction d'une autorité supérieure ; tout à
la fois sceptiques opiniâtres et crédules, les hommes
repoussent la lumière qui ne leur est pas présentée par
une main légalement autorisée, tandis que vous les
voyez admettre comme articles de foi des insanités
ridicules, révoltantes. L'égoïsme d'abord, les habitudes

invétérées ensuite sont autant d'obstacles à la fondation d'une doctrine *humanitaire* avant tout !

Hélas ! notre civilisation moderne s'oppose à cet esprit de confraternité qui devrait faire palpiter toutes les poitrines, diriger toutes les actions ; mais *le Magnétisme est la science de tous* ; le Magnétisme triomphera contre tous!..... Il n'est pas nécessaire d'être membre plus ou moins influent d'une Faculté plus ou moins compétente pour être dépositaire de ce fluide précieux, source de vie et de santé, chacun le possède, chacun peut s'en servir avec efficacité pour faire le Bien et être utile à son semblable.

Quoi de plus beau ! quoi de plus merveilleux ! Et faut-il que l'intelligence ait été atrophiée par des élucubrations malsaines, le cœur desséché par un amour immodéré du *Moi*, pour que l'homme, naturellement charitable et bon, dédaigne et méprise une puissance que le Christ et ses apôtres avaient élevée au point de la diviniser ! Mais, patience ! le monde redeviendra ce qu'il doit être, ce qu'il était primitivement : une immense famille unie dans les même intérêts et les mêmes affections. Le Magnétisme sera peut-être la Chaîne mystérieuse qui reliera ses anneaux disjoints ; tout amour et tout charité, il apprendra aux hommes à se connaître, à fraterniser, à se soulager mutuellement, à s'aimer enfin !

Courage donc ! nobles champions de la plus généreuse des causes ; vous plantez en ce moment les jalons d'une société nouvelle. Le sol est aride, mais vous le défricherez ! Pas de défaillance ! Vos rangs si clair-semés

se resserront et deviendront nombreux et compacts ;
aujourd'hui vous êtes conspués, bafoués ! ne vous ra-
lentissez pas, et dans la suite des temps votre nom sera
béni, votre souvenir déifié et des milliers de voix enthousiastes et reconnaissantes, comme la mienne, vous
appelleront les SAUVEURS DE L'HUMANITÉ !

Ainsi qu'on en peut juger par le récit qui précède,
non seulement ma somnambule avait pu suivre pas à
pas la marche de sa maladie, en déterminer l'origine et
la nature, voir l'état de ses organes et prédire l'époque
de ses crises, mais, quoique n'ayant aucune connaissance de la Matière médicale homéopathique, elle avait
pu aussi indiquer les remèdes qui convenaient à son
état et qui devaient favoriser la cure.

Quelque singulière que paraisse cette faculté, le
fait n'est pas nouveau. L'histoire du Magnétisme fourmille d'exemples semblables ; on en relevait journellement de pareils au traitement public de Mesmer, et la
fameuse Commission chargée par l'Académie de médecine d'étudier les phénomènes magnétiques, après cinq
années d'expérimentation, reconnut en 1831 aux somnambules non seulement la faculté de préciser le genre
de leurs maladies, leur durée et leur issue, mais aussi
le genre, la durée et l'issue des maladies des personnes
avec lesquelles on les met en rapport.

Ces conclusions, par trop en désaccord avec les préjugés scientifiques de l'époque, n'eurent pas le don de
plaire à la docte assemblée qui, sur une motion de l'un
de ses membres, M. le Dr Cassel, refusa de faire im-

primer et publier un rapport qui tendait à porter à la science physiologique une si profonde atteinte.

Malgré cet ostracisme, le fait n'en existe pas moins ; il est relaté par tous les auteurs, et les *convulsionnaires* eux-mêmes nous en fournissent indirectement une preuve.

« Il arrive souvent aux *convulsionnaires*, dit Carré de Montgeron, *de prendre les maladies* sans savoir si les personnes qui les approchent sont malades, ni connaître la nature de leurs maux ; ils en sont instruits par les *sentiments de douleur qu'ils éprouvent dans le s mêmes parties*, et les malades, témoins du singulier phénomène qu'ils ont sous les yeux, *se croyent débarrassés de leurs maux !* » (CARRÉ DE MONTGERON).

Ce que les possédés et les convulsionnaires manifestaient d'eux-mêmes, les somnambules le font sous l'influence du Magnétisme : « La plupart des somnambules ressentent les douleurs des personnes avec lesquelles on les met en rapport ; cette sensation est fugitive et ne laisse pas trace au réveil si l'on a soin de bien rompre le Rapport » (CHARPIGNON).

Les somnambules perçoivent plus intimement les troubles généraux fonctionnels qui viennent atteindre les organes essentiels de la vie, que ceux plus locaux qui affectent les membres et la surface du corps ; cela tient à l'identification momentanée que le Rapport établit entre le système nerveux du consultant et celui du sujet, identification qui permet à ce dernier de saisir toutes les fluctuations qui surviennent dans l'équilibre des courants.

C'est à cette sorte d'identification nerveuse entre magnétiseur et magnétisé qu'est dû le phénomène de l'*Imitation* : « Si le magnétiseur se mouche, tousse, crache, le somnambule répète ses actes ; s'il prend du tabac, il éternue ; qu'on le pique, qu'on le brûle, le somnambule ressent aux mêmes endroits les mêmes douleurs » (CHARPIGNON).

Les somnambules ne perçoivent pas tous de la même manière : les uns reconnaissent les troubles maladifs à la sensation douloureuse qu'ils en éprouvent ; les autres ne semblent percevoir aucune sensation, mais ils prétendent *voir* dans l'intérieur du corps et saisir certaines nuances qui leur permettent de diagnostiquer l'état des organes.

Il en est pour lesquels tout *contact* est inutile. Ils perçoivent sympathiquement *à distance* les maux du consultant ; pour d'autres, il leur faut *toucher* : ils promènent alors leurs mains au dessus du corps avec une certaine attention jusqu'à ce qu'ils aient trouvé l'organe malade.

« Dans les consultations des somnambules, il faut soigneusement distinguer, dit Bertrand, *ce qu'ils déclarent éprouver au contact* des malades de ce qu'ils *s'imaginent voir* dans l'intérieur du corps ; ce qu'ils disent ressentir mérite beaucoup plus de confiance que ce qu'ils croient voir. » C'est là une distinction subtile qu'il n'y a pas lieu de faire ; un somnambule est bon ou mauvais ; s'il est bon *il voit* aussi bien qu'il *sent* ; tout se résume en une question d'individualité et de degré, et si la lucidité qui s'exerce au profit d'un tiers

' est toujours plus ou moins imparfaite ou plus ou
moins douteuse, il est rare qu'on prenne un bon sujet
en défaut de clairvoyance pour lui-même.

Je soignais une jeune fille de 24 ans, Mlle Louise C.,
atteinte depuis une douzaine d'années d'une *atrophie
musculaire progressive* ; les jambes étaient complètement
paralysées et les bras commençaient à se prendre ; au
bout d'un mois de traitement la jeune malade tomba
dans l'état somnambulique, elle devint presque immédiatement très lucide ; de violentes crises annoncées
par elle plusieurs jours d'avance se succédèrent à
point nommé ; sous l'influence du Magnétisme, une
bienfaisante réaction se fit et la vie revint peu à peu
dans les parties qu'elle menaçait d'abandonner.

Louise, dans son sommeil magnétique, suivait chaque
jour ce travail de réfection de la Nature avec un intérêt
croissant ; comme *elle voyait* parfaitement l'intérieur de
son corps, elle prenait plaisir à me tenir au courant
des fluctuations que le traitement apportait dans son
état ; ce qui fixait surtout son attention, c'était l'aspect
de ses muscles. Ne possédant aucune notion d'anatomie, elle se bornait tout simplement à m'expliquer de
son mieux ce qu'elle voyait.

Ainsi ses muscles, rouillés par l'inaction, lui appa-
rurent d'abord comme empatés d'une substance grais-
seuse d'un jaune mat qui semblait avoir envahi les
interstices fibrillaires ; de jaunâtre qu'elle était, cette
substance devint blanche, puis parut fondre et se ré-
sorber ; alors le sang afflua plus abondamment dans
le muscle, et vint lui rendre sa vitalité et sa souplesse ;

mais en même temps ma somnambule prévit une crise
prochaine et de grandes souffrances : « La vie revient,
me dit-elle, mais avec elle l'inflammation ; déjà l'enveloppe des muscles est envahie de plaques rouges par-
semées de milliers de petits boutons ; oh ! comme je vais
horriblement souffrir ! » Et après un moment de silence
elle ajoutait : « Mais il le faut, après j'irai beaucoup
mieux ! »

Les choses se passèrent comme elle l'avait prédit, et
au bout de quelques semaines les muscles des mains,
des bras et des épaules, après des souffrances très pé-
nibles à supporter, reprirent leur ampleur et leur tonicité ; le mouvement revint si bien qu'elle peut
maintenant écrire, travailler à l'aiguille et jouer du
piano, alors qu'elle était dans l'incapacité de le faire et
qu'elle se voyait chaque jour menacée de devenir complètement infirme comme sa sœur aînée, qui, elle, âgée
de 32 ans, a déjà perdu depuis longtemps l'usage de
ses jambes et de ses bras.

C'est d'un mal congénital dont sont atteintes ces
deux pauvres jeunes filles !

Il n'est pas absolument nécessaire de mettre directement le somnambule en rapport avec le malade pour
obtenir une consultation ; on peut se servir de corps
intermédiaires : un objet ayant appartenu au malade
ou manié par lui, un mouchoir, un gant, une lettre,
une mèche de cheveux suffisent.

Les cheveux surtout ont la propriété de conserver et
de manifester mieux que tout autre objet l'état patho-

logique du malade ; les cheveux, ces *nerfs externes* comme les appelle Louis Lucas, sont en effet, comme les nerfs, de véritables accumulateurs de la Force radiante ; leurs qualités se modifient en même temps que le rayonnement nerveux se modifie lui-même avec l'âge, le sexe, le tempérament, l'idiosyncrasie, l'état de santé ou de maladie, et l'on peut dire que les impressions tactiles et olfactives qu'ils donnent sont en relation directe avec les évolutions physiques et psychiques de l'Être.

Tout somnambule auquel on donne une mèche de cheveux cherche d'abord à se former une impression par le tact : il manie ces cheveux, les palpe et les étire dans tous les sens ; il les soumet ensuite au contrôle de son odorat, il les flaire longuement, et le sens olfactif, ce sens *instinctif*, développé à un si haut point chez les animaux, semble ici par analogie tirer de l'état primitif qui caractérise le sommeil magnétique une importance spéciale.

Enfin de nombreux faits viennent prouver la transmissibilité possible des maladies : le phénomène s'opère par transmission directe ou indirecte, au moyen des courants ; c'est une sorte de contagion nerveuse ; l'organisme du magnétisé perçoit les moindres troubles nerveux de l'organisme du consultant.

S'il en est ainsi on comprend toutes les précautions que l'on doit prendre avec une personne plongée dans l'état somnambulique. Il ne faut jamais la laisser toucher par des personnes qui ne sont pas en rapport avec elle. Il faut éviter tout bruit ou tout choc qui

pourrait la faire tomber en catalepsie ou en convulsions ; ne jamais la réveiller brusquement et lorsqu'elle
est réveillée ne lui dire que ce que l'on croit utile de lui
faire connaître, afin de ne pas l'impressionner inutilement. Les dangers attribués au Magnétisme ne sont im-
putables qu'à l'imprudence et à l'ignorance de ceux qui
abusent de l'état somnambulique ou ne savent pas
s'en servir et en tirer parti.

CHAPITRE VIII

Des causes qui ont entravé la connaissance et la propagation des vertus curatives du Magnétisme.

Mémoire sur la découverte du Magnétisme animal publié en 1779 par Mesmer. — Arrêté de la Faculté rendu contre le Dr d'Eslon. — Rapports sur le Magnétisme à l'Académie des sciences et à la Société Royale de Médecine en 1784. — Impartialité de Jussieu. — Sociétés magnétiques de l'*Harmonie*; leur propagande jusqu'à la Révolution. — Les arbres magnétisés de Buzancy — Les deux frères de Puységur, le père Hervier, l'abbé Faria, Deleuze, les magnétiseurs modernes, Lafontaine, Du Potet, etc. — Commissions de 1831 et de 1837. — Rapport Husson. — Prix Burdin. — Les magnétiseurs étant sortis de leur rôle de *guérisseurs* pour présenter le Magnétisme au public et aux corps savants, l'opinion exprimée par ces derniers n'a porté en réalité que sur les phénomènes de léthargie, de catalepsie et de somnambulisme et non sur les vertus curatives du Magnétisme. — Conséquences fâcheuses des crises et des expériences publiques. — Congrès international du Magnétisme curatif de 1889. — Sa composition, son but, ses résultats.

La doctrine de Mesmer causa une véritable révolution en France; les corps savants, dominés par l'esprit de parti, la combattirent avec un acharnement sans exemple.

Le mémoire sur la découverte du Magnétisme animal publié par le Maître en 1779 fut le point de départ des hostilités : le 18 septembre 1780 la Faculté de Médecine de Paris suspendait de ses droits le docteur d'Eslon et rejetait les propositions de Mesmer que lui transmettait ce docteur.

Le 27 août 1784 elle rendait un arrêt qui défendait à tout médecin de se déclarer partisan du Magnétisme animal par ses écrits ou par sa pratique sous peine d'être rayé du tableau des docteurs régents.

En cette même année l'Académie des sciences et la Société royale de médecine par l'organe de leurs commissions, l'une composée des docteurs Sallin, J. d'Arcet, Guillotin et Majault, et des académiciens, Franklin, Le Roi, Bailly, de Bory et Lavoisier ; l'autre des docteurs Mauduyt, Andry, Caille et Poissonnier, déclaraient « le Magnétisme *dangereux pour les mœurs et la santé*, affirmaient qu'il n'avait aucune réalité comme fluide, et qu'il consistait simplement à *provoquer des convulsions avec art ou plutôt par artifice.* »

Ces décisions entachées de prévention et ces arrêts iniques visant ceux qui cherchaient à étudier les phénomènes, loin de discréditer Mesmer et sa doctrine, contribuèrent au contraire à augmenter le nombre de ses partisans ; cette injuste partialité eut pour conséquence d'ébranler dans un grand nombre d'esprits le respect qu'on pouvait avoir pour les corps savants, surtout lorsqu'on vit l'illustre botaniste de Jussieu, dont le caractère et le savoir étaient justement appréciés, se séparer de ses collègues, refuser de signer le rapport de la deuxième commission dont il faisait partie, et publier un mémoire spécial, où, sans admettre entièrement le système de Mesmer, il accordait du moins qu'il contenait certaines vérités.

Il se forma bientôt deux camps : ceux qui niaient obstinément tous les faits, ceux qui au contraire les admettaient avec une foi aveugle poussée quelquefois jusqu'à l'exagération ; Paris fut inondé de brochures ; la cour et la ville prirent parti pour ou contre les nouvelles doctrines, mais la persécution injuste et l'ostracisme des corps savants ne firent qu'exciter un violent mouvement de réaction.

Mesmer offrit de transmettre le secret de sa méthode à un certain nombre de souscripteurs ; malgré le prix élevé de la souscription qui était de cent louis, le nombre des souscripteurs qui devait être en principe de cent fut de beaucoup dépassé.

Les membres de cette Société, en possession de la méthode du Maître, se répandirent dans les provinces où ils allèrent propager gratuitement la connaissance du Magnétisme. Un mouvement prodigieux se fit. De tous côtés se formèrent des Sociétés magnétiques sous le nom de « *Sociétés de l'Harmonie* » où l'on s'occupait du traitement des maladies : Lyon, Bordeaux, Nantes, Rouen, Strasbourg eurent leurs cliniques gratuites où accouraient en foule les malades. Le marquis de Puységur, retiré dans sa terre de Buzancy près de Soissons, faisait des merveilles autour de ses arbres magnétisés par des traitements en commun au moyen de la chaîne.

Partout, en France, malgré l'opinion émise par les corps savants, on guérissait par la nouvelle méthode ; des procès-verbaux constatant les guérisons étaient imprimés et répandus à profusion pour éclairer les masses ; on déposait les originaux des pièces justificatives chez les notaires, avec des fonds à l'appui destinés à être mis à la disposition des incrédules qui désiraient poursuivre la vérification des faits ou leur réfutation. « Jamais, dit Du Potet, la médecine ordinaire n'offrit au public l'exemple de semblables garanties. »

Ce mouvement de propagande soutenu par de nombreuses Revues fut admirable ; il s'étendait comme une traînée de poudre dans toutes les provinces lorsque tout à coup éclata la Révolution, qui l'arrêta net dans son essor. La tourmente politique en faisant tout sombrer fit aussi sombrer les arts et les sciences, on eut d'autres intérêts à défendre que ceux de la vérité, chacun dut songer à soi ; les élèves de Mesmer, tous riches et titrés, furent obligés pour sauver leur vie de s'expatrier, ils se dispersèrent à l'étranger; les Sociétés de l'Harmonie disparurent et le silence se fit sur le Magnétisme qui bientôt fut oublié.

Ce ne fut qu'après la Révolution et le premier Empire, à l'époque du rétablissement général de la paix en Europe, que le Magnétisme animal fit sa réapparition ; mais on ne constate plus à partir de ce moment que des efforts individuels et intermittents qui ne pouvaient avoir la portée que promettait le grand mouvement de propagande qui avait précédé la Révolution.

Les deux frères de Puységur, revenus de l'émigration,

reprirent leurs études magnétiques et publièrent d'excellents ouvrages ; Le P. Hervier guérit de nombreux malades ; l'abbé Faria fit des cours et donna des séances de fascination ; puis nous voyons défiler dans l'histoire du Magnétisme les noms bien connus de : Deleuze (le savant naturaliste que ses écrits ont fait surnommer l'*Hippocrate du Magnétisme*), Du Potet, Lafontaine, Aubin Gauthier, Charpignon, Teste , Ricard Despine, Pigeaire, Durand de Gros, Puel, Gérard, Huguet, Berna, Frappart, Morin, et de tant d'autres,

Deux fois pendant cette période l'Académie de médecine reprit l'examen du Magnétisme, en 1831 et en 1837.

La première commission, celle de 1831, composée de MM. Bourdois de la Motte, Fouquier, Guéneau de Mussy, Guersent, Itard, J.-J. Leroux, Marc, Thillaye et Husson (*rapporteur*), ayant conclu à l'existence des phénomènes magnétiques, le rapport qu'elle présenta ne fut pas soumis à la discussion de l'assemblée et resta enseveli dans les cartons.

Quant à la seconde commission, celle de 1837, composée de MM. Roux, Bouillaud, H. Cloquet, Emery, Pelletier, Caventou, Cornat, Oudet, Dubois d'Amiens (*rapporteur*), elle enterra définitivement le Magnétisme. Le prix Burdin de 3000 fr, offert à tout somnambule qui pourrait lire sans le secours des yeux, de la lumière et du toucher, n'ayant pu être gagné par les deux magnétiseurs MM. Pigeaire de Montpellier et Hublier de Provins, qui avaient tenté avec leurs somnambules de relever le défi, l'Académie de médecine, sur la proposition de l'un de ses membres, M. Double, décida qu'à l'avenir elle ne s'occuperait plus du Magnétisme animal, question qu'elle mettait désormais sur la même ligne que *la quadrature du cercle* et le *mouvement perpétuel*.

De l'exposé rapide qui précède nous pouvons tirer cet utile enseignement, que le Magnétisme curatif, constamment laissé au second plan par les magnétiseurs eux-mêmes, a toujours vu sa vulgarisation entravée par la production des phénomènes du *sommeil provoqué*.

Les faits sont là pour démontrer que les partisans et les propagateurs les plus convaincus des vertus curatives du Magnétisme, au lieu de s'attacher simplement à mettre en lumière ces vertus précieuses, en multipliant le nombre des guérisons, se sont attardés par un zèle intempestif, à mettre en scène des sujets somnambuliques et se sont appliqués à reproduire de préférence la série des phénomènes qu'on a si justement appelée « *La Magie du Magnétisme* ».

C'est par ce côté incertain et troublant qu'ils ont cherché à rendre le Magnétisme populaire, c'est sur ces questions complexes où l'aléa joue un si grand rôle qu'ils ont attiré l'attention des Académies.

Forcés de sortir de leur vrai rôle, de leur rôle de *guérisseurs*, pour former des sujets qu'ils livraient ensuite à tous les hasards des expériences publiques ou du contrôle sceptique de commissaires plus ou moins bien intentionnés, ils ont couru au devant d'échecs inévitables qui les ont fait traiter d'imposteurs, et ils ont ainsi par leur faute compromis le Magnétisme en laissant ses adversaires envelopper de la même réprobation et les expériences théâtrales qu'ils n'avaient pu réussir, et les vertus curatives qui n'avaient même pas été mises en cause.

Si, dès le début, les théories de Mesmer ont rencontré une si vive opposition, si ses procédés ont été si sévèrement condamnés par les sociétés savantes, c'est, à n'en pas douter, surtout à cause de cette mise en scène tapageuse que le maître avait cru devoir déployer pour frapper les imaginations et attirer l'attention publique sur sa méthode.

Le fameux *baquet,* la *baguette magique,* les accoutrements de toilette et les mystérieux accords de cythare qui visaient à l'effet ; les convulsions qui duraient des heures entières avec tressaillements, cris perçants, pleurs ou rires immodérés, suffocations et soubresauts ; les femmes qui se pâmaient et dont on délassait le corsage en public, tout cela était bien fait pour impressionner les âmes timides et crédules, mais pour les esprits forts et les sceptiques ce n'était que « *les scandaleuses simagrées d'un manège plein d'imposture* ».

La chambre des crises surnommée « *L'enfer aux convulsions* » ne se prêtait guère en vérité à donner une idée de la puissance calmante et équilibrante des *impositions et des passes* ; elle ne pouvait contribuer au contraire qu'à éloigner les esprits d'une telle conception.

N'en fut-il pas de même des chaînes magnétiques ormées par le marquis de Puységur autour des arbres de Buzancy ? Là on n'avait plus peut-être le spectacle des convulsions produites par les traitements publics de Mesmer ; mais ce singulier *sommeil nerveux* dans lequel tombaient les malades, l'étrangeté de ces scènes bizarres en plein air, où les arbres jouaient un rôle si inattendu, fournirent aux adversaires du Magnétisme un ample aliment à leur malignité et à leurs railleries. « Les paysans de Busancy, dit Isidore Bourdon dans ses « *Lettres à Camille* », étaient trop inexpérimentés et trop naïfs pour imiter les spasmes et les vapeurs du grand monde ; mais, au lieu de convulsions et de grimaces, ils s'endormaient tout bonnement, soit de fatigue ou après boire. soit par complaisance et par politesse pour un hôte qui les défrayait si généreusement en tenant table ouverte sous de frais ombrages ! »

La portée bienfaisante et curative du Magnétisme s'éclipsait encore ici derrière la singularité des phénomènes somnambuliques qui apparaissait seule aux yeux étonnés d'une foule méfiante ou avide de prestige ; on ne se donnait pas la peine d'aller au fond des choses ; on ne s'inquiétait pas de savoir si tous ces gens-là guérissaient, ce qui frappait surtout c'était l'étrangeté des procédés mis en œuvre.

En fait, en toutes circonstances, le jugement public n'a jamais porté que sur les phénomènes apparents et non sur les vertus cachées du Magnétisme.

C'est ainsi que l'abbé Faria, avec ses grands gestes fascinateurs et sa grosse voix de Croquemitaine, n'a réussi qu'à se faire passer pour un charlatan et à s'attirer les épigrammes et les plaisanteries de la presse, au lieu de faire des adeptes au Magnétisme. C'est ainsi que M. Berna, ce magnétiseur qui en 1837 prétendait apporter à l'Académie de médecine des faits concluants en faveur du Magnétisme au moyen d'expériences faites sur des sujets somnambuliques, ne réussit, par l'échec de ses somnambules, qu'à provoquer la négation des phénomènes dont il avait voulu faire la preuve : transposition des sens, suggestion mentale et clairvoyance.

C'est ainsi, enfin, que les docteurs Hublier et Pigeaire, dans leur empressement à prouver la possibilité de lire sans le secours des yeux, en état somnambulique, échouèrent dans le concours pour le prix Burdin et rendirent définitive la condamnation du Magnétisme.

Or, quelles sont, en substance, les conclusions des commissions qui se sont prononcées contre les procédés magnétiques? Ces conclusions se bornent aux déclarations suivantes :

1° Les *crises* et les *convulsions*, causant des ébranlements fâcheux, sont nuisibles à l'organisme.

2° Les *violents* effets que l'on observe aux traitements publics, provenant de l'imagination mise en action, de cette imagination machinale qui nous porte malgré nous à répéter ce qui frappe nos sens, peuvent non seulement présenter des dangers pour ceux qui en sont l'objet, mais aussi pour ceux qui en sont témoins.

3° Tout traitement public, où ces moyens sont employés, ne peut avoir, à la longue, que des effets funestes (*Rapport de Bailly*, 1784).

4° En somme, ce prétendu moyen de guérir, qui se

réduit à *une irritation violente des régions sensibles à l'imitation et aux effets de l'imagination*, est tout au moins inutile pour ceux qui n'ont pas de convulsions et très nuisible à ceux qui en ont (*Rapport de Poissonnier*, 1784).

Ce jugement porte-t-il condamnation d'une méthode curative qui exclut formellement les crises provoquées et les convulsions ? En aucune façon ! il vise uniquement les procédés violents que nous réprouvons nous-mêmes ! Et si, plus tard, en 1847, les juges ont déclaré qu'aucune preuve spéciale n'a pu leur être apportée par M. Berna :

1° Sur l'existence d'un état particulier, dit « Etat de somnambulisme magnétique » :

2° Sur l'abolition et la restitution de la sensibilité ;

3° Sur l'obéissance à un ordre mental ;

4° Sur la transposition des sens ;

5° Sur la clairvoyance magnétique ;

Il est évident que ces juges ne se sont préoccupés que des phénomènes soumis à leur appréciation c'est-à-dire ceux du *sommeil provoqué*, et de l'ensemble des faits qui précèdent il résulte qu'ils ne se sont jamais prononcés catégoriquement sur l'existence ou l'étendue des vertus curatives qu'on n'avait point soumises à leur vérification.

Si les défenseurs de ces vertus curatives s'étaient sagement abstenus de produire en public ou devant les sociétés savantes cette série de phénomènes étranges *dont il n'est pas une seule expérience qui ne puisse être simulée par d'adroits compères* et qui comprend la catalepsie, la léthargie, le somnambulisme et l'extase, ils n'auraient pas soulevé contre eux ce *tolle* d'injures, et n'auraient pas été traités comme leur maître d'aventuriers, de jongleurs, de visionnaires, de charlatans et d'imposteurs.

S'ils s'étaient bornés au rôle plus obscur de *guérisseurs*, s'ils eussent tout simplement *imposé les mains* dans le recueillement du silence pour faire le Bien, au lieu de rechercher les applaudissements des foules dans les réunions publiques, ils se fussent plus sincèrement attiré la sympathie générale et ils eussent mieux servi ainsi la cause de l'humanité.

Je sais que des hommes profondément dévoués, des guérisseurs d'un grand talent, comme l'ont été Lafontaine et du Potet, n'ont pas partagé cette manière de voir ; convaincus que, pour faire accepter des phénomènes aussi nouveaux que ceux que produit le Magnétisme, il ne suffit pas de faire des comptes rendus dans les brochures ou de magnétiser dans l'ombre, mais que la meilleure œuvre de propagande est de mettre ces phénomènes sous les yeux du public en leur donnant une forme qui permette de les saisir et de les apprécier, ces magnétiseurs ont fréquemment donné des séances publiques de sommeil provoqué, de fascination, de catalepsie, de léthargie et d'extase, croyant pouvoir se faire momentanément *Hypnotistes* pour les besoins de la cause.

C'est, nous n'hésitons pas à le proclamer, un jeu plus dangereux qu'utile. Ces représentations théâtrales, bruyantes, tapageuses, ces expériences de salon où la vanité de l'opérateur n'est point sans jouer un certain rôle, n'ont pas fait avancer d'un pas le Magnétisme curatif ; elles ont, bien au contraire, donné, nous l'affirmons, une fausse idée du Magnétisme et, elles ont contribué à lancer tout le monde, même le corps médical, dans la voie des expérimentations hypnotiques.

La seule campagne de propagande utile faite en faveur du Magnétisme curatif est celle qui fut entreprise avant la Révolution par les Sociétés de l'Harmonie; depuis ce temps, tout ce qui a été fait n'a contribué qu'à éloigner du but; une réaction sérieuse serait nécessaire ; c'est ce que les promoteurs du Congrès international de Magnétisme, qui s'est tenu à Paris au moment de l'Exposition universelle de 1889, ont compris.

Ils ont poussé à la réunion de ce Congrès pour combattre les préjugés dont le Magnétisme est victime, et pour mettre en lumière les ressources inépuisables qu'on peut retirer de cet agent de la nature, exclusivement employé en vue *du soulagement et de la guérison des malades.*

Ce Congrès, qui tint ses séances du 21 au 26 octobre, rue de Grenelle, dans le local de la Société d'horticulture, et qui se termina par un grand banquet le dimanche 27 octobre chez Lemardelay, eut pour président d'honneur M. le docteur Puel, ce vétéran du Magnétisme, botaniste distingué, que son grand âge et ses travaux désignaient pour ce poste honorifique.

Le bureau était ainsi composé :

M. le Comte de Constantin, *président.* — MM. Dr Huuet (de Vars); Dr Gérard ; Dr Foveau de Courmelles;

Dr Baraduc ; Fabart, publiciste, *vice-présidents*. — M. Millien, *secrétaire général*. — M. A. Santaraille, *trésorier*.

Quoique constitué après une décision un peu tardive, ce Congrès eut de nombreux adhérents et toutes les questions importantes du Magnétisme y furent traitées au point de vue de la médecine, de la légalité et de la conscience ; on y affirma surtout les propriétés curatives du Magnétisme, en dehors du somnambulisme, et l'on discuta les dangers que présentaient les séances publiques expérimentales au point de vue de la propagation des vrais principes. De nombreux orateurs prirent part aux discussions, qui durèrent huit jours ; MM. les docteurs Huguet, Gérard, Foveau, Baraduc, Peyronnet, Angerville, et MM. de Meissas, Bué, de Rochas, Ragazzi, Labrousse, Durville, Wirth, Milo de Meyer, Bouvier, Sausse, Guyonnet du Perat, Moutin, Reybaud, Donato, de Casti, baron de la Guérinière, Armand Voizel, Gabriel Pelin, Simonin, etc., etc., prirent successivement la parole.

Le Rapport général où sont consignés les comptes rendus des séances du Congrès représente un fort volume grand in-8° de 370 pages, publié à Paris chez Georges Carré, éditeur.

Au nombre des vœux formulés par le Congrès international nous relevons ceux-ci :

1° La *pratique libre* du Magnétisme curatif, dit *mesmérien*, au même titre qu'est libre la pratique de l'hydrothérapie, du massage, de l'orthopédie et généralement de tous les adjuvants de l'art de guérir qui n'entraînent pas l'obligation d'un titre officiel pour être appliqués.

2° la création à Paris d'une *Ecole* de Magnétisme (avec adjonction d'une *clinique*) pouvant au bout d'un certain temps d'études délivrer un diplôme de magnétiseur aux élèves présentant des garanties suffisantes de science et de moralité.

Malheureusement, pour en arriver à la réalisation de ces vœux, il faut un ensemble de conditions fort difficiles à réunir, il faut surtout des capitaux ; or l'utilité du Magnétisme n'est pas encore suffisamment reconnue pour stimuler les généreuses donations des philanthropes et les décider à fonder une œuvre humanitaire de ce genre. Il faut en outre que des hommes d'un savoir éprouvé et d'une respectabilité irréprochable, prenant en mains la direction de l'Evolution nouvelle, s'efforcent de tirer de l'ornière, où l'ont fait choir de maladroites interventions, le Magnétisme méconnu et déconsidéré. Quand le Magnétisme, dignement patronné, aura fait publiquement ses preuves et se sera affirmé par ses cures, nous ne doutons pas que la vérité ne se fasse jour et que le bon sens public et l'amour du prochain ne finissent par triompher des obstacles qui entravent encore aujourd'hui la marche du progrès !

CHAPITRE IX

De l'exercice du Magnétisme au point de vue légal.

Le préjugé consistant à ne considérer le Magnétisme que sous la forme du *sommeil provoqué* a contribué à entraver son libre exercice.— Procès de Montpellier (1836). Défense du baron Du Potet devant le Tribunal Correctionnel et la Cour Royale. — Procès de Bressuire et d'Angers (1842-1845). Plaidoyer de Mᵉ Charles Ledru, du Barreau de Paris. — Opinion de Royer-Collard et des Dʳˢ Péan, Péter, Chevandier et de Pietra-Santa sur la liberté scientifique. — Lettre du rapporteur de la *Loi* sur l'exercice de la médecine au président du Congrès international de Magnétisme de 1889. — Le Magnétisme est une propriété collective sur laquelle personne n'a le droit de *main-mise*. — Exemples de cas désespérés où le Magnétisme a été, ou aurait pu être, d'un grand aide à la Médecine. — Odyssée d'un malheureux rhumatisant. — Une opération évitée par le Magnétisme. — Conséquences d'une opération inopportune réparées par le Magnétisme. — Effets puissants du Magnétisme dans le croup. — La mort de Jules Ferry.

Dans les conditions où le Magnétisme a été présenté au public et aux Sociétés savantes par ceux-là mêmes qui prônaient ses vertus et cherchaient à en propager l'application, on comprend sans peine combien son libre exercice a dû rencontrer de difficultés. L'État somnambulique dans lequel tombent les sujets, les crises de léthargie et de catalepsie qui accompagnent presque toujours cet état *provoqué* étaient bien faits pour effaroucher les susceptibilités, inquiéter les consciences et éloigner d'un mode de traitement que de fâcheuses apparences tendaient à faire proscrire, d'autant que les somnambules, en prescrivant des remèdes, se mettent journellement en contravention flagrante avec les lois sur l'exercice de la médecine.

Le préjugé qui consiste à ne considérer le Magnétisme que sous la forme du *sommeil provoqué* devait forcément attirer l'attention de ceux qui ont mission de veiller à l'application des lois et au maintien de la santé publique ; et voilà pourquoi les magnétiseurs ont été de tout temps plus ou moins entravés dans le libre exercice de leur pratique par les juges et les médecins ; ils s'en sont amèrement plaints ; mais, comme nous l'avons démontré, il faut convenir qu'ils ont bien des reproches à s'adresser à eux-mêmes.

Du reste, c'est une justice à rendre à qui de droit, toutes les fois que le Magnétisme a comparu devant les tribunaux, ces derniers ont acquitté lorsqu'ils ont pu se convaincre de la loyauté des délinquants et de leur intention bien établie de ne pas violer la loi en s'abstenant de prescrire toute médication.

Le plus célèbre des procès de ce genre est celui qu'eut à soutenir Du Potet à Montpellier.

Sur la plainte du Recteur de l'Académie, qui dans

l'œuvre de propagande magnétique du célèbre magnétiseur avait vu une infraction à la loi , Du Potet
comparut devant le Tribunal de Police Correctionnelle
et devant la Cour Royale de cette ville les 15 et 27 juin
1836, et fut deux fois acquitté.

Du Potet, dont les cours et les traitements publics
avaient produit dans l'Académie et la ville une véritable révolution, ne voulut pas se pourvoir d'un
avocat et présenta lui-même sa défense.

Voici, en substance, ce qu'il dit à ses juges :

« Messieurs,

« La Nature offre un moyen universel de guérir et
« de préserver les hommes. La Médecine ne veut pas
« que cela soit vrai ; elle jette le blâme sur ceux qui
« s'offrent de vous en convaincre ; imiterez-vous cette
« conduite ? Ne pourrai-je devant vous justifier les
« magnétiseurs du soupçon d'imposture qui pèse sur
« eux ?

« Tout mon crime est d'avoir sollicité l'examen pu-
« blic, non point d'une *Doctrine*, mais de simples phé-
« nomènes que les savants de votre ville ignorent. La
« jeunesse a répondu à mon appel ; elle a voulu se
« former une opinion sur une chose encore en dehors
« de la science actuelle ; elle a voulu savoir si le dis-
« crédit jeté par les savants sur le Magnétisme était
« mérité ; dédaignant un instant les traditions de
« l'École, ces jeunes étudiants sont accourus voir les
« phénomènes nouveaux.

« Me condamnerez-vous pour ce fait ?

« Auriez-vous condamné Paganini pour avoir tiré des
« sons nouveaux de son instrument, l'abbé Parabère,
« parce que son organisation lui fait trouver des sources?

« Le premier qui aimanta un barreau de fer et le
« présenta à la foule était donc coupable aussi ?
« Auriez-vous condamné Galvani, Volta, s'ils fussent
« venus vous démontrer les incroyables effets d'une
« pile de métaux diversement superposés ?

« En quoi suis-je plus coupable qu'eux ?

« Ai-je péché contre la Morale ? — J'apprends aux
« hommes à faire de leurs réserves vitales le plus noble
« usage qu'on puisse en faire : *soulager les souffrances*
« *de leurs semblables* !

« Ai-je violé la Loi sur l'enseignement ou sur la
« Médecine ? — Que fais-je ? Est-ce de la Physique, de
« la Chimie, de la Médecine ; ou est-ce quelque chose
« de nouveau qui surpasse en grandeur toutes ces
« sciences ?

« Y a t-il là une Science ou un Art ? — Je n'en sais
« vraiment rien moi-même ; tout ce que je puis dire
« c'est que j'enseigne à produire le sommeil sans *Opium*,
« et à guérir la fièvre sans *Quinquina* ; ma science ban-
« nit les drogues, mon art ruine les apothicaires.

« Nous autres magnétiseurs, nous donnons des forces
« à l'organisme, nous le soutenons quand il succombe ;
« nous remettons de *l'huile dans la lampe quand il n'y*
« *en a plus*.

« Voyez combien nous différons des savants : ceux-
« ci avec toute leur science n'arrivent qu'à diminuer
« la vie ; nous, nous en augmentons la durée !

« Leur savoir est contenu dans un livre, le nôtre
« réside dans la nature même de chaque Être !

« Notre enseignement est facile et simple : nous n'a-
« vons pas besoin de disséquer les cadavres et les
« vivants !

« Ce n'est pas une science de *mots*, c'est une science
« de *faits* !

« Verrez-vous un coupable dans l'homme loyal qui
« a voulu donner des preuves de ce qu'il croit être une
« puissance nouvelle susceptible de rendre des services
« importants à ses semblables ? un homme qui n'a
« fait que chercher à mettre en action les propriétés de
« son Etre ?

« Me fallait-il en effet demander à M. le Ministre et à
« M. le Recteur la permission de marcher ?

« Marcher, magnétiser, n'est-ce pas là au même titre
« une faculté naturelle de l'homme !

« Un grand nombre de savants croient s'honorer
« grandement en rejetant sans examen les choses
« nouvelles. Le temps, par la suite, leur donnera
« une sévère leçon ! Un jour le Magnétisme sera la
« gloire des Écoles ! et les médecins emploieront les
« procédés qu'ils condamnent aujourd'hui.

« Enfin, on ne peut empêcher de proclamer une vérité !
« Se taire parce que cette vérité peut offusquer cer-
« tains esprits prévenus ou retardataires, c'est, à mon
« sens, plus qu'un crime, c'est une lâcheté ! »

Ce procès retentissant, en fournissant une tribune
au courageux vulgarisateur, et en lui donnant l'occa-

sion d'exprimer hautement sa pensée, attira à ses cours publics un grand nombre d'élèves et de malades.

Le même ostracisme universitaire, tendant à entraver l'essort du Magnétisme, n'en continua pas moins de régner et quelques années plus tard en 1842 nous voyons M. Lafeuillade, procureur du Roi près le Tribunal de Bressuire, exercer des poursuites contre un magnétiseur, M. Ricard. Ce curieux procès dura trois ans, de 1842 à 1845. Condamné à Bressuire et en Appel, Ricard obtint l'annulation du jugement en Cassation et enfin un acquittement définitif devant la Cour d'Angers où il fut renvoyé.

De l'éloquent plaidoyer de Me Charles Ledru, du Barreau de Paris, l'avocat de Ricard, nous détachons ce tableau typique des fluctuations et des contradictions de l'art médical, nous montrant cet art obéissant aux spéculations les plus arbitraires, reflétant toutes les fantaisies et les excentricités du cerveau humain et édifiant système contre système.

Plaidoyer de Me Charles Ledru, du barreau de Paris.

« Les magnétiseurs ne sont pas les seuls en ce monde dont la doctrine soit fortement combattue. Pour ne parler que des médecins, on sait assez qu'ils ne sont pas toujours du même avis, je ne dirai pas sur une maladie donnée, mais sur le mode général de guérison.

« Prenons seulement les plus fameuses théories médicales de ce siècle.

« Le célèbre Ecossais *Brown* explique la plupart des maladies par une diminution de la Force vitale : c'est l'*état asthénique*, pour parler sa langue ; en conséquence les heureux malades des médecins de cette école sont placés sous le régime des *stimulants*.

« Cette consolante théorie a été renversée par un docteur non moins fameux, l'Italien *Rasori*.

« Celui-ci ne voyait partout que des *inflammations* ; au lieu de *stimulants* il applique des *contre-stimulants!* C'est le père intellectuel de MM. *Broussais* et *Bouillaud.*

« La vérité est une ! Eh bien ! nous voici pourtant en présence de deux systèmes ! L'un traite la *Gastrite* avec de l'*eau de gomme*, l'autre avec du *poivre* et de la *moutarde !* La guérison, suivant l'un, est dans une nourriture excitante, substantielle, dans un vin généreux. « Gardez-vous de tout cela! dit l'autre, *hors les sangsues et la diète, point de salut !* »

« Ceci n'est rien.

« Arrive *Hahnemann* et l'*Homéopathie* : au lieu de la maxime, « *Contraria contrariis curantur* », les *homéopathes* prêchent la maxime diamétralement opposée « *Similia similibus curantur* » ! Ecoutez-les : « l'*Allopathie*, c'est la maladie et la mort revêtues du manteau d'une science menteuse! Le soleil des intelligences c'est Hahnemann, et le trésor de la santé se cache dans les doses infiniment petites ! »

« Ne croyez pas que les allopathes soient sans réponse !

« Que sont les disciples d'Hahnemann ? — «Des ignorants, des charlatans, les profanateurs d'un culte qu'ils sont indignes de comprendre ! » Et comme ces messieurs ont au moins l'avantage de l'ancienneté et de positions faites, ils se servent envers la jeune école des procédés qu'ont toujours employés ceux qui possèdent envers ceux qui veulent posséder. C'est ainsi que la Faculté de Montpellier rayait de ses registres le nom d'un jeune homme plein de science et de talents, dit-on, et dont le crime consistait dans une dévotion trop fervente au Dieu nouveau.

« Voilà, messieurs, la science humaine, la science dite *positive !*

« Or, en admettant le système de M. le procureur du Roi de Bressuire, qu'arrivera-t-il dans le monde judiciaire? Ici un procureur du Roi *allopathe* fera condamner au régime de la prison tous les *homéo-pathes* ; là un parquet *homéopathe* fera mettre au cachot les *allopathes* ; et ainsi les juges d'Instance et d'Appel marcheront à la voix du Ministère public, les uns sous la bannière de *Brown,* les autres sous celle de *Broussais,* ceux-ci sous celle d'*Hahnemann.* Pour mettre à la raison les chevaliers de cette croisade nou-velle il faudra créer à la Cour de Cassation une section médicale qui établira les bons principes à l'endroit de la migraine, et la vraie jurisprudence en matière de remèdes.

« La logique veut qu'il en soit ainsi. Quand vous en serez là, arrivera à son tour mon ami *Raspail* avec ses cigares salutaires, et, juge de tous les systèmes, il leur dira d'une voix connue, aimée et respectée : « On « se plaint depuis deux mille ans que le langage de la « Médecine soit un jargon inintelligible au malade; que

« ses moyens soient tour à tour prônés et décriés
« par les pontifes du temple, en sorte qu'il n'est pas
« un traitement qui, après avoir eu le plus de vogue,
« ne soit tôt ou tard accusé d'avoir tué tous ceux qui
« sont morts après y avoir été soumis ! Mais, comme le
« médecin est irresponsable, que son diplôme lui con-
« fère le droit de tout oser, que la légalité de la formule
« met à couvert l'imprudence et l'inopportunité de la
« prescription, les survivants n'ont le droit de venger
« les morts qu'avec l'arme du ridicule. On ne peut tra-
« duire le médecin qu'au tribunal de Molière, et là
« souvent celui qui rit du meilleur cœur c'est le méde-
« cin, et il a raison. Le plus ridicule en ce point ce
« n'est pas lui, ce sont les autres ! Car, ainsi que le
« disait La Bruyère : « Tant que les hommes pourront
« mourir et qu'ils aimeront à vivre, la Médecine sera
« raillée mais..... payée ! »

« Vous voyez, messieurs, que si on peut faire au
nom de la Médecine et contre le Magnétisme des ré-
quisitions éloquentes, il ne serait pas difficile au Magnétisme de porter la guerre dans le camp de ses'ennemis ; ou plutôt, vous voyez combien il est ridicule de
trancher par la violence, les diffamations, la prison et
l'outrage, aucune des questions de science !

« Peut-être, hélas ! n'y en a-t-il pas une seule dont
la parfaite solution soit possible à la faiblesse de notre
intelligence, et n'y a-t-il de vrai en ces choses que le
cri sublime du poète, demandant à son génie où est la
Sagesse ?

« Socrate la cherchait, aux beaux jours de la Grèce
Platon, à Sunium, la cherchait après lui !
Deux mille ans sont passés, je la cherche aujourd'hui,
Deux mille ans passeront, et les enfants des hommes
S'agiteront encor dans la nuit où nous sommes !.... »

Cette incertitude de la science, que signale si judicieusement Me Charles Ledru dans son éloquent plaidoyer, invite en effet les vrais savants à un grand
éclectisme dans leurs jugements et à beaucoup d'indul-
gence à l'égard des chercheurs.

« Pourquoi , s'écriait le célèbre professeur Royer-
« Collard en pleine Académie le 31 mai 1842, pour-
« quoi chacun ne serait-il pas libre de chercher la
« Vérité comme il l'entend, par les voies même les plus
« étranges !

« Votre science officielle est-elle si positive, si inva-
« riablement établie, qu'on puisse affirmer que dans
« dans quelques années elle ne semblera pas aussi
« fausse qu'elle vous paraît certaine aujourd'hui !

« Je suis de ceux qui pensent (et je me hâte de le
« déclarer) que la liberté illimitée des opinions, pourvu
« qu'elle ne s'attaque qu'aux opinions, et qu'elle ne se
« traduise pas en actes nuisibles ou répréhensibles, est
« toujours un plus grand bien que son abus n'est un
« mal !

« Que si donc une police médicale quelconque pré-
« tendait faire la guerre à l'*Homéopathie*, — pour appeler
« les choses par leur nom — au *Magnétisme*, voire même
« à la recherche de la *Pierre philosophale*, je serais le
« premier à prendre leur défense ; je protesterais hau-

« tement et publiquement contre toute tentative de
« cette nature ! »

Cette opinion, si énergiquement exprimée par Royer-
Collard, est aujourd'hui de plus en plus partagée par
des esprits élevés comme le sien, et, tout dernièrement,
à un banquet de la *Société française d'hygiène* auquel
nous assistions, nous avons entendu le grand chirurgien
Péan, le célèbre et regretté professeur Péter, le docteur
Chevandier, député de la Drôme, rapporteur de la nou--
velle loi sur la Médecine, le docteur de Pietra-Santa, l'ho-
norable secrétaire général de la Société française d'hygiène, — *tous fils de leurs œuvres !* — prononcer des
discours marqués au coin d'un éclectisme libéral qui
les honore profondément, et aux applaudissements una-
nimes d'une assistance nombreuse où brillait l'élite de
la science et du journalisme, nous avons vu ces maîtres
lever hardiment leur verre « *à toutes les libertés
scientifiques !* »

Dernièrement encore, lorsque les magnétiseurs, émus
des conséquences fâcheuses qui pouvaient résulter pour
eux du nouveau projet de Loi sur l'exercice de la Médecine, adressèrent une pétition à la Chambre des
Députés, le rapporteur de la Loi M. le docteur Chevandier, dont nous venons de parler, s'empressa de
calmer leurs inquiétudes par la lettre suivante adressée
à M. le comte de Constantin, président du bureau du
Congrès international du Magnétisme curatif de 1889 :

    « Monsieur le Président,

    « La commission chargée de l'étude du projet de loi
« sur l'exercice de la Médecine a eu à examiner les péti-

« tions nombreuses jointes à celle produite par le
« bureau du Congrès international du Magnétisme
« curatif de 1889.

« Il a été reconnu, par l'*unanimité* des membres
« présents, que la loi sur l'exercice de la Médecine ne
« visait ni les masseurs, ni les magnétiseurs, *tant*
« *qu'ils n'appliqueraient que leurs pratiques ou leurs*
« *procédés au traitement des maladies.*

« Ils retomberaient sous le coup de la Loi le jour où,
« sous le couvert du Massage, du Magnétisme ou de
« l'Hypnotisme, ils feraient de la médecine et prescri-
« raient des médicaments.

« Dans ces conditions la commission, croyant avoir
« fait droit aux pétitions dont elle était saisie, n'a pas
« cru devoir en entendre les auteurs.

« Ce que je viens de dire est consigné dans mon
« rapport.

« Veuillez agréer, monsieur le Président, l'assurance
« de mes sentiments distingués.

« Signé : Dr CHEVANDIER, *rapporteur.* »

A l'avenir donc, tant que les magnétiseurs n'appli-
queront que leurs pratiques ou leurs procédés (c'est à-
dire les *impositions* et les *passes*) au traitement des
maladies ; tant qu'ils ne feront pas de la médecine *en*
prescrivant des médicaments, ils ne tomberont pas sous
le coup de la Loi et pourront magnétiser librement.

C'est de toute justice, car le Magnétisme animal dont
Mesmer proclama publiquement la vertu bienfaisante
au milieu de ce flot d'acclamations, de dédains, d'ap-

probations et de dénégations qui accueillit ses premières
déclarations vers la fin du siècle dernier, le Magnétisme,
est devenu la propriété de tous et de chacun.

Comme l'a si bien dit Lafontaine ce Maître incon-
« testé, chacun de nous a mission d'en réclamer le libre
« exercice, car c'est son bien personnel, c'est sa vie ;
« c'est plus encore, c'est le bien de tous, c'est une
« propriété collective sur laquelle personne n'a le droit
« de main-mise ! C'est la *manne céleste*, qui au mo
« ment psychologique alors que tout espoir semble
« à jamais perdu pour le malheureux malade aban-
« donné par la Médecine, courbé sous la souffrance,
« vient, en renouvelant ses forces épuisées, lui ap-
« porter en même temps la santé et l'espérance ! »

Combien de fois depuis que je m'occupe de Magnétisme ai-je personnellement éprouvé cette joie sans
mélange, et qu'aucune autre ne peut égaler, de rendre
la santé à des gens qui croyaient l'avoir à tout jamais
perdue ; je ne peux citer tous les cas où cette douce
satisfaction m'a été donnée, j'en choisirai seulement quelques-uns, des plus typiques, afin de montrer combien il
eût été injuste de priver les malades de cette suprême
ressource dans laquelle tant de désespérés ont trouvé et
trouvent encore tous les jours la fin de leur long martyre.

1ᵉ OBSERVATION. — *Odyssée d'un malheureux
rhumatisant.*

C'était au mois de septembre 1873. J'étais encore à
Angers au 11ᵉ régiment de cuirassiers (anciens Cara-

biniers de la Garde), et je me disposais à quitter l'armée pour me livrer plus librement à mes études. Les nombreuses expériences magnétiques que j'avais faites depuis plusieurs années dans cette ville et les résultats que j'avais obtenus dans des cas réputés désespérés par la Faculté elle-même m'avaient valu une certaine notoriété. Je reçus d'un négociant de la ville, M. D., le long *factum* suivant ; malgré son étendue, je le transcris en entier, parce qu'il donne, sur le malade et sur la maladie, des détails tellement précis, tellement intéressants, que je ne saurais faire du cas que je veux exposer une peinture plus saisissante.

Rien ne peut mieux donner une idée vraie de l'insuffisance de cette science, qu'on appelle *l'Art de guérir*, que ce simple récit d'un homme cruellement atteint par la maladie et demandant en vain pendant plus de vingt-cinq années à la Médecine un soulagement à ses maux.

Il nous montre aussi comment parfois les plus grands Maîtres de cet art, imbus d'un pyrrhonisme intraitable, peuvent parfois s'égarer dans leurs jugements et rendre victimes de leurs préjugés personnels ceux qui, sur la foi des traités, pleins d'une confiance aveugle dans la haute notoriété dont ils jouissent, viennent faire appel à leurs lumières.

« Angers, le 24 septembre 1873.

« Monsieur,

« Dans l'hiver de l'année 1850 (j'avais alors 21 ans) je fus tout à coup pris d'un violent mal de reins qui se compliqua bientôt d'une douleur aiguë partant de la hanche droite et descendant, en suivant le nerf sciatique, jusqu'au genou et à la cheville.

« Teinturier de mon état, il est problable que j'avais pris un refroidissement en passant de l'atelier à la rivière pour laver des laines ; je dus entrer à l'hospice pour suivre un traitement. Je pris quelques bains sulfureux sans résultat ; puis on m'appliqua des vésicatoires volants sur les reins, les cuisses et les mollets.

« Cette première application n'ayant produit aucun effet, on la réitéra, et les vésicatoires furent pansés au *Chlorhydrate de morphine.* Au bout de quelques jours une amélioration de santé, que j'attribue plutôt à la force de mon tempérament qu'au traitement lui-même, me permit de sortir de l'hôpital ; j'étais loin d'être guéri, car j'éprouvais toujours des douleurs atroces dans tout le côté droit et j'étais obligé de marcher avec des béquilles. On me conseilla des boissons chaudes et des fumigations de lierre chauffé au four pour déterminer d'abondantes transpirations. Ces sueurs calmaient un peu mes douleurs, mais m'affaiblissaient beaucoup.

« Peu à peu, cependant, je parvins à reprendre le dessus. Je quittai mes béquilles pour un simple bâton, et enfin, les chaleurs de l'été aidant, je me trouvais bientôt assez fort pour reprendre mon travail.

« Dix-huit mois après, le mal revint avec une violence inouïe. J'eus l'idée d'avoir recours aux bains de vapeur qui m'avaient déjà soulagé au début de la maladie. Comme c'était en plein hiver, je me fis transporter à l'abbaye du Port-Engeard, près de Laval, où l'on me prodigua les plus grands soins. Mais les bains de vapeur n'amenèrent aucun soulagement.

« A cette époque, un livre de médecine me tomba sous la main. L'auteur, ancien membre de la Faculté de médecine de Paris, était le R. P. Debreyne, alors trappiste à l'abbaye de Mortagne (Orne).

« Dans cet ouvrage il était question d'un traitement spécial, auquel avaient cédé de nombreux cas de maladie semblable à la mienne. Je souffrais tellement, que je résolus d'aller demander les soins du R. P. Debreyne. Je me fis transporter à Mortagne ; mais là on refusa de m'admettre comme pensionnaire à l'abbaye, et comme il s'agissait de l'application de larges moxas aux reins, à la hanche et au genou, j'hésitai à me soumettre à un traitement aussi violent pour me remettre en route aussitôt après.

« J'étais désespéré. Mon état, loin de s'améliorer, ne faisait qu'empirer. Je pris un grand parti. Il fallait absolument reconquérir au plus vite la santé pour pouvoir reprendre mon métier et gagner ma vie. Je me décidai à partir pour Paris. Là, disais-je, j'irai trouver les docteurs les plus justement renommés, les princes de la science, et infailliblement ils me guériront.

« J'arrivai, plein d'espoir, dans la grande ville, et je me rendis aussitôt à la consultation des médecins attachés aux hôpitaux ; je me présentai successivement au Parvis Notre-Dame, à Saint-Louis, à Beaujon et à la Charité. Dans ces visites, j'appris que M. le docteur Bouillaud était le doyen de la Faculté ; on me le désigna comme l'un des plus habiles médecins de Paris. Je résolus d'avoir recours à ses soins.

« Malheureusement je n'étais pas riche, et pour entrer à l'hôpital dans le service de M. le Dr Bouillaud, il me fallait déclarer que j'habitais Paris et que j'y exerçais mon métier depuis deux ans. Je n'hésitai pas à employer ce subterfuge pour pouvoir me faire traiter par le célèbre docteur.

« Le lendemain de mon entrée à l'hôpital, j'attendais avec anxiété l'heure de la visite, lorsque je vis M. le Dr Bouillaud s'approcher de mon lit ; après un examen superficiel, il me demanda ce que j'avais.

— « Je souffre depuis longtemps, docteur, lui dis-je, d'une *sciatique aiguë*, c'est ainsi du moins que les médecins qui m'ont soigné ont nommé mon mal ; plusieurs d'entre eux prétendent aussi que c'est une affection *sacro-coxalgique*.

— « Bah ! fit le docteur, vous avez donc fait des études de médecine, mon garçon ?

— « Non, monsieur le docteur, lui répondis-je, mais, malheureusement pour moi, j'ai eu trop souvent à entendre parler de mes maux par ceux qui ont cherché en vain à les guérir, et je ne vous répète que ce que je leur ai entendu dire. J'ai été si gravement atteint, du reste, qu'on a cru un instant à un ramollissement de la moelle épinière.

— « Allons, vous plaisantez, dit le docteur en riant, dites plutôt que le travail ne va pas à Paris en ce moment et que l'hospice est un bon refuge pour la mauvaise saison. »

« Et se dirigeant vers le lit voisin sans plus se préoccuper de moi et de mon état de santé :

— « *Portion sortie*, à ce garçon-là ! » ajouta-t-il.

« J'étais consterné de cet accueil si inattendu, et pour montrer au docteur que je n'étais pas l'homme qu'il supposait, je tirai de mon portefeuille les consultations des médecins de Laval qui m'avaient soigné. Ces témoignages, tout en prouvant la réalité de mon mal, découvrirent la supercherie bien innocente que j'avais employée pour entrer à l'hôpital.

« Le Dr Bouillaud, surpris de mon ton résolu, dans lequel je ne pouvais m'empêcher de laisser percer du désappointement et de la colère, revint sur ses pas, examina les papiers que j'avais jetés sur mon lit, et, après s'être un instant consulté, ordonna qu'on m'appliquât *dix-huit* ventouses scarifiées sur les reins et qu'on conservât le sang jusqu'à sa prochaine visite.

« Le lendemain, quand il repassa devant moi et qu'on lui eut présenté le sang qu'on m'avait tiré :

— « De quel pays êtes-vous ? » me demanda-t-il.

— « Du Morbihan ! » répondis-je.

— « Rien qu'à l'examen du sang j'aurais dû le deviner. » Et se tournant vers son entourage :

— « Voyez, messieurs, dit-il, comme ce sang est riche en principes. Nous n'en trouvons pas comme ça dans le département de la Seine ! »

« Et il ordonna de nouveau ma sortie.

« Décidément le docteur persistait à ne pas croire à la réalité de ma maladie. Je ne pouvais comprendre pourquoi l'on me refusait des soins que j'étais venu chercher de si loin et dont j'avais un besoin si pressant ; je m'évertuai à persuader le docteur et j'insistai vivement auprès de lui pour qu'il voulût bien me garder. J'offris de prendre une chambre particulière et de payer une pension. Rien ne put faire revenir M. le Dʳ Bouillaud sur sa décision ; il m'objecta qu'il avait assez de s'occuper des malades du département et qu'il ne pouvait donner ses soins aux étrangers.

« Je dus sortir.

« Je restai quelques jours chez un parent qui voulut bien m'accueillir. Puis j'entrai à l'hospice Beaujon, faubourg du Roule, dans le service de M. le Dʳ Ribert.

« Je fus soumis, peu de temps après mon entrée, à une consultation dont faisaient partie MM. les docteurs Ribert, Labbée, Velpeau, Ricord et Bouillaud. Ces messieurs — et le Dʳ Bouillaud lui-même, qui, quelques jours avant, n'avait pas voulu me reconnaître malade et m'avait mis à la porte de son hôpital — décidèrent qu'il y avait lieu de m'appliquer *la cautérisation transcurrente* au fer rouge depuis les reins jusqu'aux talons.

« On me chloroformisa pour faire cette cruelle opération. Je ne sentis rien sur le moment ; mais, quelques jours après, lorsque la suppuration commença, je souffris des tortures mille fois plus horribles que le mal lui-même. Au bout de quarante jours, les plaies faites par le fer rouge étaient à peine cicatrisées qu'on parlait de me soumettre à une seconde opération. Je ne pus me résoudre à supporter de nouvelles souffrances et je quittai l'hôpital.

« Ne sachant plus à quel saint me vouer, plus abattu

par les traitements violents que j'avais subis que par la maladie elle-même, j'allai trouver un médecin homéopathe dont je suivis, les prescriptions pendant quelques jours, puis je me décidai à repartir pour Laval.

« Directeur de teinture dans une fabrique et n'étant plus astreint à un travail manuel fatigant, je pus me rétablir peu à peu. Je cessai tout remède et me bornai simplement à me couvrir de laine. Le mal disparut à la longue et je me croyais délivré lorsque deux ans après il reparut brusquement. J'entrai à l'hospice de la localité, on me questionna. Je fis l'historique de ma maladie et je parlai du traitement qu'on m'avait fait subir à Paris à l'hôpital Beaujon.

« Le lendemain M. le Dr Hubert, dans le service duquel j'étais, me fit mettre à nu sur mon lit, et, sans m'avertir de ce qu'il allait faire, armé d'un pinceau, il m'enduisit la peau de la nuque jusqu'aux talons d'*Acide sulfurique*, renouvelant ainsi avec ce caustique violent les cautérisations qu'on avait faites à Paris avec le fer rouge. Un bain qu'on me fit prendre ensuite, amena une suppuration abondante qui m'occasionna d'intolérables souffrances. Malgré tout mon courage et le désir ardent que j'avais de guérir, je dus renoncer à ce traitement qu'on voulait renouveler ; et, quittant l'hospice, j'allai chercher asile au Port-Engeard pour me reposer des tortures qu'on m'avait fait subir, et prendre quelques bains de vapeur. Le beau temps revint, et comme toujours avec les chaleurs reparut la santé.

« Je fus à peu près bien pendant quelques années et je me croyais délivré de cette affreuse maladie, lorsqu'en 1859, étant à Angers, directeur de teinture chez M. Oriolle, je fus repris de mes douleurs ; comme j'étais marié alors, je me fis traiter chez moi.

« On me posa d'abord quelques vésicatoires, puis on me fit une opération très douloureuse, on m'enfonça dans la jambe, le long du nerf sciatique, *quatorze aiguilles !* A la suite de cette opération, les douleurs étant devenues plus aiguës que jamais, on chercha à les calmer par des injections sous-cutanées de *Morphine*, des frictions de liniments différents, tels que *Huile camphrée, Baume tranquille, Huile de jusquiame, Térébenthine*, etc, mais sans résultat aucun.

« Fatigué d'être ainsi torturé par la médecine sans en obtenir aucun soulagement, je finis par renoncer aux médecins, et je me contentai de me tenir bien chaudement et de prendre quelques bains.

« Je traînai ainsi pendant deux ans et je me rétablis enfin tout à fait — en apparence du moins — car j'éprouvais encore de temps à autre quelques douleurs qui cependant étaient supportables.

« Pendant la guerre de 1870, je fus appelé à faire de la teinture pour la confection des draps de nos mobiles ; je pris un refroidissement qui amena une rechute ; alors ma santé s'altéra sensiblement, et, malgré le dégoût prononcé que j'avais pour toute espèce de traitement, je fus contraint par les circonstances de me remettre entre les mains des médecins.

« On me conseilla les eaux minérales, et l'on m'envoya successivement aux eaux thermales du Mont-Dore, de Barbotan et de Bagnères-de-Luchon.

« Loin de calmer mes douleurs, ce nouveau mode de traitement ne fit que les exaspérer et à un tel point que ma maladie se compliqua de nouveaux maux.

« Je fus pris de constipations opiniâtres et de coliques affreuses ; les viscères semblèrent atteints comme les muscles de ces douleurs poignantes qui me faisaient désirer la mort ; tout le côté gauche, qui jusques alors avait été préservé, s'attaqua comme le droit.

« On me fit passer alors par toutes les tortures des premiers traitements : teinture d'iode, vésicatoires au *chlorhydrate de morphine*, injections sous-cutanées, piqûres d'aiguilles, moxas, etc...

« Depuis cette époque, le mal ne fait qu'empirer ; les attaques, devenues plus terribles que jamais, ont une périodicité désolante : de cinq heures du soir à minuit, je n'arrête pas de crier ; je n'ai plus de sommeil, je ne peux tenir aucune position ; tout le côté gauche du corps s'atrophie et me fait horriblement souffrir ; depuis la hanche jusqu'aux doigts de pied, j'éprouve des douleurs lancinantes, à croire que l'on me creuse l'os de la jambe et qu'on m'enlève la rotule ; les muscles ont des tressaillements et des soubresauts constants ; je ressens alternativement des chaleurs ardentes et des froids de glace ; la chair et l'épiderme sont d'une sensibilité telle qu'il me semble que la chair est au vif, et tout attouchement, quelque léger qu'il soit, est une souffrance pour moi.

« Je n'ai plus aucun espoir de guérir par les moyens ordinaires ; ayant entendu parler de vous, monsieur, je viens faire appel à vos bons soins pour me tirer de cette situation lamentable, si toutefois vous pensez que le Magnétisme y peut quelque chose. »

. . . .

. . . .

Signé : D.

Ému par ce long récit de souffrances, j'allai visiter celui qui me l'avait adressé.

De simple ouvrier, M. D. était devenu l'un des notables commerçants de la ville d'Angers ; je le trouvai dans un petit salon du rez-de-chaussée de son habitation, tout habillé, enveloppé de couvertures, étendu sur un canapé, incapable de faire un mouvement. C'est ainsi qu'il passait les jours et les nuits ; il avait pris le parti de ne plus se déshabiller pour se coucher, tout déplacement, tout attouchement étant pour lui une souffrance qui lui arrachait des cris. Il me fit de nouveau le tableau de ses maux, et me montrant un revolver sur sa table à portée de sa main : « Il y a bien longtemps, me dit-il avec de grosses larmes dans les yeux, que j'en aurais fini avec la vie si je n'avais une femme et des enfants ! »

Le lendemain, nous commençâmes un traitement magnétique. Dès les premières séances j'eus l'inestimable bonheur d'obtenir un résultat qui me permit de porter un pronostic favorable sur l'issue du traitement ; un mieux sensible se manifesta, les crises diminuèrent peu à peu d'intensité, le sommeil revint. Au bout de deux ou trois semaines, le malade se tenait sur ses jambes et pouvait faire quelques pas, d'abord en s'ap-

puyant sur deux bâtons et en traînant péniblement
les jambes, puis ensuite avec plus de facilité.

Enfin la cure fit de tels progrès que deux mois
après, dans les premiers jours de décembre, je trouvai M. D. dans une si bonne voie que je cessai de
lui donner mes soins et le confiai à son premier employé, un jeune homme fort intelligent auquel j'avais
montré ma façon de procéder, en le faisant chaque jour
assister à nos séances de magnétisme. C'est lui qui par
des magnétisations de plus en plus éloignées acheva
la cure que j'avais commencée et favorisa le retour des
forces qui manquaient encore à son patron.

Malgré la saison défavorable dans laquelle nous nous
trouvions, le Magnétisme avait agi avec une rapidité à
laquelle j'étais loin de m'attendre ; le malade était dans
un état si pitoyable, il avait depuis des années passé
par de telles péripéties que je n'aurais jamais osé
compter sur une si prompte guérison.

Voilà certainement l'un des cas les plus curieux de
l'application de l'action magnétique, et l'on ne peut
s'empêcher d'établir un parallèle entre ce mode de
traitement si simple, consistant en quelques *passes* et
quelques *impositions*, *sans sommeil provoqué*, et les
violences auxquelles la Médecine soumit ce malheureux malade pendant vingt cinq années consécutives.

Ces violences avaient-elles leur raison d'être ?

Quand on remonte à l'origine de cette cruelle affection et qu'on cherche à en expliquer les causes on ne
peut que déplorer amèrement les détestables préjugés
scientifiques dont nous pouvons tous être victimes
journellement.

M. D. nous fait connaître que c'est en passant de
l'étuve à la rivière pour laver des laines, en plein
hiver, qu'il fut soudain pris de douleurs générales.
C'est là évidemment l'origine de son mal. Or, si nous
admettons que tous les phénomènes physiques se ré-
solvent en *condensations* et en *dispersions* de mouvement, il est facile d'expliquer ce qui s'est produit.

Les vibrations de l'organisme, exaltées par la chaleur dispersive de l'étuve, se trouvant sans transition
aucune en contact immédiat avec une température
beaucoup plus basse, ont été brutalement frappées de
condensation par l'air glacé de l'extérieur ; en quelques
secondes à peine la rhythmique vitale a passé d'un
extrême à l'autre. Il est arrivé ce qui se produit lorsqu'on plonge un fer rouge dans l'eau ou qu'on tente
d'arrêter un train lancé à toute vitesse : le mouvement
acquis se transforme instantanément en une force foudroyante de retour qui condense les molécules du fer
ou brise les articulations du train. Ici la force vive
mise en action par la chaleur, subitement arrêtée par
l'air glacé, a été refoulée dans les canaux nerveux chargés de la drainer, et, en refluant vers les centres, a porté
une atteinte profonde à l'équilibre vital ; si l'on eût de
suite agi sur ce mouvement de condensation brusque,
en rouvrant les voies périphériques fermées et en ménageant ainsi une détente à la tension anormale du
mouvement libre, on eût certainement ramené l'équilibre rompu. En ce moment l'action magnétique eût été
souveraine ; quelques *impositions* et quelques *passes*
eussent suffi ; la démonstration faite vingt-cinq ans

plus tard permet de le supposer, et l'on eût ainsi évité
à ce malheureux homme le long martyre qu'il a subi.

Au lieu de cela qu'a-t-on fait ? Au lieu de se préoccuper de rétablir la rhythmique normale du double courant, qui met notre organisme en rapport constant et
équilibré avec le milieu ambiant dans lequel nous
nous mouvons, on a attaqué par des moyens violents
l'épiderme, cette enveloppe, en quelque sorte *idio-électrique*, que la Nature a si sagement placée entre notre
système nerveux et le monde extérieur précisément
pour régler ce double courant dont je viens de parler.
Par le fer, par le feu, par les caustiques, on a brûlé,
lacéré, détruit cette enveloppe isolante, sur l'intégrité
de laquelle il fallait au contraire exclusivement compter, et l'on a ainsi ajouté une nouvelle cause de désorganisation à celles déjà existantes.

Au lieu de favoriser l'action vitale, en la fortifiant,
pour l'aider à chasser à l'extérieur ce mouvement en
trop, reflué vers les centres, anormalement condensé
dans les plexus nerveux, on s'est appliqué à frapper la
vie dans ses sources les plus intimes ; on a soutiré du
sang, on a affaibli, torturé le malade, par des souffrances
pires que le mal. Par l'emploi de stupéfiants, de poisons, d'anesthésiques, on a endormi on a tué la réaction
vitale, et on l'a empêchée de se manifester.

Et qui a fait cela ? D'obscurs praticiens peut-être
qui pouvaient avoir pour excuse leur ignorance des
phénomènes physiologiques ? Non ! ce sont les premiers parmi les plus experts, ceux qui mènent la
science ; ils ont appliqué les principes qui font la base

de cette science ! Pauvre science ! ignorante des lois de
la vie et qui permet de telles erreurs physiologiques !..
Mais aussi, pauvres malades ! si cruellement victimes
de ce misérable état de choses, serait-il humain de les
priver de la ressource suprême que le Magnétisme
peut leur apporter lorsqu'ils ont bu le calice jusqu'à
la lie et qu'ils ont tout tenté vainement pour guérir !...

2° OBSERVATION. — *Une opération évitée par le*
Magnétisme.

Ce second cas me semble avoir sa place marquée
à la suite de celui que je viens de citer ; il contribue à
mieux accentuer la fragilité des diagnostics établis sur
les principes de la science actuelle, et démontre quelles
ressources inespérées les malheureux affligés peuvent
trouver dans le Magnétisme.

Il y a quelques années je rencontrai à Paris un de
mes anciens camarades de l'armée, le baron de F. que
j'avais un instant perdu de vue ; il s'était marié, avait
donné sa démission, et je le retrouvai Conseiller à la
Cour des Comptes. Nous causâmes de nos jeunes années,
du temps présent, et je lui fis part de mes expériences
et de mes travaux sur le Magnétisme, ce qui parut
vivement l'intéresser. Quelques jours après cette rencontre, je recevais de lui le petit mot suivant :

« Paris, le 26 octobre 1886.

« Mon cher camarade,

« Un vieux prêtre de ma connaissance a depuis
deux ans des douleurs atroces dans les jambes ; il a

passé par les mains de tous les spécialistes qui ne lui ont apporté aucun soulagement. Pour le moment il est question de lui faire une opération grave. Dites-moi si vous voulez voir mon abbé? Je vous prie de m'excuser.

« Votre bien dévoué,

« Baron de F. »

Je répondis à mon camarade que je le remerçiais de me fournir l'occasion de faire le bien et d'apporter un soulagement à un être souffrant, et en possession de l'adresse du malheureux malade j'allai lui rendre visite.

Je trouvai l'abbé R. au cinquième, dans une petite chambre bien modestement meublée : un lit de fer, quelques chaises de paille, une table de bois blanc chargée de livres et de papiers, et le long des murs quelques sujets de sainteté. C'était un homme d'une soixantaine d'années, petit, maigre, et dont les traits étaient ravagés par la souffrance. Nous eûmes bientôt lié connaissance, on sympathise vite quand on prend le Magnétisme pour intermédiaire.

Il me parla des souffrances atroces qu'il endurait depuis des mois, nuit et jour, souffrances qui le privaient de sommeil et l'empêchaient de prendre aucune nourriture ; et découvrant ses jambes il me montra la droite toute déformée : il n'y avait plus vestige de mollet, le genou était gonflé et luisant, et au-dessus du jarret deux cicatrices profondes à y fourrer le poing donnaient l'idée du passage d'un biscaïen qui aurait traversé de part en part les muscles de la cuisse.

— Vous avez été blessé ? interrogeai-je.

— Oui et non, me répondit-il en souriant tristement,
ce mal date de loin, je vais vous conter ça :

« Je suis fils de fermiers, me dit-il, j'ai passé toute
ma jeunesse au milieu des champs. J'avais 10 ans à
peine lorsque de grandes douleurs me vinrent tout à
coup dans le genou. Ces douleurs amenèrent une fièvre
de cheval et pendant plusieurs jours je restai dans un
délire complet qui fit croire un instant à mes parents
que j'étais perdu. Le médecin du pays qui me soignait
appela un de ses confrères en consultation, un jeune
docteur des environs qui passait pour très capable ; ces
messieurs décidèrent entre eux qu'il fallait, sans tarder,
m'ouvrir le genou qui était très enflé. L'opération faite,
il sortit de la plaie non pas du pus comme on s'y attendait, mais une matière charnue de la grosseur d'une
sangsue à peu près. La plaie se ferma, et ce n'est que
cinq ou six semaines après que les médecins recon-
nurent que mon mal devait provenir d'une inflammation du périoste de l'os du fémur. Ils établirent un
cautère sur le siège du mal. L'enflure et les douleurs diminuèrent insensiblement Mais au bout de cinq ou six
mois je ne pouvais encore marcher qu'avec des béquilles.

« Vers cette époque en descendant un escalier j'eus
le malheur de faire une chute et je me fracturai la jambe
précisément à l'endroit malade. On courut chercher le
médecin , mais à la campagne ce n'est point comme à
la ville, on ne put avoir le médecin que le lendemain ;
quand il arriva, l'enflure de la jambe était considérable ;
le pansement présenta donc beaucoup de difficultés. Je

restai trois mois sur mon lit dans un appareil et je ne pus reprendre mes béquilles que six mois au moins après l'accident. Survint alors peu après une fistule profonde allant jusqu'à l'os et qui secréta de l'humeur pendant cinq ans. Vers 15 ans, une forte esquille du fémur s'étant fait jour à travers la plaie suppurante, celle-ci se ferma et la jambe reprenant des forces je pus enfin quitter mes béquilles et reprendre sérieusement le cours de mes études jusque-là fort négligées.

« De 15 à 55 ans je ressentis bien de temps à autre dans cette jambe des douleurs, mais elles étaient supportables et très passagères ; elles me prenaient surtout la nuit et ne m'empêchaient pas d'aller et venir.

« En 1884 et en 1885 je fis deux saisons à *Aix les-Bains* ; me trouvant très ingambe, j'eus le tort de faire dans la montagne des courses immodérées ; un jour, la seconde année, nous nous égarâmes et nous dûmes traverser des amas de neige où nous en avions jusqu'à la ceinture. A mon retour de cette dernière expédition je fus subitement pris d'une crise des plus violentes. Je consultai M. le D^r M* qui, ne voyant dans mon fait qu'une affection rhumatismale, chercha à la combattre par des calmants.

« N'éprouvant aucune amélioration sensible de ce traitement, j'allai trouver M. le Dr J., qui qualifia mon mal de *nécrose* et m'engagea à avoir recours immédiatement à un chirurgien. Sur les recommandations de personnes qui me portaient intérêt je me décidai alors à aller consulter M. le professeur D*, chirurgien des hôpitaux et membre de l'Académie de Méd ecine

« M. D. se prononça pour une inflammation de l'os et du périoste avec un ou plusieurs séquestres envaginés. Il me déclara qu'il ne voyait qu'un moyen de me guérir : c'était de pratiquer une opération qui consistait à découvrir l'os et à enlever les séquestres.

« Je revins fort ému du diagnostic porté par l'éminent praticien ; mais, avant de me décider à une opération aussi grave, je résolus de prendre l'avis de quelques-uns de ses confrères. Je vis successivement MM. D'O*, J*, Le B*, chirurgien de l'hôpital Saint-Joseph, C*, professeur agrégé à la Faculté de Médecine, J*, élève du Dr Péan, et T*, chirurgien des hôpitaux et membre de l'Académie de Médecine. Ces six docteurs partagèrent l'opinion de M. D' ou à peu près, à l'exception de M. T* qui conseillait simplement d'enfermer la jambe depuis la cheville jusqu'à la hanche dans un appareil silicaté, et M. C*, qui, n'étant pas bien certain de l'existence des séquestres, voulait qu'on s'en tînt à un simple grattage de l'os.

« En présence de cette concordance d'opinions, je suis, continua le pauvre abbé, dans une cruelle perplexité ! Dois-je me résoudre à faire faire une opération dont les conséquences, dans l'état de faiblesse et de prostration où je suis, ne sont vraiment pas rassurantes ?

« J'ai usé, sans succès, de tous les palliatifs qu'on m'a indiqués : cataplasmes de toutes sortes, onguents, bains d'herbes, bains émollients, bains de vapeur, liniments, vésicatoires, pointes de feu, teinture d'iode, électricité, hydrothérapie, iodure de potassium. Je me suis fait masser pendant 35 jours de suite par M. le docteur

de M. qui par le massage fait des cures si merveilleuses ; j'ai tout fait, tout essayé. Voilà une année
entière que je souffre sans un instant de répit !
Malgré tout mon courage, je suis à bout de forces !
Plutôt mourir que de continuer à souffrir ainsi !
Aussi, résigné à mon malheureux sort, étais-je décidé à risquer l'opération, et j'avais déjà pris en vue
de cette décision quelques dispositions préliminaires
lorsque je vis dernièrement votre ami, M. le baron de
F. Il me parla de vous, de votre magnétisme, il chercha à remonter mon courage. J'estime beaucoup le
baron, j'ai fait l'éducation de son fils ; il a eu de
grandes bontés pour moi ; quoique n'ayant aucune
idée du Magnétisme et de ses effets j'ai accueilli sa démarche comme une marque de la divine Providence
et j'ai vu briller dans ma nuit une lueur d'espoir ;
vous pouvez, par ce que vous venez d'entendre, juger
de la gravité de mon état ; pensez-vous que le Magnétisme puisse encore quelque chose pour moi ?..... »

Et en prononçant ces dernières paroles le bon abbé
me fixait anxieusement !

J'avais écouté attentivement son long récit :

— « Ma foi ! M. l'abbé, lui dis-je, la chose est em-
barrassante ; il m'est difficile à première vue de répondre catégoriquement à la question que vous me
posez. Je ne voudrais pas vous donner un faux espoir.
S'il y a *nécrose*, *périostite*, *séquestre* (comme l'assurent tous les honorables praticiens que vous venez
de me citer), je ne crois pas pouvoir vous apporter un
grand soulagement ; mais si, comme je l'espère, il ne

s'agit que d'une simple *congestion nerveuse*, je me fais fort de vous remettre bientôt sur pied ; nous ne tarderons pas d'ailleurs à être fixés sur ce point, car si, sous l'influence de mes *impositions* et de mes *passes* il se manifeste une amélioration immédiate, c'est qu'on s'est trompé sur votre état et qu'il n'y a pas de *nécrose* ! »

Le lendemain nous commençâmes le traitement. Ce que j'avais prévu arriva : les souffrances s'atténuèrent presqu'immédiatement ; nous pûmes obtenir quelques bonnes nuits de sommeil, l'appétit revint et le mieux s'accentua rapidement.

Il n'y avait donc ni *nécrose* ni *séquestre* et toute opération cessait d'être urgente. Nous étions, ainsi que je l'avais supposé, en présence d'un de ces phénomènes de *condensation* nerveuse anormale comme j'en avais si souvent observé et dont la *rage de dent* (ce mal vulgaire et pourtant si affreusement douloureux) nous donne un exemple journalier.

Le système nerveux (comme nous l'avons vu page 32) est un circuit tendu, représentant dans l'organisme une harpe vibrante soumise aux influences sans nombre venant du dehors et du dedans, influences qui peuvent inopinément rompre l'harmonie du système en portant anormalement l'afflux du mouvement condensé sur l'un des points de l'organisme. Il peut se faire également que l'éréthisme nerveux, par une cause quelconque, devienne impuissant à faire vibrer normalement un point de l'organisme engagé dans une résistance spéciale ; de là ces désordres organiques, ces inflammations locales, ces troubles convulsifs qui ont tant d'analogie avec ces dissonances typiques qu'on appelle en Acoustique des *battements*.

Notre équilibre nerveux flottant constamment entre des *condensations* prépondérantes et des *dispersions* excessives, aussi dangereuses les unes que les autres, le premier soin du physiologiste est de tenir compte du jeu de ces forces de façon à les ramener avant tout à leur équilibre normal.

Dans la *rage de dents*, la carie (*point mort* sur le circuit), formant obstacle au courant sous l'influence de certaines conditions atmosphériques, engendre une condensation nerveuse anormale et consécutivement congestion sanguine, inflammation des tissus, souf-frances intolérables. Le mal s'en va aussi brusquement qu'il est venu, sous l'impulsion d'une réaction dispersive.

Dans le cas présent la mutilation du genou, des os et des muscles de la cuisse, résultat des complications maladives et opératoires que l'abbé avait eu à subir dans son enfance, jouait le rôle de la *carie dentaire*. Le courant nerveux, gêné dans son circuit par cet obstacle permanent avait une tendance à subir sous les influences variables de la température de fréquents états de condensation amenant ces crises passagères dont se plaignait l'abbé. L'excès de fatigue et le grand refroidissement éprouvés dans les excursions à Aix-les-Bains, en compliquant la situation, avaient déterminé une telle difficulté de transmission que la réaction expansive ne pouvait plus prendre le dessus. Les magnétisations successives vinrent à l'aide de cette réaction,

et les forces nerveuses vigoureusement soutenues fini-
rent par se liguer pour forcer l'obstacle qui entravait
leur libre expansion. Sous l'impulsion de mes impositions et de mes passes, même à distance (je m'éloignais
quelquefois jusqu'à deux ou trois mètres du malade),
les muscles de la cuisse se mirent à tressauter violemment, et les secousses devinrent telles que le corps tout
entier en était ébranlé. Je rendis témoins de ce phénomène curieux plusieurs personnes, entre autres un
docteur de mes amis M. O. qui s'intéressait beaucoup
au Magnétisme.

Cet état de choses ne dura que deux ou trois
semaines, les secousses diminuèrent peu à peu d'intensité, puis cessèrent tout à fait. Le courant était
redevenu normal.

A partir de ce moment l'état général s'améliora sensiblement ; M. l'abbé R. put reprendre ses occupations
et ses leçons qu'il avait complètement suspendues. Je
le rencontre quelquefois sur nos boulevards, vif, alerte,
bien portant, courant chez ses élèves, et ne s'aidant
même pas d'une canne pour marcher.

Le Magnétisme ne l'a peut-être pas absolument délivré des crises dont il aura toujours plus ou moins à se
plaindre ; mais s'il n'a pu lui refaire une jambe neuve,
il est du moins intervenu bien à temps pour lui éviter
une opération inutile !.. C'est toujours ça ! !.....

Je racontais un jour le cas de l'abbé R. à un habile
praticien de ma connaissance, M. C. M., professeur agré·
gé à la Faculté de Médecine, chirurgien des hôpitaux, et
à ce sujet je lui disais : « Il serait à souhaiter que

l'usage du Magnétisme, ce moyen curatif si utile et
si réconfortant, se généralisât; on pourrait ainsi éviter
certaines opérations douloureuses, où tout au moins y
préparer avec avantage les malheureux pour lesquels
ces opérations seraient reconnues nécessaires. » — « Y
pensez-vous, répartit en riant M. C. M. Eh bien ! que de-
viendrions-nous alors, nous autres chirurgiens, si vous
réussissiez à guérir nos malades ? »

Cette réponse était plutôt une pointe de raillerie à
l'adresse du Magnétisme qu'une objection intéressée ;
car M. C. M... qui est l'homme le plus humain et le
plus charitable que je connaisse, l'un des praticiens les
plus consciencieux de la Faculté, n'a, comme la plupart
de ses confrères, qu'une foi limitée dans la puissance curative des *impositions* et des *passes* ; pour ces
messieurs il n'y a, dans les cas difficiles, qu'un moyen
de trancher *le nœud gordien*, c'est le Bistouri !

Malgré ce scepticisme intransigeant , M. le D^r
C. M... eut cependant recours au Magnétisme dans
une circonstance que je vais conter :

3e OBSERVATION. — *Conséquences d'une opération
inopportune réparées par le Magnétisme.*

Une dame B. était affligée d'une affreuse névralgie
du doigt *annulaire* de la main gauche, névralgie
qu'on eût pu qualifier « *une tempête sous un ongle* » tant
les douleurs continues étaient atroces. Rien ne permettait de diagnostiquer les causes de ce mal mystérieux ; on s'épuisait en conjectures sur son origine et

l'on avait renoncé depuis longtemps à y apporter
aucun soulagement ; le seul palliatif qui amoindrissait
un peu les souffrances au moment des grandes crises,
c'était de tremper le doigt malade dans l'eau aussi
chaude que possible ; c'est d'instinct que M° B. avait
trouvé ce remède.

Sur ces entrefaites, M° B, dont la santé générale
était fortement ébranlée par ces douleurs nerveuses
continuelles, alla suivre un traitement hydrothéra-
phique dans une maison bien connue de Paris ; le
directeur de cette maison, en observant avec soin sa
pensionnaire, crut avoir trouvé le mot de l'énigme si
inutilement cherché jusqu'alors. A son idée, le mal
devait avoir pour point de départ un *Névrôme* placé
sur le trajet du *nerf Cubital* ; par la palpation il
en indiquait la place ; M. le Dr C. M. (le chirurgien dont je parlais tout à l heure) appelé à donner
son avis, hésitait à partager l'opinion de l'hydropathe
son confrère, mais ce dernier fit tant et si bien que la
malade réclama elle-même une opération, qui, lui
affirmait-on, devait sûrement mettre un terme à ses
horribles souffrances. L'opération du *Névrôme* fut
donc résolue ; on prit jour ; le praticien et ses aides
se réunirent ; ils déployèrent leur attirail opératoire, et
l'hydropathe, tout pénétré de l'importance de son diagnostic, apporta même un bocal tout prêt à recevoir le
fameux *Névrôme* aussitôt l'extirpation faite.

On anesthésie la malade, on donne un coup de Bistouri dans le bras à l'endroit indiqué ; mais, ô déception,
de Névrôme, point ! Quelle déconvenue! que faire ?

— Si l'on profitait de la circonstance pour tenter l'*é-longation du Cubital* ? Cette opération pratiquée dans des cas de névroses semblables a parfois réussi. On essaye ; on pratique l'*élongation du nerf*, puis on réveille l'opérée pour savoir si l'on a touché juste ? Hélas ! non, l'horrible douleur est toujours là·plus lancinante et plus aiguë que jamais, affolant la pauvre malade et semblant narguer les opérateurs ; alors ces troubles nerveux ne proviennent donc pas du nerf *Cubital* comme on le supposait ? Ne serait-ce pas plutôt le *Radial* (l'autre nerf du bras) qui serait affecté ! Voyons ?

On endort de nouveau la malheureuse patiente, et l'on pratique l'*élongation du Radial !* Hélas ! sans plus de succès que la première fois ; et après *une heure et demie* de tâtonnements, de cruels essais, qui n'ont pour résultats que d'affaiblir la malade et d'exalter ses souffrances, on se décide enfin à abandonner l'infortunée à son malheureux sort.

Mais l'élongation des nerfs, déjà si douloureusement irrités par la névrose, a produit un état d'exacerbation tel que la malade ne cesse de jeter des cris continus et perçants ; son mal s'est tout à coup compliqué d'une paralysie complète du bras ; elle entre dans des convulsions atroces ; on craint le *Tétanos* : aucun palliatif ne parvient à endormir la souffrance. Le mari de la dame, les médecins, consternés, ne savent plus à quel saint se vouer ; en désespoir de cause, on a recours à un appareil *réfrigérant,* on place le bras malade dans la glace, mais on ne peut cependant l'y laisser à perpétuité, quand on l'en retire, la réaction est pire que le mal. On emploie alors des pulvérisations d'éther et et de chloroforme avec lesquelles on s'efforce de pallier ces recrudescences et d'atténuer le plus possible les hôrribles tortures de la pauvre opérée. La paralysie persiste toujours.

Enfin, tardivement, au bout de quelques jours, l'idée du Magnétisme surgit. L'éminent chirurgien qui n'a pratiqué l'opération qu'à son corps défendant et qui en déplore amèrement les conséquences fâcheuses se souvient d'une de ses proches parentes à laquelle mes *impositions* et mes *passes* ont fait beaucoup de bien ; on m'appelle, et le Magnétisme, au bout de quelques semaines, parvient à adoucir les douleurs, à vaincre la paralysie du bras et à rétablir chez la malade un équilibre relatif.

Mais l'état général est toujours fort critique ; Mme B. est une névrosée à laquelle il faudrait de grands soins, de l'air, du mouvement ; elle ne veut pas quitter son lit et elle s'étiole dans un appartement de Paris.

Je conseille à son mari de faire tout au monde pour changer cet état de choses et pour provoquer une diversion dans ce corps et cet esprit malades ; ce n'est point par des opérations locales comme celles qu'on a si malheureusement tentées qu'on guérira madame B. Son mal n'est pas localisé, il affecte tout l'organisme, le moral lui-même est atteint : c'est une *Névrosée*.

M. B. comprend la situation, et, quelques jours après, Mme B., étant assez forte pour se mettre en route, ils partent tous deux pour la Suisse où ils ont de la famille.

En dehors des cas que nous venons de citer il en
existe où la Médecine tardive ou impuissante ne peut
faire assez rapidement face au danger pressant que
présentent certaines maladies. Dans ces cas fou-
droyants, il est bon qu'on sache dans les familles que
le Magnétisme peut en dehors de la Médecine présenter
une ressource suprême ; c'est à ce titre que nous
donnons les indications suivantes :

4ᵉ Observation. — *Effets puissants du Magnétisme
dans le Croup.*

Le Croup, l'épouvante des mères ! qui ne connaît ce
terrible fléau qui chaque année moissonne tant de
jeunes existences ?

C'est généralement au milieu de la nuit qu'éclate
comme la foudre la cruelle maladie. L'enfant, après
une journée de santé et de joyeux ébats, s'est endormi,
doucement bercé, sous les caresses maternelles ; son
dernier regard a été un sourire auquel a répondu un
baiser de la mère : tout, dans la maison, repose de ce
repos que donnent la douce quiétude du bonheur et
l'espérance ; rien ne semble devoir troubler cette calme
paix du foyer. Et cependant, tout à coup, dans le
silence de la nuit, un cri rauque a retenti jusqu'au
cœur de la mère ; elle a bondi au lit de l'enfant.
Celui-ci, réveillé en sursaut, se débat déjà contre la
suffocation ; sa voix est sifflante et aphone, les yeux se
creusent et s'emplissent de larmes, le nez se pince,
les muscles du cou se raidissent ; de violents spasmes,

partant du fond des entrailles, contractent l'ombilic et provoquent une toux sèche et métallique qui s'achève en un cri semblable à celui du jeune coq.

Avec la prescience que lui donne sa tendresse, la pauvre mère affolée a compris l'imminence du danger : c'est le Croup ! cet ennemi dont elle a si souvent entendu parler et qu'instinctivement elle redoutait ! Le voilà donc, hélas ! cet affreux mal qui ravit les petits enfants à l'amour de leur mère !... Que faire ?

La maison tout à l'heure si paisible s'émeut ; on va, on vient, les domestiques accourent.

— Vite un médecin !...

Le médecin à cette heure de la nuit viendra-t-il ? Où le trouver ? Il faut aller le chercher, le décider à venir !

A la ville, les portes sont closes, les gens dorment profondément ; le médecin qu'on fait demander est au chevet d'un autre malade !

A la campagne, comme les distances sont longues ! Que de causes de retard !!...

Et, cependant, le temps fuit, les instants sont comptés, la maladie poursuit son œuvre, les spasmes redoublent, la toux devient sourde ; une sorte de bruit caractéristique, semblable au va-et-vient de la scie qui mord la pierre, se fait dans le larynx ; le pauvre petit, la tête rejetée violemment en arrière, les muscles contractés, la bouche ouverte, les narines dilatées, cherche en vain le souffle qui lui manque ; il râle sous les baisers de sa mère qui, au milieu de ses sanglots, jette vers le ciel un appel déchirant et désespéré !

Enfin, voilà le médecin !

Tout l'espoir de la mère s'est concentré en lui. Le médecin, c'est l'homme de science qui connaît la maladie ; c'est le sauveur qui apporte le remède !

— Docteur, sauvez-le !...

Désillusion, hélas ! L'homme de l'art, insuffisamment armé contre le mal, n'apporte pas toujours ce qu'on attend de lui. Appelé, il vient avec toutes les incertitudes, avec tous les errements d'une science incomplète, qui nous a dévoilé fort peu de chose encore des lois de la vie.

Qu'est-ce donc, en effet, que cette mystérieuse puissance qui, dans l'équilibre normal, préside au développement régulier de notre être et au fonctionnement de nos organes, mais qui, une fois dévoyée de sa route, enfante ces prodigieux phénomènes de désassimilation qui foudroient notre organisme en quelques instants ?

La science ne le dit pas !

Chez l'enfant, où cette force est dans toute l'activité du travail d'édification, ces sortes de déraillements de la Nature sont plus marqués encore que chez l'adulte ; dans cette première phase de la croissance, l'équilibre vital ressemble à ces aiguilles folles que le moindre souffle fait dévier d'un pôle à l'autre ; il flotte, instable sur son centre ; un rien le trouble, un rien le rétablit ; de là ces fièvres violentes, ces convulsions du jeune âge qui se développent instantanément et se conjurent de même.

Le Croup présente l'exemple d'un de ces singuliers phénomènes de *déviation* vitale.

L'évolution de la maladie est si rapide, la fièvre si

intense, que mille complications imprévues peuvent
surgir : le sang se décompose ; des végétations nombreuses, spontanées envahissent les muqueuses ; c'est
un ébranlement général de la vie dans lequel hémorrhagies, paralysies, gangrènes, érysipèles, tout est à
craindre.

En présence d'un de ces mystérieux mouvements
de la Nature que la science est si impuissante à expliquer, appliquera-t-on les remèdes usités en pareil
cas, c'est-à-dire les *vomitifs* et les *caustiques* ? Devra-
t-on recourir à cette cruelle opération qu'on appelle la
trachéotomie et qui constitue à faire un trou au cou
de l'enfant ?

Je connais bon nombre de praticiens qui condamnent
l'emploi de ces moyens violents.

Ils objectent avec raison qu'il est au moins imprudent, sinon dangereux, d'ajouter à la flamme dévorante
de la fièvre le feu d'un corrosif qui dessèche et brûle la
muqueuse, et aux contractions anormales du diaphragme, déjà si funestes, le spasme de l'*émétique*.

Quant à la trachéotomie, ils pensent qu'un problème
vital de cette importance ne peut être tranché par le
couteau, et que c'est là un pis-aller et non une solution.

En ces premiers instants, où les principes morbides
se développent avec une rapidité si effrayante, il faut
en effet courir au plus pressé, et bien se garder de faire
souffrir l'enfant ou l'affaiblir. Avant tout, il faut soutenir ses forces, détendre ses muscles contractés, régulariser les mouvements désordonnés du diaphragme,
armer la réaction vitale de toute l'énergie qui lui est

indispensable pour rétablir l'équilibre si profondément troublé ; en un mot faire appel à toutes les puissances de la vie qui, mises en jeu, sont seules capables de triompher de l'assaut qui leur est donné.

Mais comment s'y prendre pour atteindre ce but? Comment peut-on agir sur les sources mêmes de la vie?...

Pour faire appel aux puissances vitales et les armer contre le mal, il suffit d'*aimer*, de *vouloir* et de *persévérer* !

Qui peut avoir plus d'amour, d'énergie et de persévérance qu'un père ou qu'une mère quand il s'agit pour eux de la vie de leur enfant?

Lors donc que viendra la maladie, au lieu de vous perdre en pleurs et en lamentations inutiles, armez-vous de courage, élevez votre âme, concentrez l'énergie de votre volonté dans la pensée de sauver le petit être qui se débat sous vos yeux. Par votre souffle, par l'*imposition* de vos mains, par le rayonnement de vous-mêmes, vous pouvez lui rendre la vie.

Et ce n'est pas là un vain mot, une simple image ; cette puissance de guérir, vous l'avez bien réellement et *matériellement* en vous ; croyez-moi donc et sachez en user !

Commencez par dégager la gorge en promenant lentement *vos doigts en pointe* depuis le derrière des oreilles jusqu'aux épaules en suivant le trajet des jugulaires.

Faites des *insufflations chaudes* sur le cou, derrière les oreilles et sur la nuque. Doublez l'effet de ces insufflations, déjà si puissantes par elles-mêmes (ainsi que vous le constaterez bientôt par le prompt et mer-

veilleux résultat que vous en obtiendrez), en les pratiquant *à travers des éponges brûlantes, chauffées à la
vapeur d'eau ;* l'adjonction de l'effet purement physique
de la chaleur et les émanations subtiles de l'éponge
brûlante, entraînées par le souffle dans le courant à
travers les pores de la peau, augmentent sensiblement
l'action bienfaisante de l'insufflation naturelle.

Avec quelle joie, alors, vous verrez, sous vos doigts
et sous votre souffle, renaître la souplesse et la vie
dans toutes ces parties tout à l'heure contractées et
raidies ! De sifflante qu'elle était, la respiration devien-
dra facile et régulière, l'anxiété cessera et tous les
symptômes alarmants s'évanouiront comme par en-
chantement.

Au moment des crises, lorsque la suffocation arrive,
alors que le petit malade se dresse sur son lit et renverse la tête en arrière, prêt à perdre le souffle, imposez
fortement vos mains, l'une sur les reins, l'autre sur
l'ombilic, de façon à agir sur le diaphragme, dont les
contractions anormales augmentent encore le trouble
de la respiration, et bientôt les contractions diaphrag-
matiques cesseront.

Aussitôt que le calme renaît un peu et que le danger
imminent cesse, profitez de l'intervalle des crises pour
charger de votre rayonnement les centres vitaux. Imposez longuement les mains sur la tête et sur l'épigastre ;
faites de *longues passes* lentement de la tête aux pieds ;
en un mot *saturez* l'organisme, pour renforcer la vie
de vos effluves vitales, et pour armer le malade contre
les nouveaux assauts qu'il pourrait avoir à subir. Ne

faiblissez pas un instant; soyez là devant l'ennemi,
attentif et, l'esprit tendu, toutes vos facultés concen-
trées en un seul point, comme le lutteur qui, ayant
enlacé son adversaire, se recueille en un suprême effort
pour tenter de le terrasser.

Gardez-vous d'une ardeur impatiente et irréfléchie :
*toute la puissance bienfaisante et curative est dans la
constance et l'égalité de l'action et dans le calme le plus absolu.* Il faut du reste ménager vos forces, car la lutte peut
être longue, et si vous voulez être assuré du succès, il
ne faut pas quitter l'enfant avant qu'il ne soit tout à fait
hors de danger.

Voilà le secret dévoilé : à la *déviation vitale* foudroyante produite par le Croup il faut opposer une
sorte de *transfusion de la vie* qui appelle instan'anément
la réaction et ramène l'équilibre. Quelque étrange que
vous paraisse ce procédé, n'hésitez pas à l'employer en
attendant les secours du médecin ; usez-en même pour
seconder ses efforts ! Surtout ayez la *foi ;* ne doutez ni du
moyen ni de vous-même ; l'emploi du *souffle* et de l'*imposition* des mains pour guérir n'est pas chose nouvelle :
ces pratiques datent des premiers âges du monde ; et si
je vous les rappelle, si je vous les recommande, c'est que
j'ai eu le bonheur, grâce à elles, de guérir du croup
mon propre enfant, et, dans un cas absolument désespéré, de sauver de la même maladie le fils d'un de
mes amis !...

Que cet exemple vous donne confiance, et, quand
vous serez en présence du danger, rappelez-vous cette
parole de Plaute : *Hoc facere mihi cordi est,* « *j'ai à
cœur d'accomplir cela !* »

5ᵉ Observation. — *Effet puissant des Insufflations à propos de la Mort de M. Jules Ferry.*

Si je m'occupe ici de la mort de cet homme politique, ce n'est pas que j'aie l'intention de faire le panégyrique ou le procès des actes de sa vie : de la politique je n'ai cure, et la seule chose qui me passionne, c'est la philosophie des faits ! Voilà précisément ce que je veux tirer de cette mort, afin de montrer l'inanité des choses en général et l'inanité de la science médicale en particulier.

Voici en quels termes le *Figaro* fait le récit de l'événement : M. Jules Ferry revient du Sénat jeudi soir, à 7 heures 1/4 ; il se met à table et mange comme d'habitude ; puis, se sentant un peu fatigué, il renonce à une soirée à laquelle il était convié et se met au lit vers onze heures, après avoir causé et travaillé tout comme à l'ordinaire. Vers 1 h. 1/2 de la nuit, il est tout à coup en proie à une violente crise cardiaque ; on envoie chercher un médecin, puis deux : ils accourent ; malgré leurs injections d'*Ether*, de *Caféine*, de *Trinitrine*, les souffrances continuent jusqu'au matin avec une intensité extrême ; au lever du jour, un léger adoucissement se produit ; une consultation a lieu, mais les notabilités médicales appelées au secours du malade ne l'empêchent pas de souffrir de violentes oppressions ; c'est à peine s'il peut prononcer quelques mots haletants, hachés par la brièveté du souffle, et la plus grande partie de la journée s'écoule en alternatives cruelles. Lorsque vers le soir, l'anxiété augmentant, on se décide à faire *une piqûre de morphine,* alors, dit le *Figaro,* le malade tombe dans un état comateux, et vers 6 h. 15 il expire presque sans souffrances, assis dans un fauteuil, entouré de tous les siens, littéralement affolés d'un coup du sort si imprévu et si cruel!

Ainsi voilà un homme dont l'existence était précieuse à bien des titres ; car non seulement tout un parti politique escomptait d'avance en lui ses plus chères espérances, mais de nombreux amis, des partisans dévoués, une famille aimante, l'enveloppaient de leur vive et profonde sympathie ! Soudain la maladie vient, cette maladie redoutable, qu'engendrent aussi bien l'amour et la haine, la joie et le chagrin, la *cardio-sclérose,* dont la griffe de fer serre et comprime le cœur ; elle vient frapper le grand homme à son foyer, à l'apogée de son triomphe, au milieu de ses succès politiques et de ses affections ; l'illustre politicien se débat pendant vingt-quatre heures ; son cerveau puissant cherche en vain à mater son cœur blessé; il lutte, dit-on, *avec une énergie farouche,* comme s'il voulait défier le sort qui l'étreint ; et son entourage tout entier — amis, famille, médecins — assiste à cette lutte homérique, inconscient, muet, désarmé, comme foudroyé par la grandeur du désastre.

Personne ne trouve un moyen de favoriser cette tentative de réaction qu'essaie la nature agreste du patient, personne ne vient à son aide ; le seul *viatique* que la science médicale, appelée en toute hâte, lui apporte, c'est une injection *d'Ether,* une piqûre de *Morphine,* c'est-à-dire des anesthésiques, des *poisons vitaux*, qui, achevant de tuer toutes les velléités de *réaction vitale*, plongent définitivement le malade dans cet état comateux, précurseur de la mort, dans lequel il s'éteindra au bout de quelques minutes.

Voilà tout ce que l'amour des siens, tout ce que la science officielle ont pu trouver pour sauver une existence si précieuse : au lieu d'un *élément de vie*, c'est un *élément de mort* qu'on lui apporte !

Et cependant il y avait quelque chose de mieux à faire, quelque chose de très simple, de si simple, que vraiment, quand on le sait, on ne peut s'empêcher d'être profondément navré en songeant que personne de l'entourage — amis, parents, serviteurs ou médecins — n'a eu l'idée de le tenter : *Il suffisait de faire des insufflations chaudes à la base du cœur !*

Ce secours venant du plus humble, du plus ignorant, mais du plus dévoué, l'eût peut-être sauvé !

Je vois d'ici les doctes médecins qui ont assisté l'illustre malade se gausser agréablement de ma naïve affirmation et lever les épaules avec dédain : « Quoi ? un *remède de bonne femme ! Quelque sortilège magnétique !* Allons donc ! ce sont choses peu dignes de la science !... » — Mon Dieu, oui, j'en conviens, *l'Insufflation magnétique* est quelque peu moins *scientifique*, en effet, que votre *Éther*, votre *Caféine*, votre *Morphine*, voire même *la Trinitrine* ; mais elle a sur ces spécifiques de laboratoire l'incontestable avantage, que lui donne la Nature, de faire cesser les spasmes et de dissiper les constrictions en réveillant les fonctions au lieu de les annihiler.

Que nos très illustres Maîtres nous permettent de leur citer un fait récent, bien fait, par son caractère suggestif, pour exercer leur sagacité. Il s'agit précisément de la femme de l'un de leurs confrères. Dans les premiers jours de février, je recevais d'un médecin de mes amis le petit mot suivant : « Ma pauvre femme est *bien* malade, et j'avoue que si vous arrivez, non pas à la guérir, *ce qui me paraît impossible*, mais seulement à la soulager et à lui permettre de vivre, vous accomplirez à mes yeux *la moitié d'un miracle.* »

Cette dame, âgée de 58 ans environ, avait, en effet, depuis plusieurs années, une grave affection du cœur qu'on appelle vulgairement une *angine de poitrine*, et les choses s'étaient si sérieusement compliquées dans les dernières semaines par un état œdémateux de l'abdomen et des jambes, que la respiration, devenue fort difficile, empêchait la malade de s'étendre ; elle passait jour et nuit dans un fauteuil, haletante, anxieuse, toutes ses fonctions troublées, sans sommeil, ne se nourrissant plus, incapable de faire un mouvement et semblant prête à rendre à chaque instant le dernier soupir.

En quelques séances, les insufflations eurent raison de cet état de paroxysme suprême qui menaçait la vie ; un dégagement immédiat se fit ; l'abdomen se détendit, la respiration redevint presque normale ; et, si la malade ne fut pas complètement guérie, on peut tout au moins affirmer que tout danger immédiat fut conjuré : les fonctions régularisées ramenèrent l'appétit et le sommeil, et, ce qui est capital, elle put dormir, et dormir chaque nuit étendue dans son lit ; on peut donc, sans exagérer, dire que la *moitié du miracle* demandé par mon ami le docteur fut accomplie.

Mais ce n'est pas là un fait isolé, comme on pourrait le croire. Cent autre cas, non moins typiques, pourraient être cités ; pour mon compte, j'ai pu bien souvent constater par moi-même le merveilleux effet des insufflations, et j'ai eu la joie de vaincre de *grands* maux par ce *petit* moyen.

Les exemples pullulent dans les *Annales magnétiques*. J'en ai cité deux particulièrement dramatiques dans le *Manuel technique*[1] ; ces deux cas, qui ont pour héros une princesse de Ligne et M. le docteur Desprez, sont historiques, et rien n'est plus émouvant que le récit de ces *quasi-résurrections* opérées par le soufffe.

C'est que le souflle porte avec lui la vie et la retient quand elle menace de s'échapper ; qu'on le sache bien, il n'est pas de plus sûr moyen de réveiller les fonctions endormies, de supprimer toutes les obstructions, de faire cesser tous les spasmes. C'est un moyen à la portée de tous ! En aucun cas il ne peut nuire ? Pourquoi ne pas l'employer ? Est-ce parce que le procédé n'est pas *classique* ?

Ah ! lorsqu'il s'agit de la vie d'un de nos semblables, de la vie d'un être qui nous est cher, et que la Médecine désarmée ne peut répondre à notre affolement et à notre grande douleur en apportant un soulagement à notre cher malade, pourquoi avoir au cœur des scru-

---

[1] *Manuel technique*, N° 138.

pules ou des mépris? Rappelons-nous cette parole al-
truiste du poète : « *Nihil Humani a me alienum puto !
Je ne dois rien ignorer ou méconnaître de ce qui touche
à l'Humanité.* »

Il est inutile de multiplier ces exemples ; on en trou-
vera de nombreux ailleurs.

Ce que nous avons voulu démontrer, c'est que le
Magnétisme réussit parfois à résoudre des questions
physiologiques dans lesquelles la Médecine reste complètement impuissante.

Il serait donc regrettable que, sous le couvert
d'une question de légalité très discutable, on essayât
de proscrire un moyen curatif si simple, ou tout au
moins d'en réduire l'usage, alors que les malades désespérés peuvent en tirer un si grand bienfait. Le devoir strict de tout homme de bien est au contraire
d'en propager et d'en vulgariser l'emploi dans l'intérêt
de l'humanité !

Il serait injuste d'entraver l'élan généreux de ceux
qui se dévouent au soulagement des souffrances de
leurs semblables ; on a beau feindre de s'émouvoir
d'empiétements que la dignité de la science ne peut
tolérer et l'on a beau crier sur tous les tons : « au
Charlatanisme ! » cette intolérance cache un sentiment beaucoup moins avouable ; ce n'est point d'ailleurs par la répression qu'on parviendra à mettre
une digue aux empiétements, quels qu'ils soient ;
l'éviction radicale des abus ne peut se faire que par
la Liberté.

Il faut à la Science la Liberté pour vivre, car, sans

Liberté, il n'y a pas de responsabilité, et sans responsabilité il n'y a pas de Progrès !

« Or, la responsabilité scientifique n'existera pleine-
« ment pour le médecin que le jour où il ne comptera
« plus sur le Ministère public pour la répression de
« l'exercice illégal.» C'est un des meilleurs praticiens de
la Capitale qui dit cela, et il ajoute avec grande raison :

« La responsabilité n'existera pour le malade et
« ceux qui l'entourent que lorsqu'ils seront éclairés ; et
« ils ne seront éclairés que quand les médecins eux-
« mêmes le seront, c'est-à-dire quand les Facultés
« enseigneront la Science, et non l'Empirisme[1] ! »

---

[1] De l'Empirisme et du Progrès scientifique en Médecine. Paris, J Baillière et fils, 1863.

CHAPITRE X

De l'usage du Magnétisme au point de vue de
la Conscience.

Le Préjugé consistant à ne considérer le Magnétisme que sous
la forme du *Sommeil provoqué* a contribué à faire naître des
scrupules de Conscience. — Le Magnétisme n'a jamais été condamné par l'Eglise et il n'a rien de diabolique, thèse soutenue au
Congrès international de Magnétisme de 1889 par M. l'abbé de
Meissas, docteur en Théologie. — Le Magnétisme dans la Société
et dans les maisons religieuses. — Exemple de scrupules vaincus.
— Guérison de coliques hépatiques.

La vulgarisation des vertus Curatives du Magnétisme n'a pas seulement trouvé un obstacle dans l'indifférence et l'ignorance publiques, dans le *veto* prononcé par les Magistrats et les savants, mais elle en
a trouvé un, très sérieux également, dans les oppositions prudentes du clergé et dans les scrupules de
Conscience des fidèles.

Et là, comme toujours, la faute en est aux expériences publiques de suggestion, de catalepsie, de

léthargie et d'extase, et aux mystérieuses facultés développées chez les sujets mis en état somnambulique.
Si, comme nous l'avons dit, on se fut borné à imposer
simplement les mains sur les malades pour les guérir ;
si, pour exciter la curiosité publique, on ne se fut pas
amusé à provoquer ces effets étranges que peut fournir
le sommeil somnambulique, il est probable qu'il ne
serait venu à la pensée de personne, même à l'esprit
des plus timorés ou des plus rigoristes, que le Magnétisme pouvait avoir quelque chose de diabolique.

Si les prêtres, les évêques, la Cour de Rome, consultés
à différentes reprises sur ce sujet délicat ont répondu
d'une façon quelque peu ambiguë, c'est que embarrassés
par l'aspect spécial sous lequel le Magnétisme leur
était présenté, ils n'ont pas voulu se prononcer sur le
fond qu'ils ne pouvaient connaître et se sont bornés à
condamner les abus signalés.

C'est le *Somnambulisme* et non le *Magnétisme* qui a
été mis en cause ; c'est l'*abus* qui a été proscrit et non
l'*usage*

Ce serait donc un préjugé de croire que le Magnétisme a été condamné par l'Eglise.

Cette importante question a été traitée avec beaucoup
d'indépendance et de clarté au Congrès international
de 1889 par M l'abbé Nicolas de Meissas, premier aumônier au collège Rollin. Ancien chapelain de Sainte-
Geneviève, docteur en Théologie, ancien aumônier de
l'armée en 1870, M. l'abbé de Meissas, dont la conduite
pendant la guerre et la Commune a été au-dessus de
tout éloge, réunit sous sa robe la charité chrétienne du

prêtre, la science du savant et l'énergie vaillante du
soldat. Libéral, éclairé et ardent il marche avec intrépidité depuis des années à l'assaut de tous les préjugés
comme il courait jadis sous les balles ennemies porter
des paroles de consolation à nos malheureux blessés.
Convaincu, par l'expérience et la pratique, de l'efficacité du Magnétisme, et des inappréciables ressources
que peuvent en tirer les malades, il ne cesse par sa
parole et ses écrits d'en proclamer les bienfaits.
En 1889, lors de la création du Congrès international du Magnétisme curatif, tous les suffrages le dési-
gnèrent pour la présidence du Congrès ; mais il dut
décliner cet honneur, et, tout en y participant dans un
rang plus obscur, il n'en fut pas moins l'un des
membres les plus militants et les plus écoutés.

La thèse de M. l'abbé de Meissas comprend deux
parties :

Dans la première il s'attache à établir succinctement
ce que nous pourrions appeler la *jurisprudence* religieuse du Magnétisme.

Prenant pour point de départ l'une des consultations
les plus importantes, celle que l'évêque de Lausanne fit
en 1841 à la cour de Rome, il démontre que la congré-
gation de la *Sacrée Pénitencerie* en répondant : « *Prout
exponitur non licet, telle que la chose est exposée,
elle n'est pas permise* », ne tranche nullement la question de fond mais s'adresse uniquement au tableau
plus ou moins fantaisiste et chimérique qui est fait du
Magnétisme dans ladite consultation.

On n'y représente en effet le Magnétisme qu'au

point de vue du *Somnambulisme*, de la *Double vue*, de la *Lecture sans le secours des yeux* de la *Prévision* et de la *Divination*, et l'on n'y dit rien en somme de cet agent naturel qui, *sans produire le sommeil provoqué*, peut s'appliquer avec avantage au soulagement et à la guérison des malades.

Et la preuve que cette première réponse de la Cour de Rome ne tranche rien que des abus, c'est qu'en 1842 et en 1856 elle revient sur cette question et **vise** de nouveau spécialement les abus qui lui sont signalés : la production du somnambulisme chez un sujet féminin « par des gestes déshonnêtes. » (*Gesticulationibus non semper verecundis.*)

Ces défenses n'infirment donc en rien les vertus curatives du Magnétisme, elles n'en prohibent pas l'usage, elles déclarent simplement que tout ce qui dans cet usage peut blesser la Morale doit en être écarté. Or, les Magnétiseurs ont été les premiers à mettre les adeptes du Magnétisme en garde contre les écueils qui peuvent, non seulement se rencontrer dans la pratique du Magnétisme, mais dans tout rapprochement de société entre personnes des deux sexes.

Deleuze, Aubin Gauthier consacrent des chapitres entiers dans leurs ouvrages à ce sujet délicat ; ce dernier propose même un serment qu'il voudrait **voir** prêter par les magnétiseurs comme Hippocrate lui-même en imposait un aux médecins. En voici les termes :

« Je jure de m'occuper exclusivement de la **santé**
« des malades qui se remettront entre mes mains ; **de**

« seconder chez eux la Nature, sans la contrarier jamais,
« de les défendre contre toutes actions imprudentes ou
« nuisibles

« Je ne mettrai jamais les somnambules en spectacle ;
« je ne ferai sur eux aucune expérience contraire à
« leur guérison.

« Partout où je serai appelé, je respecterai les femmes
« et les filles. je ne les séduirai ni ne tenterai de les
« séduire »

Les magnétiseurs en insistant sur la pureté des
mœurs et sur l honnêteté prudente qui sont en effet les
qualités essentielles de tout praticien, sont donc en parfait accord avec le *non licet* de l'Eglise qui ne vise en
somme que les manœuvres excentriques ou immorales.

Dans la deuxième partie de sa thèse M. l'abbé de
Meissas réfute ce raisonnement tenu par un certain
nombre de catholiques et même par quelques membres
du clergé qui, ne connaissant le Magnétisme que par
ouï dire, en jugent les phénomènes inexplicables :
« Ces phénomènes, disent-ils, ne peuvent avoir leur
cause dans les facultés de l'homme, il faut donc chercher cette cause au-dehors. Ils ne peuvent venir de
Dieu, donc ils viennent du diable ! »

M. l'abbé de Meissas s'attache à démontrer (pour
ceux que les facultés de *l'ue à distance* et de *Prévision*
effraient) que, malgré les différences apparentes qui
existent entre ces singuliers phénomènes et nos modes
de perception habituels, ces phénomènes n'ont rien de
surnaturel : en dehors des cinq sens classiques, il
existe un tout autre ordre de perceptions ; les nou-

velles du monde extérieur nous arrivent par d'autres voies que les Sens, etc., et à ce propos il cite comme exemple, les actions étonnantes des insectes et des oiseaux actions nécessaires à la conservation de l'espèce, mais parfois tout à fait étrangères aux besoins de l'individu. Il donne des exemples de Prévision et de Vue à distance et par des faits prouve que l'âme possède une faculté de *Prévision* comme elle possède une faculté de *Souvenir*

Quant aux consciences timorées il les rassure contre tout ce qui a été dit et fait en ces derniers temps au sujet des *suggestions hypnotiques*

« Les hypnotistes, dit-il, ont troublé la conscience publique en affirmant que le Libre-arbitre disparait chez le sujet soumis à leur action au point que le plus honnête homme, à échéance plus ou moins lointaine fixée par eux. commettrait le crime le plus épouvantable s'ils le lui ont suggéré.

« Les hypnotistes ont mal observé heureusement ; mais s'il était définitivement prouvé que par leurs procédés on arrive à la suppression du Libre-arbitre, ce serait là une preuve de plus à ajouter à tant d'autres, que cette *contrefaçon du Magnétisme* est aussi malfaisante que celui-ci est bienfaisant ; car jamais le somnambulisme survenu au cours d'un traitement magnétique n'a entraîné ni affaiblissement de la raison, ni obscurcissement de la conscience, ni ombre de suppression de la liberté morale. Tous ceux qui ont été à même d'observer ce merveilleux état savent que le contraire a plutôt lieu, et qu'il amène plutôt un épanouissement remarquable des facultés de l'âme. »

Enfin, M. l'abbé de Meissas termine son remarquable plaidoyer en faveur du Magnétisme par cette éloquente péroraison :

« Loin d'être *diabolique*, le Magnétisme doit-être
« considéré comme l'un des plus magnifiques dons que
« Dieu ait fait à l'humanité ! Notre devoir, à nous qui
« voyons cela clairement, nous qui savons ce que chaque
« progrès de notre sainte cause peut représenter de
« larmes et de douleurs en moins, c'est de répandre au-
« tour de nous la lumière que nous possédons ! Si
« nous nous heurtons chez quelques-uns à un état d'es-
« prit absolument réfractaire, si ceux-là, quand ils
« souffrent ou quand ils sont malades, tiennent, par peur
« du diable ou par routine, à se priver eux-mêmes des
« bienfaits du Magnétisme curatif, ce n'est que grand
« dommage pour eux Mais quand ces mêmes hommes
« cherchent à peser du poids de leur influence sur les
« autres pour les priver eux aussi du soulagement
« qu'une main amie, mue par la charité, pourrait ap-
« porter à leur maux, *alors ce n'est plus seulement grand*
« *dommage : j'estime, moi, que c'est un grand crime !* »

Quant à moi, depuis que je m'occupe de Magnétisme je n'ai eu qu'à me louer de mes relations avec les personnes touchant de près ou de loin au Clergé, relations que le hasard a fait naître.

J'ai soigné plusieurs ecclésiastiques; entre autres le R. P. L* des Dominicains qui a remporté dernièrement en Suède de grands succès oratoires ; et partout ma pratique et mes théories ont été accueillies avec autant d'intérêt que de curiosité. Dans une communauté des environs de Paris où l'on recueille les jeunes enfants et les vieillards de nationalité polonaise, les sœurs sachant que je m'étais installé pour quelques semaines dans leur voisinage, vinrent réclamer mes soins pour une de leurs pensionnaires qui avait dans la tête d'affreuses névralgies qu'on ne pouvait parvenir à maitriser. Comme le médecin de cette maison était un de mes amis, et qu'il fut le premier à m'engager à tenter un essai sur cette jeune enfant, je me rendis avec empressement au désir des bonnes sœurs. Cette malade se trouva précisément être un sujet doué d'une grande sensibilité magnétique.

La supérieure, femme d'un esprit élevé et d'un grand cœur, surprise de la simplicité de mes procédés et de leur rapide efficacité, s'éprit grandement de ma méthode et des explications que je me faisais un plaisir de lui donner. Chaque matin je me rendais chez les sœurs et joignant la théorie à la pratique je leur faisais pendant une heure un véritable cours de Magnétisme ; en dehors des occupations courantes de la maison, jeunes et vieilles s'empressaient à mes leçons ; toute la communauté voulut y passer ; quelques sœurs vinrent même de la maison mère de Paris ; je m'attachai surtout à démontrer aux jeunes sœurs tout le parti qu'elles pouvaient tirer de leur vigueur et de leur santé, par ce moyen curatif, dans les soins qu'elles ont journellement à donner à leurs jeunes enfants et à leurs vieillards. Je ne sais si j'ai réussi à faire parmi elles des prosélytes et si après mon départ les bonnes sœurs ont imposé les mains sur leurs malades ; je l'espère, en tout cas je n'ai rien négligé pendant deux mois pour porter la conviction dans le cœur de ces saintes femmes.

Dans la société, il m'est arrivé parfois de rencontrer certaines hésitations et certains scrupules de Conscience qui éloignaient manifestement du Magnétisme ; sans lui attribuer précisément un caractère diabolique, ces personnes ne le jugeaient cependant pas conforme à l'esprit de l Eglise ; toutes les fois que l'occasion m'a tant soit peu servi, je suis promptement venu à bout de ces répugnances et il m'a été facile de ramener ces esprits timorés à une plus juste appréciation des choses ; un fait, dans toute sa simplicité et sa lumineuse logique, suffisait la plupart du temps à vaincre tous les scrupules et à lever tous les doutes.

Voici par exemple ce qui m'arriva avec un de mes bons vieux camarades d'enfance dont la femme avait des principes religieux très arrêtés :

Guérison de coliques hépatiques.

C'était au commencement de l'hiver 1876 Le hasard me fit retrouver à Paris un de mes camarades d'école, Léon de L* qui était alors officier supérieur de cavalerie, détaché au ministère de la guerre.

Nous ne nous étions pas vus depuis plusieurs années ; je le trouvai très changé et je lui en fis la remarque. Il me dit que sa santé s'était, en effet, profondément altérée depuis deux ans environ, sans cause apparente. Il avait consulté plusieurs médecins, qui, tous, (chose rare !) avaient été d'accord sur la nature du mal dont il était atteint, et l'avaient soigné pour une *gastralgie*. Mais les traitements qu'on lui avait fait subir, loin de le guérir, avaient laissé le mal se développer d'une façon désespérante. Les accès, d'abord assez éloignés, étaient devenus de plus en plus fréquents et depuis quelques mois leur périodicité et leur violence étaient telles qu'ils ne lui laissaient plus un seul instant de calme.

En principe toute question de médecine m'intéresse. Dans le cas présent, mon attention fut surtout éveillée par l'affection toute particulière que je porte à mon vieil ami. Je lui fis mille questions sur ses souffrances ; je lui parlai des expériences que je faisais jour-nellement sur le Magnétisme, et je me mis à son entière disposition dans le cas où les médecins ne réussiraient pas à le guérir.

Léon de L., comme tant d'autres, n'avait aucune raison sérieuse pour croire au Magnétisme ; il pensa que je m'illusionnais sur l'efficacité d'un agent si dis-cuté par les gens de science et si souvent exploité par les charlatans, et il ne vit dans mes paroles que l'ex-pression toute naturelle du sentiment d'affectueuse ca-maraderie qui nous liait depuis de longues années et qui me poussait à compatir à ses maux. Il me remercia de mes offres de service en m'affirmant qu'il venait de commencer un nouveau traitement dont il espérait les meilleurs résultats.

Habitant tous deux la même ville, nous nous revîmes assez fréquemment ; l'état de Léon de L., loin de s'améliorer, ne faisait qu'empirer ; régulièrement, toutes les semaines (le vendredi ou le samedi) se déclarait une crise qui le clouait pour trois jours au lit. Ces crises débutaient invariablement par une vive douleur à l'épigastre, qui gagnant l'hypocondre droit allait s'irradier à l'abdomen et au dos sous l'omoplate : la douleur excessive était accompagnée d'angoisses et de sueurs froides ; le caractère passait successivement par toutes les alternatives, depuis la violence du désespoir jusqu'à l'affaissement le plus profond.

Entre chaque accès, dont le retour avait la désolante régularité des fièvres intermittentes, le malade ne jouissait d'aucune espèce de calme, car les angoisses et les appréhensions de l'attaque prochaine hantaient douloureusement son cerveau. Ces symptômes me parurent être la caractéristique d'un mauvais fonctionnement du foie plutôt que d'une gastralgie ; d'autant que Léon de L. avait eu quelques ennuis et des déboires relativement à son avancement. Je lui fis part de mon diagnostic et je l'engageai de nouveau très vivement à avoir recours au Magnétisme. Mais Léon de L., malgré la sincère amitié qu'il avait pour moi, malgré aussi le vif désir qu'il avait de guérir, était imbu des préjugés de la société au milieu de laquelle il vivait ; il était au sujet du Magnétisme d'une incrédulité profonde ; d'un autre côté, on était très pointilleux et très pratiquant dans son entourage ; sa femme, dont la dévotion était grande, et qui voyait dans le Magnétisme une pratique dangereuse défendue par l'Eglise, ne contribuait pas peu à l'éloigner d'un moyen dans lequel il n'avait déjà qu'une médiocre confiance.

Lorsque je lui soutins qu'il avait le foie malade et
non pas l'estomac, il se moqua de ma prétention à
mieux lire dans son état que les nombreux médecins
qui s'étaient déjà prononcés sur son cas. Je n'insistai
pas !

Un soir, en rentrant chez moi vers six heures, je
trouvai un petit mot de madame de L. me priant d'une
façon pressante de venir voir mon pauvre ami ter-
rassé par une crise plus violente que les autres. Je
partis immédiatement et je le trouvai au lit plus
souffrant que jamais. Désespéré, découragé, n'ayant
plus confiance en aucune médication il se rendait à
merci et se remettait entre mes mains : « Magnétise-moi
donc, me dit il dès qu'il me vit, puisque tu prétends
que ça peut me faire du bien ; mais je t'assure que je
n'ai plus de courage, et je commence à croire qu'il
n'y a pas de remède pour mon mal ! »

Je le rassurai de mon mieux et me mis à le magnétiser séance tenante. Convaincu (comme je le lui avais
affirmé) que tout provenait d'une mauvaise fonction
du foie, je portai mon action sur l'hypocondre
droit et je massai ensuite légèrement le côté depuis les
côtes jusqu'à l'aine.

Le lendemain quand je revins, mon ami, de son air
le plus désolé, m'apprit que son mal paraissait prendre
une tournure fort inquiétante : depuis la veille *il uri-
nait du sang !*

Je me fis présenter les urines et je constatai que ce
que mon ami prenait pour du sang était tout simplement une coloration en rouge foncé des urines due à

la bile concrète dont la magnétisation de la veille avait déjà dégagé les canaux hépatiques engorgés.

Ce fait confirmait amplement mon diagnostic, et mon malade se rendit bientôt à l'évidence, car deux jours après, à la suite de nouvelles magnétisations, non seulement la coloration des urines continua, mais la peau devint jaune comme dans la jaunisse. Seulement cette coloration de la peau, au lieu de débuter à la face, vers les conjonctives, les ailes du nez et le tour de la bouche, comme dans l'ictère ordinaire, ne se manifesta que dans la partie inférieure du corps, depuis la ceinture jusqu'aux pieds, c'est-à dire dans la partie du corps que j'avais tout particulièrement actionnée par mes passes et le massage.

Je continuai les magnétisations pendant une quinzaine de jours, et je délivrai ainsi complètement mon incrédule ami de ses affreuses crises de coliques hépatiques. Pendant longtemps encore, il éprouva de vagues appréhensions, redoutant toujours le retour de son mal dont il ne pouvait se croire si facilement délivré, mais ce cauchemar le quitta enfin, et cette heureuse cure en fit un chaud adepte du Magnétisme. Quand à Madame de L., ses scrupules aussi ont disparu, et elle est entièrement rassurée aujourd'hui sur le côté diabolique du Magnétisme, surtout depuis qu'un Révérend Père, son directeur, lui a positivement affirmé que l'œuvre qui a pour but le soulagement des maux de ceux qui souffrent, ne peut être l'œuvre du démon !

DEUXIÈME PARTIE

—

LOI DES PHÉNOMÈNES

—

CHAPITRE I

—

L'étude du Magnétisme mène en Thérapeutique à une Synthèse.

Objet de la Médecine ; son Problème fondamental. — Le premier Principe de toute Thérapeutique doit-être celui-ci : « *La Nature guérit* » — Physiologie, Pathologie, Thérapeutique. — Classement des maladies : Nosologies *organique, etiologique, et symptomatique*, — Il n'existe pas actuellement de Thérapeutique : opinion des Maîtres à ce sujet. — Coup d'œil rétrospectif sur l'histoire des Doctrines médicales.—Nécessité d'une SYNTHÈSE. — Recherche de la Loi qui engendre les Phénomènes et règle les fonctions de la vie. — Cette Loi est implicitement contenue dans les principes formulés par Mesmer.

L'objet de la Médecine peut se définir ainsi : la *conservation* et le *rétablissement* de la santé. De là deux divisions primordiales : *Hygiène* et *Thérapeutique*.

Le Problème fondamental de la Médecine, dans sa dualité, se pose donc de la manière suivante : que faut-il faire pour maintenir l'équilibre de la santé ? que faut-il faire pour rétablir cet équilibre quand il est détruit ?

C'est de la deuxième partie de la proposition, ou de la Thérapeutique, dont nous avons à nous occuper ici.

Hippocrate, le père de la Médecine, a dit : « *Natura medicatrix, quæ ducere oportet, quo maxime vergunt, eo ducenda per loca convenientia.* » *La Nature guérit, mais à la condition que ses effets soient soutenus, secondés, dirigés convenablement !*

Pour le Maître, le premier Principe de la Thérapeutique est celui-ci : *Natura medicatrix (la Nature guérit)* ; mais, formulé en ces termes absolus, un tel principe eût été la négation de la Médecine. C'est pourquoi il ajoute : *Il faut soutenir, seconder, diriger ses efforts.*

Donc, toute la science médicale réside dans la recherche des moyens qui peuvent soutenir, seconder, diriger les efforts de la Nature, le seul et unique agent de la guérison.

Mais, pour connaître ces moyens, il eût été indispensable, avant toutes choses, de savoir en quoi consiste l'équilibre vital, c'est à dire la *Santé,* et les déviations de cet équilibre, c'est à dire la *Maladie.* Il eût donc fallu créer une *Physiologie* ou science de l'homme en santé, puis une *Pathologie* ou science de l'homme malade, et enfin une *Thérapeutique* ou l'art de soigner les maladies.

Eh bien ! c'est regrettable à dire, mais après deux

mille ans d'efforts nous sommes à peu près aussi avancés que le premier jour, que dis-je, nous le sommes moins ; car de l'enchevêtrement inextricable de toutes les doctrines auxquelles les recherches ont donné naissance est née une confusion telle, que le sujet, loin de s'éclairer, n'a fait que s'obscurcir. A proprement parler, de l'aveu même des médecins les plus distingués, nous n'avons à l'heure actuelle ni *Physiologie*, ni *Pathologie*, ni *Thérapeutique*. Le *Diagnostic*, sans lequel il ne peut y avoir ni *Pronostic* sûr ni *Thérapeutique* certaine, n'existe pas. On a en vain essayé de dépeindre les maladies dans leur origine, leurs causes, leur marche et leurs conséquences ; on a en vain cherché pour ces déviations de la santé un classement méthodique et rationnel.

Les uns ont proposé une méthode de classement basée sur l'*Anatomie* ; mais bon nombre de maladies, les névroses notamment, n'ont aucun siège déterminé et ne laissent trace d'aucune lésion matérielle après la mort. D'autres, imitant en cela les naturalistes et les botanistes, ont cru pouvoir ranger les maladies en *classes genres* et *espèces* comme les animaux et les plantes ; mais cette méthode, dite *nosologique* ou *philosophique*, présente le grave inconvénient de faire des rapprochements forcés en réunissant dans un même groupe des affections fort dissemblables. Cette classification ne donne en outre aucune raison des causes qui restent toujours aussi vagues, aussi obscures et, disons-le, aussi inconnues.

Sur quelles bases en effet pourrait-on établir un ordre

rationnel ? Est-ce sur les *désordres organiques* dont nous signalions tout à 1 heure l'inconstance ? ou sur les *troubles fonctionnels* ? ou bien encore sur les *symptômes*, ces apparences si diversement variables dont la nomenclature est commune à tant de maladies dissemblables ?

Chaque jour de profonds désaccords surgissent entre les partisans de la méthode *nosologique* pour déterminer nettement les caractères qui distinguent les *classes*, les *genres* et les *espèces* morbides. En fait, une nosologie ne peut être ni exclusivement *organique* ni exclusivement *étiologique* ni exclusivement *symptomatique* : on l'a si bien reconnu qu'en désespoir de cause on a failli un instant trancher une bonne fois la question en s'en tenant tout simplement au *classement alphabétique*.

« Les cadres nosologiques, dit Bayle, sont des moyens artificiels employés pour suppléer à la faiblesse de notre intelligence ; on peut ajouter, dit Béclard qu'ils répondent à *l'insuffisance notoire de nos connaissances*. »

« En réalité, dit avec raison le D' Hecker, nous n'avons pas encore de Physiologie, nous ne savons pas ce que c'est que la Maladie, nous ignorons comment agissent les remèdes et comment guérissent les malades !

Les plus éminents professeurs, les praticiens les plus émérites n'hésitent donc pas à avouer qu'en Médecine « il y a absence complète de doctrines scientifiques, absence de principes dans l'application de l'art ». Et cette profession de foi, qui peut paraître au moins étrange dans la bouche de ces savants, qu'une longue expérience a dû éclairer, est en quelque sorte un cri de désespoir et de découragement arraché à leur loyauté par la plus triste des réalités.

A quoi tient cet état de choses ?

Les vrais philosophes nous le disent : « La science « pèche par le défaut de notions précises sur son objet, « par l'usage de méthodes défectueuses, par le mirage « trompeur d'hypothèses qui fait perdre de vue les « manifestations de la Nature. » (H. GIRARD).

« L'accumulation des faits nous écrase ; nous étouf- « fons sous leur poids. Nous ne pouvons plus nous « guider à travers ces régions où s'agite l'immense « multitude des phénomènes ; les faits luttent contre « les faits ; nous ne rencontrons leur accord nulle part ; « l'expérience du jour dément l'expérience de la veille, « et dans cette obscure mêlée les esprits sont envahis « par un incurable scepticisme. » (Dr CHAUFFARD).

« Perdue dans les décombres de l'organisation « qu'elle avait pour but de faire connaître, la science a « lâché la proie pour l'ombre. Égarée dans les détails. « de la composition des tissus et de leurs principes mé- « diats et immédiats, de la structure de leurs éléments « anatomiques, de la conformation et du mécanisme « des organes, des propriétés organiques et de l'histoire « naturelle des fonctions, elle a trop négligé l'étude « de l'ensemble, *les lois générales* de l'Etre organisé. « Sans guide, au milieu des innombrables documents « amassés par la patience des observateurs et incapable « de les grouper méthodiquement, elle marche à l'aven- « ture au travers de ses connaissances acquises. La « bonne route semble perdue pour elle !» (Dr BOUCHUT).

Et voilà pourquoi, comme le disait déjà de son
temps Van Helmont, « la Médecine n'avance pas et
tourne sur son axe ! »

Voilà pourquoi l'histoire des Doctrines médicales,
nous montrant la Médecine esclave des fluctuations
de la Mode, obéissant à la spéculation la plus arbitraire, édifiant systèmes sur systèmes, reflète toutes les
fantaisies et les excentricités du cerveau humain.

Dans le principe, fille de l'ignorance primitive,
prenant pour guide le bon sens, la Médecine n'admit
d'abord qu'un guérisseur, « la Nature ! » Ce fut l'*âge
d'or* des malades ; on n'en faisait pas alors des patients. Mais cette médecine d'*expectation* fut de courte
durée ; on attribua bientôt les maladies à des causes
imaginaires, et une multitude de systèmes naquirent
du trouble des idées ; ce furent : l'*Empirisme* de Pythagore, d'Empédocle et d'Hippocrate, le *Dogmatisme*
de Platon et d'Aristote, le *Stoïcisme* de Zénon, puis
le *Pneumatisme* et le *Méthodisme* avec les théories d'As-
clépiade de Thémison et de Celse, auxquelles succède
le *Système humoral* de Galien. Le chiffre 4 semble être
le nombre cabalistique de la doctrine ; on admet quatre
éléments : le *feu*, l'*air*, la *terre* et l'*eau* ; quatre qualités :
le *chaud*, le *froid*, le *sec* et l'*humide* ; quatre humeurs
cardinales : le *sang*, la *bile*, la *pituite* et la *mélancolie*.

On peut dire que ce fut l'*âge de fer* des malades :
pendant plus de quatorze siècles qu'il dura, on les mit
littéralement à la torture en les soumettant à ces diètes
absolues qu'on appelait les *cures à la faim* et aux
terribles épreuves de la *Recorporatio* ou *Métasyncrise*

par lesquelles on avait la prétention de remettre l'organisme complètement à neuf.

Le système humoral, qui de tous les systèmes est certainement le plus illogique au point de vue théorique et le plus cruel dans l'application, fut (c'est triste à dire) celui qui résista le mieux aux caprices du temps, et, malgré les nombreuses luttes qu'il eut à soutenir, les discussions qu'il souleva, on le vit persister et reparaître à toutes les époques : l'*évacuation* et la *coction* des humeurs se rencontrent au fond de toutes les méthodes : c'est la Médecine de M. *Purgon*.

Un instant, la découverte de la Circulation tourne les esprits vers de nouvelles spéculations. Le mécanisme du cours du sang, l'étude de la structure du cœur et de ses vaisseaux, fixent l'attention des hommes de l'art. Le cœur apparaît comme le centre de l'action vitale ; on rapporte tout à lui et au sang qu'il est chargé de répartir dans l'organisme ; les maladies sont attribuées à la force ou à la faiblesse de cet organe, et les théories médicales se basent exclusivement sur la *Mécanique* et l'*Hydraulique*.

Mais la découverte de la Chimie vient faire diversion, en faisant naître le *Chimisme* ; dans ce nouveau système il n'est plus question que d'*ébullitions*, de *fermentations*, de *dépurations* ; c'est la Médecine de Le Boé et de Paracelse.

Le Chimisme cède bientôt le pas à l'*Animisme* ; ce ne sont plus ni la Mécanique, ni la Chimie qui président aux fonction de la vie, c'est l'âme. L'âme devient exclusivement le régulateur du corps ; mais comme les théories religieuses proclamaient l'âme indépendante des organes, on inventa une âme matérielle, l'*Archée* et ses subalternes.

Les méthodes de van Helmont, Boerhaave, Stahl se succèdent.

Puis, après l'Animisme, le *Solidisme* d'Haller ; après le Solidisme, le *Dynamisme,* mais un dynamisme matériel où tout réside en un excès ou un défaut de force qu'on combat par les *débilitants* ou les *fortifiants* : c'est la Médecine d'Hoffmann, de Cullen et de Brown.

La Botanique, si peu connue jusqu'alors, devient une science qui donne l'idée des classifications ; on assimile à cette méthode l'art de guérir, et on se met à classer les maladies comme les minéraux, les plantes et les animaux, au moyen de caractères constants : c'est le *Nosologisme* de Sauvages.

Soudain, le vent tourne aux premières données de la science ; on revient à Hippocrate et à Galien, et, sans doute en souvenir des quatre humeurs cardinales, on invente les quatre éléments, le *bilieux*, le *muqueux*, le *nerveux* et l'*inflammatoire*. On combat le bilieux par les *vomitifs*, le muqueux par les *purgatifs*, le nerveux par les *antispasmodiques*, l'inflammatoire par les *saignées ;* on ressuscite la *Recorporatio* ou *Métasyncrise* en saignant *à blanc.*

La Médecine a donné son premier tour de roue, et l'on se retrouve au premier point de départ : même incertitude, même obscurité, mêmes errements.

Cependant l'Anatomie et la Physiologie ont progressé ; fatigués de toutes ces vaines spéculations qui

maintiennent l'art de guérir dans une situation si désolante, les médecins se tournent vers ces nouvelles
données scientifiques, qui semblent devoir aider à
déchirer le voile qui couvre la vérité ; on fouille le
cadavre avec ardeur, on espère y trouver le secret de la
vie. Tous les faits pathologiques s'expliquent alors par
les altérations cadavériques ; cette nouvelle vue donne
naissance à la secte des *anatomo-pathologistes*.

Ce n'est pas encore là le chemin qui doit mener à la
lumière ; on s'en aperçoit bien vite et l'espoir, un instant
conçu, s'évanouit. L'obscurité scientifique devient plus
profonde ; tout est remis en doute, tout est de nouveau
soumis à l'observation. Chacun tire du passé ce qu'il peut
pour se faire une méthode ; toutes les opinions médicales ont cours. L'indifférence et le découragement s'em-
parent des esprits et les portent vers la Médecine facile
des *eaux thermales* et des *spécifiques pharmaceutiques*.
Voyant qu'on ne réussit pas à guérir, on cherche tout
au moins *à masquer* la maladie par les *anesthésiques*
qui, en *abaissant la tension vitale*, endorment la souffrance.

Cette période, où chacun fouille dans l'amas de
décombres entassé par les siècles, s'appelle la période
de l'*Éclectisme* ou du..... *Scepticisme* !

Voilà où nous en sommes.

Tout esprit soucieux du bien de l'humanité et de la
marche du progrès peut-il ne pas se préoccuper de
l'avenir de la science ?

Où donc est la vérité ? où donc est le progrès ?

Comment la Médecine peut-elle sortir de l'impasse

où elle est ? Comment peut-elle devenir une science vraiment utile et pratique et rendre à l'humanité les services que cette dernière a le droit d'attendre d'elle ?

« C'est, disent les savants écrivains que nous citions
« tout à l'heure, par un retour aux vérités nécessaires ;
« elles seules peuvent constituer en un tout les élé-
« ments dispersés des choses que le travail moderne
« va dissociant de plus en plus. A côté de l'*Analyse*
« continue, il faut placer l'action fortifiante et supé-
« rieure de la *Synthèse* ; il faut que la Synthèse, tou-
« jours présente et active, maintienne le rapproche-
« ment et les rapports naturels des phénomènes, les
« soumette et les fixe, les substantialise en un mot ! »
(Dr CHAUFFARD).

« Si l'observation attentive de la structure et du mé-
« canisme des êtres vivants est indispensable aux
« progrès de la science médicale, la raison qui éclaire
« ces observations. qui les classe et qui en déduit les
« *lois générales*, n'est pas moins nécessaire à la gran-
« deur de l'œuvre scientifique ! » (Dr BOUCHUT.)

« Le premier besoin des temps présents est un
« retour aux vérités synthétiques : Les différentes
« branches de la science cessent de vivre en contact
« journalier, s'isolent de plus en plus, s'ignorent les
« unes les autres, poursuivent séparément leur voie ;
« livrées ainsi à elles-mêmes, en dehors du contact for-
« tifiant des *généralisations supérieures,* elles perdent
« tout sentiment synthétique et se noient dans de fas-
« tidieux détails qui ne fournissent plus de travail
« qu'à la mémoire. » (H. GIRARD.)

Il faut donc revenir à l'unité de plan, qui caractérise la sublime organisation de l'Univers. Il faut rechercher la grande Loi qui engendre tous les phénomènes naturels et règle les fonctions de la vie. Il faut que la science, rompant avec les traditions qui la maintiennent dans l'ornière de la *Matière* et du *Pondérable*, reconnaisse enfin la toute-puissance des *Forces* et de l'*Impondérable*.

Il faut que la Médecine, laissant de côté l'organe dont elle se préoccupe trop, reconnaisse dans l'Être, ce *dynamide* puissant, (son élément primordial) qui préside à toutes les fonctions, apparaît dès la conception, forme, développe, nourrit l'Être, sert de médiateur à son activité corporelle et répare les brèches faites au substratum matériel, à la Forme, par les forces extérieures coalisées.

En un mot, la Médecine ne peut songer à sortir de l'impasse où elle est qu'en adoptant une Physiologie synthétique basée sur une loi de Physique générale et en se mettant résolument pour la Thérapeutique sur le terrain du Dynamisme vital.

Le Magnétisme nous paraît destiné à lui ouvrir cette nouvelle voie. Car le Magnétisme repose sur une admirable Synthèse que Mesmer a formulée en ces termes :

« Il n'y a qu'une *Vie*, qu'une *Santé*, qu'une *Maladie*, qu'un *Remède*. »

Cette proposition du Maître, prise au pied de la lettre, a été trouvée trop absolue ; on s'en est moqué ; on a cru voir là une prétention à présenter le Magnétisme comme une panacée universelle. Cette formule contient cependant, à notre idée, la plus lumineuse des vérités qui puisse éclairer la marche chancelante de la science médicale au milieu des obscurités chaotiques où elle se traîne depuis des siècles ; et c'est ce que nous allons chercher à démontrer en expliquant ce qu'il y avait dans la pensée du Maître quand il a dit :

« Il n'y a qu'une Vie !

« Il n'y a qu'une Santé !

« Il n'y a qu'une Maladie !

« Il n'y a qu'un Remède ! »

CHAPITRE II

Il n'y a qu'une Vie.

Forme et *Mouvement* ou *Matière* et *Force*. — A la conception
objective des choses, il faut joindre une conception *subjective*. —
Nécessité de formuler une hypothèse.— La science moderne manque
de l'idée organisatrice susceptible de relier entre eux les faits
épars. — *Théorie atomique* ; son cachet matérialiste. — Il faut
chercher le principe de vie dans la *Force* et non dans la *Matière*.
— De la Cause des Causes ou de l'Hypothèse des Hypothèses ; Nécessité de placer au seuil de toutes nos conceptions philosophiques
l'*idée d'une Cause Première*. — L'Idée Primordiale Mathématique qui crée les Nombres, nous permet, par analogie de comprendre l'Idée Primordiale universelle qui crée les Mondes. —
Unité Ternaire. — Parallélisme et obliquité. — Le *Multiple* sort
de l'obliquité ou de l'*angulaison*. — Mouvement de la Série. —
L'Infiniment petit et l'Infiniment grand. — L'Univers visible sort
de l'immatérialité d'un principe comme les Nombres sortent de
l'immatérialité du Zéro.— La Série est à la fois *Cause* et *Effet*,
Force et *Substance*. — Etablissement d'une Loi du Mouvement
basée sur l'antériorité de la *Force*, clef de tous les phénomènes,
Une et *Trinitaire* comme le principe abstrait dont elle sort :

Sériation, Limitation, Tonalisation. — Il n'y a qu'une Vie, parce qu'il n'y a qu'une Force et parce qu'il n'y a qu'une Loi qui régit cette Force.

Forme et Mouvement, tels sont les deux aspects sous lesquels nous apparaît la Vie. La Forme nous donne l'idée de la Matière et le Mouvement celle de la Force ; Force et Matière résument donc en deux mots tout ce qui est accessible à nos investigations et c'est là le problème que depuis le commencement des siècles l'esprit humain cherche à résoudre dans sa mystérieuse dualité.

Connaître la Force et la Matière sinon dans leur essence, du moins dans leurs rapports, ce serait connaître le mécanisme universel, ce serait connaître les lois qui régissent les phénomènes ; mais pouvons-nous arriver à cette connaissance? Est-il donné à notre petitesse de concevoir la majestueuse grandeur des Causes ? Le voile qui cache à nos faibles yeux les splendeurs de la Nature peut-il un jour se déchirer ou s'entr'ouvrir pour nous montrer le *pourquoi* des choses ?

Nous n'avons, pour pénétrer ce mystère, que de bien faibles outils, nos Sens ; et encore faut-il que nous nous mettions sans cesse en garde contre eux, les Sens ne nous transmettant que des impressions produites par des apparences, et leurs relations directes avec la Matière ne nous donnant qu'une idée imparfaite de la Force.

Par l'intermédiaire des Sens nous percevons bien les propriétés des corps, leurs caractères et leurs attributs, ainsi que les multiples transformations qu'ils subissent ;

mais, si nous voulons avoir une vue nette des phénomènes, il nous faut absolument dégager nos connaissances du cachet superficiel que nos Sens leur im-
priment. En dehors de la conception *objective* des
choses, il faut donc nécessairement s'en former une
subjective ; il faut, sous peine de. s'égarer dans les
méandres de l'infinie variété des faits que nous donne
l'Analyse, partir d'un point fixe ; il faut avoir un *Plan ;*
et les nombreuses observations que l'expérimentation
nous apporte doivent être reliés par une *Synthèse.*

Partir d'un point fixe, c'est formuler une hypothèse.
L'Hypothèse, dit Bacon, est *l'Idée anticipée* qui nous
précède dans la recherche de la vérité, comme la lumière chargée de dissiper les ténèbres de la route doit
devancer nos pas.

L'histoire de l'Esprit humain nous montre l'homme
à la recherche de la meilleure hypothèse ; la multitude
des systèmes édifiés sur la connaissance des choses nous
prouve que nous n'avons pas encore trouvé la Loi qui
doit servir de point de ralliement à toutes nos conceptions
physiques. en nous montrant que, sous l'apparente diversité qui divise si profondément les phénomènes de la
nature, il existe entre eux une concordance, une dépendance et une analogie si étroites que tout dans l'Univers
vient se fondre en une unité grandiose.

Restés dans le domaine du multiple, qui nous cache
l'unité de plan de la Nature, au lieu de synthétiser nos
perceptions, nous les avons laissées s'éparpiller sur
tous les objets qui nous entourent ; nous avons donné
une cause à chaque phénomène ; et la science, multi-

pliant le nombre des hypothèses, manque encore de l'idée organisatrice qui doit relier entre eux les mille faits épars :

La Mécanique est fondée sur l'hypothèse de la *Gravitation* ; l'Optique, sur celle de l'*Ether* ; la Chimie, adoptant successivement les théories les plus diverses, *Radicaux, Substitutions, Equivalents,* flotte d'une hypothèse à l'autre. La Géologie, pour expliquer les évolutions du sol, lutte encore entre deux hypothèses contradictoires, les théories *Neptunienne* et *Plutonienne.* Les Mathématiques, qui passent cependant pour la plus positive des sciences, ne reposent elles-mêmes que sur des *axiomes* et des *postulats,* dont le nombre et la nature ont plus ou moins varié, et sur la valeur desquels les mathématiciens ne sont pas tous d'accord.

Enfin la Théorie Atomique, base fondamentale de toutes les autres (puisqu'il n'est pas un changement dans l'Univers qui ne soit ramené à un déplacement ou à une combinaison d'atomes), est certainement de toutes la plus discutable. Les partisans de cette hypothèse admettent que les atomes sont de très petites particules solides, de nature immuable, séparées les unes des autres par un Ether aussi hypothétique que ces particules elles-mêmes ; et comme les phénomènes les plus vulgaires de métamorphose , notamment ceux de la Chimie, ne pourraient trouver leur explication dans la supposition d'atomes matériels immobiles, ils ont accordé à chaque atome une somme inhérente de force susceptible de le mouvoir ; ils lui ont donné une âme. Plaisir et déplaisir,

désir et aversion, attraction et répulsion sont donc
des qualités communes à tous les atomes ; doués
de *sensibilité* et de *volonté* (mais de volonté *inconsciente*), ils sont portés à se rapprocher ou à s'éloigner
les uns des autres ; les *affinités électives* dont sont
dotés les atomes, affinités fatales qui les poussent
invinciblement les uns vers les autres, engendrent, par
agrégations plus ou moins sympathiques, d'abord les
molécules, puis les cristaux et les plastides, et enfin
les organismes ; dessinant ainsi hiérarchiquement,
depuis les agglomérations élémentaires jusqu'aux pro-
cessus organiques les plus complexes, le grand tour-
billonnement d'atomes qui constitue l'évolution vitale.

Voilà le monde atomique, tel qu'on nous le présente. C'est en vain qu'en accordant à l'atome matériel
une âme éternelle et immuable comme lui, on a
cru pouvoir concilier la conception atomistique et la
conception dynamique. Si les partisans de l'Atomisme
ont cru se libérer ainsi du reproche de matérialisme,
ils se sont étrangement trompés ; leur conception au
contraire est l'expression du plus pur Matérialisme,
et, comme le dit fort bien Louis Lucas, c'est la théorie
des atomes qui a obscurci l'intelligence des phénomènes de la Nature et qui contribue malheureusement
encore à retarder l'avènement des lois synthétiques
qui reposent sur la Force. De hautes notoriétés scientifiques ont partagé cette opinion. « Si j'en étais le
maître, a déclaré l'illustre Dumas dans ses leçons de
philosophie chimique, j'effacerais de la science le mot
atome parce qu'il va plus loin que l'expérience. »

En dédoublant indéfiniment les particules matérielles, on a cru pouvoir atteindre le mystérieux
berceau de la Matière et saisir ainsi le secret de la
Nature ; mais la Matière par elle-même n'est rien, ce
n'est point l'entité prépondérante que l'on croit ; la
Matière ne peut être aperçue *dans l'objet en soi :* elle
ne peut être jugée et appréciée que par l'intermédiaire
de la Force, seul principe générateur et moteur de
toutes les agrégations et sériations matérielles.

Prendre pour point de départ la vie psychique
élémentaire *inconsciente* de l'atome, c'est baser l'évolution vitale sur le jeu essentiellement automatique
d'un incessant échange entre des particules matérielles ; c'est, en considérant les organismes supérieurs
comme de simples agrégats d'âmes atomiques indé-
pendantes, réduire à néant l'unité de la volonté consciente de ces organismes ; c'est enfin multiplier, sans
besoin, les sources de la vie.

Il n'y a qu'une vie ! il n'y a qu'un principe de vie !
et ce principe de vie, ce n'est pas dans les dernières
particules de la Matière qu'il faut aller le chercher, c'est
dans la Force : UNITÉ, INDESTRUCTIBILITÉ, CONVERTIBI-
LITÉ ET INCESSANCE DE LA FORCE, telle est l'idée qui doit
dominer de toute sa hauteur les phénomènes de la
Nature et qui, seule, peut constituer leur lien d'union ;
en dehors de cette conception, il n'y a rien de logique
à fonder pour les connaissances humaines.

L'atome minuscule qu'on se plaît à nous représenter
comme étant à la fois l'élément constitutif de la
Matière et l'agent actif du Mouvement, ce *mirmidon*

invisible et insaisissable ou ce *géant travesti*, comme on voudra (c'est ainsi que l'appelle Tyndall', ne peut, ni dans sa petitesse réelle ni dans sa grandeur supposée, servir de *substratum* au Monde et lui donner le branle.

Au-dessus de cet atome élémentaire, au-dessus de cette âme individuelle qui l'anime, au-dessus de cet Ether classique dans lequel on le fait s'agiter, il y a la *Cause des Causes*, il y a la Souveraine Puissance Créatrice qui crée *tout ce qui est* : et l'atome et son mouvement et son milieu.

Quelle que soit l'idée qu'on veuille se faire de l'Univers, il faut avant tout admettre l'existence de cette *Cause-Principe* ; on ne peut se dispenser de ce premier point de vue ; on ne peut rien édifier sans cela ; pour bien dire, c'est *l'Hypothèse des hypothèses*, et, en dehors d'elle, aucune autre conception ne peut prendre place.

L'Idée d'une *Cause-Première*, absorbant dans son indivisible unité l'infinie variété des phénomènes, est (nous le savons) écartée de la science comme article de Foi ; mais, si l'on doit admettre avec raison que l'expérience et les Sens sont les seules portes d'entrée de la route qui mène à la connaissance des choses, il ne faut pas oublier non plus que l'Hypothèse, c'est-à-dire la Foi, est la lumière qui éclaire les ténèbres de cette route et que sans cette lumière nous risquerions fort de nous égarer et de ne jamais atteindre le but. Pour nous élever sûrement jusqu'à la conception de *l'Absolu*, il faut donc que nous puissions allier la Science et la Foi, car il n'y a pas plus de vraie Science sans Foi, qu'il ne peut y avoir de vraie Foi sans Science.

Mais comment avec la faiblesse de nos perceptions humaines aborder cette grande Inconnue qualifiée d'*Incognoscible* par Herbert Spencer?

Si nous ne pouvons l'atteindre dans *l'objet en soi,* si nous ne pouvons la saisir *en puissance,* si sa mystérieuse essence nous échappe, ne pouvons nous tout au moins la voir et la comprendre dans sa *substantialité* et dans l'accomplissement de ses actes, puisque tout ce qui est à la portée de nos Sens est le produit de sa sublime et idéale Toute-Puissance?

Par un effort de notre cerveau, nous pouvons en effet faire sortir *l'Abstrait* du *Concret,* remonter du *Phénomène* au *Noumène,* de *l'Effet* à *la Cause,* et, atteignant ainsi la limite du possible, arriver par *l'Abstraction* à nous faire de l'Idée Primordiale une conception intime suffisante ; la saisir dans sa nature intrinsèque n'est pas d'ailleurs, au point de vue scientifique, ce qui nous importe le plus ; l'essentiel pour nous est de la connaître dans l'expression de sa Loi ; et, si nous considérons comme prémisses indispensables de toute hypothèse scientifique l'*Hypothèse des hypothèses,* c'est que la présence seule de cette grande idée au seuil de nos conceptions philosophiques nous permet d'établir *ab ovo* l'antériorité de l'*Esprit* sur *la Matière,* de l'*Idée* sur la *Forme,* de la *Cause* sur l'*Effet,* et de proclamer l'unité consciente de l'Etre en remontant à sa cause essentielle.

Mais que l'on parte de l'Idée abstraite qui domine tous les phénomènes ou que l'on observe pas à pas le

chemin que la Force intelligente et libre suit, en remontant vers sa source originelle, du minéral au végétal, du végétal à l'animal et de l'animal à l'homme,
depuis la simple agrégation du cristal jusqu'à la
sublime organisation de la Pensée, on rencontre
partout l'expression d'une Loi, celle des harmonies
de la Nature, qui, embrassant tous les faits d'une
seule et même étreinte, dévoile l'admirable unité de
plan de l'Idée Créatrice. Tout sort de cette abstraction,
tout y revient. C'est en même temps le point de départ
et celui d'arrivée de tout ce qui est saisissable par nos
Sens.

Mais comment cette Entité *idéale*, source génératrice
de toutes les Formes, peut-elle se substantialiser elle-
même à nos yeux ? Si nous ne pouvons la tirer de
l'Absolu où elle plane, ne pouvons-nous tout au moins
nous rendre compte de la façon dont la hiérarchie
illimitée des œuvres de la création est née d'elle ? Un
raisonnement, qui, dans les Mathématiques, sert à expliquer la Genèse des Nombres, va nous aider à faire
toucher du doigt ce mystère.

L'analogie est saisissante !

Considérant, en effet, les Mathématiques à un point
de vue élevé, nous voyons qu'il existe au sommet de
cette science une Idée Primordiale absolument indépendante, une, indivisible, créée par sa propre puissance, basée sur elle-même, et ne sortant d'aucune
autre chose : cette Idée Primordiale, c'est le *Zéro*.

Esprit pur, planant idéalement au-dessus et en
dehors de la Série des Nombres dont il ne fait pas

partie, le Zéro, sans valeur numérique personnelle, est cependant l'âme incarnée de cette Série ; c'est par sa virtualité active que la Série se développe des unités simples aux dizaines, des dizaines aux centaines, des centaines aux mille, et ainsi de suite, créant la chaîne ininterrompue et infinie des degrés numériques.

Source idéale de la hiérarchie des Nombres, le Zéro ne nous aide-t-il pas à concevoir l'image de cette Idéalité grandiose, source des Mondes, que par analogie Pythagore appelait le *Nombre des Nombres* et Platon l'*Idée des Idées* ; puissance éternelle, immense, incomprise, infinie, qu'on nous représente sans mode, sans qualité et sans passion ; remplissant l'Univers de son immensité sans en être une des parties intégrantes ; indivisible et incorporelle comme le Zéro, et comme lui créant un enchaînement sériel d'où sont sorties les catégories indicibles des Mondes.

Et où le rapprochement est plus sensible encore, c'est lorsque sous l'apparente *unité* qui caractérise ces deux principes se fait jour une mystérieuse *Trilogie* ; l'Idée Primordiale mathématique sous son unité apparente ne renferme-t-elle pas en effet trois idées exprimées par trois signes distincts : le *Zéro* (o), le *Plus* (+) et le *Moins* (−) placés dans une indépendance commune si étroite que le signe *Plus* (+) n'a pas lieu d'être sans l'idée première du Zéro et que le signe *Moins* (−) suppose nécessairement l'existence du signe *Plus* (+) et du Zéro (o).

D'une part comme de l'autre, l'*Unité ternaire* exprime donc une Idée Primordiale jointe à deux autres qui en découlent, ou, pour mieux dire, ces deux autres idées sont l'idée première elle-même qui, tout en restant ce qu'elle est, se manifeste sous deux formes différentes ; les trois idées n'ont pas de succession, elles coexistent, elles n'en font qu'une : c'est l'*Unité Créatrice* se manifestant comme *Trinité* et imprimant à la Nature entière ce cachet de mystérieuse triplicité que nous retrouverons partout et toujours dans l'application de la Loi qui régit les phénomènes.

Clef de la Genèse des Nombres, clef de la Genèse des Mondes, la manifestation active du principe ternaire est le *Primum movens* de toutes choses ; tirant les éléments primordiaux de leur passivité ou de leur parallélisme, elle crée les multiples degrés de la Série ; par l'*angulaison* de ses principes, elle fait sortir le multiple de l'unité. Car, de même que l'uniformité (ou le repos) naît du parallélisme, de même la diversité (ou le mouvement) naît de l'obliquité et de l'angulaison, ainsi que le prouve la figure suivante :

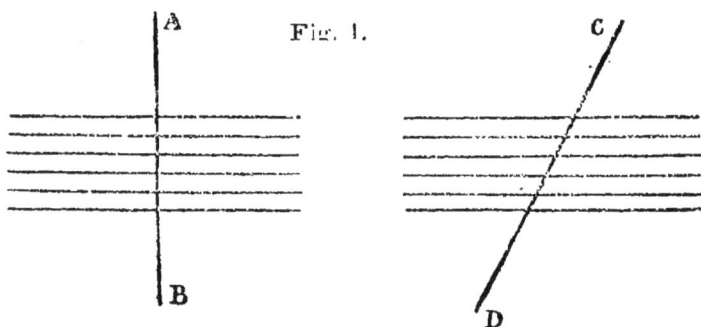

Fig. 1.

Coupez un nombre de droites quelconques, mais parallèles entre elles, par une ligne A B tombant sur ces droites normalement, toutes les divisions ainsi obtenues sont égales : c'est l'*uniformité dans le parallélisme.*

Substituez à la normale AB une ligne oblique CD, les divisions ainsi obtenues deviennent inégales et proportionnelles à l'inclinaison de l'oblique : c'est la multiplication indéfinie de termes inégaux succédant à l'égalité du parallélisme, c'est la *Diversité* succédant à l'*Uniformité*, le *Mouvement au Repos.*

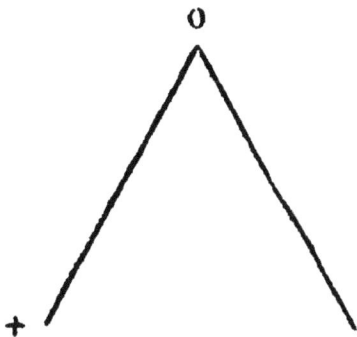

Fig. 2.

O

SÉRIATION.

Tant que la Cause Première reste donc dans le parallélisme de ses éléments, c'est-à-dire dans l'immanence passive de son unité, elle est pour nous à l'état de principe abstrait, insaisissable, invisible, idéal et immatériel. C'est le Zéro avant la hiérarchie sérielle des Nombres que sa puissance virtuelle enfantera plus tard, c'est cet état primordial du *Principe-Principiant* désigné en tête du premier chapitre de la *Genèse* par le mot *Berœshiht :* « Avant que rien ne fût créé, le Principe était en *puissance* et non en *acte.* »

Mais que la Cause Première vienne à se déployer dans l'*angulaison* de ses trois principes ; que le Zéro, au lieu d'être seul, apparaisse avec les signes *Plus* (+) et *Moins* (—) *(fig. 2)*, le parallélisme cesse et l'angulaison commence, indéfinie ; tout sort de l'immobilité du Néant : le *Multiple* succède à *l'Unité*, le *Concret* à *l'Abstrait*, et le mouvement de la Série apparaît dans toute sa majestueuse puissance, manifestation visible de l'Idée Primordiale.

De l'antagonisme des signes *Plus* (+) et *Moins* (—), sortant angulairement du Zéro , naissent les Séries *positives* et *négatives* des Nombres :

$$+ \ 1 + 2 + 3 + 4 + 5 + 6, \text{ etc.}$$
$$- \ 1 - 2 - 3 - 4 - 5 - 6, \text{ etc.}$$

Puis, d'une part, comme l'unité peut s'ajouter indéfiniment à l'unité, la hiérarchie *ascendante* des Séries positives et négatives marche vers un infini qu'elle ne peut jamais ni combler ni atteindre, nous donnant ainsi l'image de l'*Infiniment Grand* ; d'autre part, comme l'unité peut également se subdiviser en fractionnements de plus en plus petits, toujours susceptibles de se diviser encore, la hiérarchie *descendante* des Séries positives et négatives marche indéfiniment vers le Zéro, sans jamais l'atteindre, nous donnant ainsi l'image de l'*Infiniment Petit*.

Ainsi se déroulent indéfiniment, dans l'Infiniment Grand et dans l'Infiniment Petit, les termes de la Série universelle, tous sortant de la Cause Première sans y avoir jamais produit aucun vide, et gravitant vers elle sans arriver jamais à se fondre dans son individualité omnipotente ; leur nature intrinsèque ne participant en rien de la sienne, et leur existence, essentiellement *objective*, n'étant due qu'à une manifestation abstraite dont la cessation ferait instantanément rentrer la Série entière dans le néant du Zéro et l'uniformité du parallélisme.

La façon idéale dont le *Plus* (+) et le *Moins* (−) se combinent avec le Zéro (o) en nous montrant le mouvement de la Série, issu d'une impulsion première qui ne suppose l'existence préalable d'aucune matière, nous enseigne comment le *Réel* peut naître de l'*Idéal* et comment, en apparence, de *rien* peut sortir *quelque chose*.

La substantialité de la *Forme* ne nous apparaît plus alors que comme l'expression de l'esprit subtil et impondérable de la *Force* ; l'Univers visible sort de l'immatérialité d'un principe, comme les Nombres sont sortis de l'immatérialité du Zéro.

La SÉRIE, née d'un antagonisme abstrait, se déroule sous nos yeux dans son mouvement de progression et d'expansion comme *Cause* et *Substance* à la fois, comme *Cause* en tant que *Force*, comme *Substance* en tant que *Figure* ; et causes et substances, jusqu'alors désassociées, se réconcilient dans ce type éternel de la Série, si malheureusement ignoré et méconnu encore, quoique les Forces *libres* de la Nature nous en offrent à chaque pas l'immuable et constante expression. Voyez se dessiner dans le ciel une des plus majestueuses manifestations de la Série, l'Arc-en-ciel ! La projection irisée du Spectre solaire n'est-elle pas *Substance* puisqu'elle subit des modifications et qu'elle influence nos Sens ? Mais elle est *Force* aussi, elle est *Cause*, car les mille couleurs qui la composent viennent invariablement *se ranger d'elles-mêmes* dans un ordre mystique, et cet ordre mystique est celui que la Loi de Série leur impose.

Mais l'Optique seule ne nous donne pas l'image de la Série ; en descendant au cœur de chaque phénomène, nous en trouverons partout, dans l'Univers visible, la manifestation substantielle. Sortant ainsi de la conception métaphysique qui nous a servi de point de départ, nous nous livrerons à l'étude expérimentale et à l'observation au moyen desquelles nous pourrons remonter ensuite à l'Idée Première, car c'est de la rencontre de ces deux ordonnées, partant de deux points différents, que peut seulement jaillir la lumière susceptible de nous éclairer sur la véritable interprétation des phénomènes.

Ce que nous avons voulu nettement poser tout d'abord, c'est la suprématie de la *Force* sur la *Matière*, son *antériorité* ; nous avons voulu démontrer que la *Force* est à la *Forme* ce que l'*Idée* est à l'*Acte* :

La Force précède la Forme et se manifeste à nos sens par la Forme comme l'Idée devance l'Acte et se corporise à nos yeux par l'Acte.

La Force et l'Idée peuvent exister *in se* sans s'exprimer par leurs véhicules naturels, la Forme et l'Acte ; elles restent alors en *puissance* prêtes à se manifester ; mais, de même que l'Idée engendre tous les Actes, de même la Force, unique source des phénomènes de la Nature, engendre tout ce qui tombe sous nos Sens ; l'Univers, en un mot, n'est que « la *réalisation* de l'Idée Primordiale par le Mouvement ».

Tous nos efforts doivent donc tendre à établir la « Loi du Mouvement » ; c'est elle qui nous donnera la clef de la Physique générale.

Or cette Loi découle naturellement, comme nous allons le voir, des prémisses que nous venons d'établir.

Nous avons vu la Série dans le Spectre coloré de la lumière faire sortir la Force de son principe abstrait en la rendant saisisable à nos Sens. Elle nous la montre en effet susceptible de *plus* et de *moins* et se substantialisant en des nuances multiples aussi fixes que les divisions de l'angle géométrique dont elle est sortie.

Si ces différenciations viennent affecter nos Sens de façons différentes, c'est parce que nos Sens sont organisés de manière à faire subir à nos perceptions de nombreuses bifurcations.

En réalité, les phénomènes si divers en apparence d'Électricité, de Chaleur, de Lumière, de Magnétisme, ne sont que les modifications dans ses diverses apparitions sensorielles d'un fait unique qui est *le Mouvement de la Série.*

C'est le mouvement de la Série qui, par le fait de l'angulaison du rayon blanc, permet à l'œil de saisir dans le Prisme sous les teintes bleues du Spectre lumineux les *dilatations* de la Force s'opposant par antagonisme à ses *condensations* représentées par le Rouge. Et si à l'angulaison rectiligne du Prisme on substitue une substance angulée circulaire, la Série d'anneaux irisés concentriques qui succède au Spectre linéaire donne une image plus complète encore de la hiérarchie sérielle de la Force. Nous comprenons alors comment la Force, en obéissant à l'immuable principe qui règle son épanouissement et son fractionnement normal par l'Angulaison, peut produire ces merveilleuses com-

binaisons de nuances qui viennent enchanter nos yeux
dans la coloration des cristaux, dans celle du plumage
et du pelage des animaux, et dans toutes les surfaces
changeantes de la Nature où la Force, se brisant en
mille métamorphoses lumineuses, enfante un mirage
toujours nouveau et sans cesse renaissant.

Mais la Lumière n'est point le seul phénomène qui
nous permette de saisir le Mouvement de la Série ;
nos Sens peuvent le saisir encore dans l'Affinité moléculaire, la Cohésion, la Capillarité, le Frottement, l'Os-
mose, la Pesanteur et la Gravitation, autant de manifestations du Mouvement sériel.

Tout repose sur ce fait de Sériation phénoménale.
L'harmonie du Monde en dépend : chaque corps, qu'il
soit simple ou composé, brut ou organisé, représente
une nuance, une fraction ou un terme de cette Série
éternelle qui se manifeste en catégories infinies à travers les espaces eux-mêmes infinis.

Prisme immense, où, depuis le mouvement moléculaire de la cristallisation élémentaire jusqu'à celui
des astres, les forces sérielles viennent se jouer en
dilatations et condensations successives, l'Univers
nous montre la succession des corps comme étant en
quelque sorte l'émiettement colossal du grand Spectre
naturel.

La Cristallisation, comme les anneaux Optiques, est
à un degré différent une *solidification sérielle* sous
l'influence d'un mouvement angulé ; et la Gravitation,
qu'on nous représente dans la science comme l'expression sèche d'un rapport numérique fixe, est la consta-

tation d'un fait bien supérieur, *la constitution normale* de la Série.

La Série nous apparaît donc comme l'expression de la Force dans son expansion primordiale, dans son équilibre simple. C'est elle qui assigne à chaque élément sa place dans la Nature selon cet ordonnancement fixe et immuable qui n'a rien du dualisme raide et aveugle, *négatif* et *positif*, *répulsif* et *attractif*, qu'on lui prête, mais *qui résulte des irradiations de la Force autour de catégories de centres, déterminés par l'impulsion d'un* PRINCIPE PRIMORDIAL *régulateur*.

La Force, dans l'expansion normale et rhythmée de son épanouissement sériel, suit une marche égale et proportionnelle aux résistances qu'elle rencontre, et ces résistances qui varient à l'infini opposent au mouvement libre et régulier de la Série des *Limitations* incessantes ; ce sont ces Limitations qui produisent les effets spécialisés de la Force.

SÉRIE et LIMITATION sont en quelque sorte deux termes inséparables et qui se complètent ; la Série est l'outil de l'arrangement méthodique de la Force, la Limitation est le véritable ressort de ses combinaisons ; le seul fait de l'Angulaison que la Force subit dès l'origine de sa marche sérielle n'est-il pas déjà un premier fait de Limitation ? La Limitation naît donc avec la Série ; elle se *résout* ensuite alternativement ou *s'oppose* avec elle, soit en secondant le développement de la Série comme dans l'angulaison du Prisme, soit en retardant ce développement et en favorisant les états de *condensation* de la Force, qui viennent

frapper nos Sens sous la forme lumineuse, calorique,
électrique, magnétique ou acoustique.

Si nous reprenons l'angle géométrique au moyen
duquel nous avons pu donner une idée de la façon
dont le Mouvement sériel naît de l'Angulaison, nous
pourrons encore, en prenant deux points quelconques

Fig. 3.

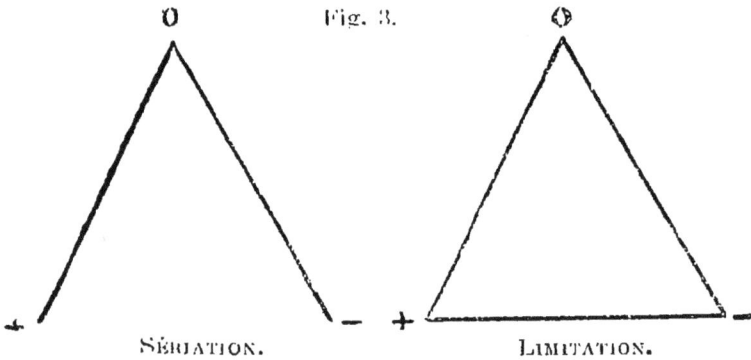

SÉRIATION.   LIMITATION.

sur les droites qui forment cet angle et en joignant
ces deux points par une ligne, concevoir figurativement
comment la Limitation naît d'un arrêt de la Série
(fig. 3) : au lieu d'un angle indéfini dont les deux côtés
vont se perdre dans l'infini, nous obtenons une figure
fermée, le Triangle ; or le Triangle est précisément
la base élémentaire du développement des Formes
dans la Nature, c'est la figure géométrique qui engendre toutes les surfaces.

Platon avait rêvé la possibilité de tout rapporter à
des divisions de triangle ; le triangle est en effet la
substantialisation de la *Triade* génératrice universelle
présidant à l'édification de ces innombrables combinaisons de la Force que nous appelons *les Corps* ;

c'est cette Triade limitative qui, en créant des équilibres transitoires, oblige la force à *se figer*, en quelque
sorte, depuis sa *dilatation* la plus subtile, les gaz,
jusqu'à sa *condensation* la plus grande, les métaux,
en passant par la *liquidité*, terme moyen de son expansion, nous montrant successivement sous ses trois
états caractéristiques (états *gazeux, liquide* et *solide*)
cette Matière dont on fait une entité directrice et qui
n'est en réalité que le produit des résistances que la
Force rencontre, le produit des Limitations qu'elle
subit et celui des équilibres provisoires qui en résultent

La Nature est donc le résultat d'un jeu constant de
Limitations faisant osciller la Force entre des *minima* et
des *maxima* de condensations qui cherchent à s'équilibrer ; et c'est ainsi qu'il y a des corps doués de Mouvement *en plus* ou *en moins*, et des corps *neutres* ou *in-*
différents ; c'est ainsi que les corps passent d'un état à
l'autre, s'influencent mutuellement, s'unissent ou se
désassocient, et que la Force dans sa marche incessante
vers des Limitations toujours nouvelles, indispensables
en même temps à son équilibre et à son impulsion, passe
par ces effets composés qui font de l'Univers un kaléi-
doscope immense dans lequel viennent se refléter avec
une richesse inouïe de diversité tous les éléments créés.

Alors la substance solide pondérable nous apparaît
sous un jour nouveau, c'est-à-dire comme du *Mouve-*
ment à *l'état passif*, comme de *la Force condensée* sous
la Loi d'un équilibre occasionnel que la plus légère
impulsion *déterminative* est toujours prête à libérer
pour rouvrir à cette *Force-Principe,* momentanément

retenue dans les liens qui l'entravent, les éternelles voies qu'elle est éternellement appelée à parcourir.

Ainsi tourbillonnent dans les espaces infinis les innombrables métamorphoses de l'Univers engendrées par ces combinaisons multiples qui se font et se défont tour à tour et les phénomènes de phosphorescence, d'odoriférence, l'isolation électrique ou calorique, nous apparaissent comme le résultat d'un fait unique : *la Résistance que certains états condensés de la Force opposent au* MOUVEMENT LIBRE *et régulier de la Série.*

La Limitation, en nous donnant la clef des théories de l'éclairage, des explosifs et de la trempe dont elle est la base, nous enseigne que par des combinaisons *variées* nous pouvons même dans une certaine mesure modifier artificiellement les *résistances* ou en opposer de dissimilaires de façon à produire dans les corps de profondes modifications ou entre eux des conflagrations violentes ; et c'est par ces spécialisations successives *naturelles* ou *artificielles* que la Force s'achemine, en s'individualisant de plus en plus, vers son terme final, l'état de *Tonalisation*, dont le Monocorde nous donne une image tangible.

Fig. 4.

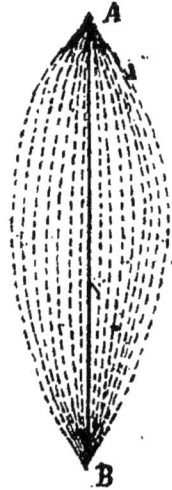

Supposez en effet une corde à violon *non tendue*, elle reste muette ; mais tendez cette corde, en la *limitant* dans sa longueur, entre deux points fixes, elle s'anime et elle vibre sous la pression du doigt qui l'infléchit dans un déplacement angulaire ; elle oscille,

décrit une figure ellipsoïdale et donne un son. *(fig. 4)*.
L'ellipse et le son, angulairement produits par le
pincement de la corde, sont la résultante d'une série
infinie d'autres résonances qui accompagnent la principale ; « c'est en quelque sorte un écho multiple allant
en s'éloignant jusqu'aux bornes de la perception et une
oscillation elliptique, se décomposant jusqu'aux limites
imperceptibles des divisions moléculaires, nous permettant de saisir dans un seul mouvement vibratoire
le type de la Série infinie. » (Louis Lucas).

Dans la résonance du Monocorde, l'œil et l'oreille
peuvent donc suivre en même temps les effets de
Limitation et de *Sériation* de la Force ; un troisième
état plus spécialisé en ressort également, car si l'on
vient à modifier la Limitation de la corde en réduisant
sa longueur de la moitié, du tiers ou du quart, on obtient
toujours la même série de figures ellipsoïdales et la
même série de résonances, seulement le son fondamental de la corde change à chaque réduction de la
Limitation et l'on obtient ainsi une succession d'indi-
vidualités tonales caractérisées qui constituent ce
qu'on appelle des *Tonalités*.

La TONALITÉ, que nous pourrions figurativement représenter par le Cercle, comme nous avons déjà repré-
senté la Série par l'Angle et la Limitation par le Triangle
(fig. 5), est le point où vient se régler le Mouvement sériel
d'une ou plusieurs Séries pour produire un mouvement
unifié et spécialisé. Ce n'est plus le Mouvement simple
et primordial de la Série où la Force s'équilibre sur elle-
même en une suite indéfinie de termes hiérarchisés,

c'est l'équilibre factice d'éléments divers, surchargés parfois de disparates et d'antagonismes qui jureraient d'être rapprochés et confondus, et qui cependant se trouvent enveloppés dans une *Unité Supérieure Tonalisante* qui les règle et les asservit sans les absorber. En un mot « *Tonalisation* », tout en signifiant « *asservissement du Multiple à l'Unité* », exclut toute idée de retour à l'Unité ; ce n'est point une *fusion*, c'est une *organisation* du Multiple (Louis Lucas).

Fig. 5.

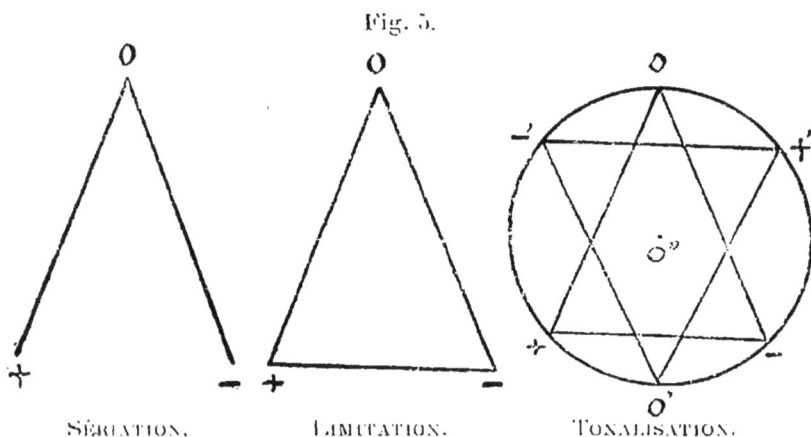

SÉRIATION.   LIMITATION.   TONALISATION.

La Tonalité n'a en effet aucun rapport de parties avec les détails qui la composent, *elle est* ELLE ! C'est le type de l'individualisation, c'est la base de tout organisme ; depuis l'équilibre le plus simple jusqu'au plus compliqué, l'échelle des Êtres nous présente une suite non interrompue d'équilibres complexes, se balançant dans une centralisation plus ou moins graduée et formant un tout unitaire provisoirement tonalisé, dont l'individualité du Lichen et du Polype jusqu'à celle du Chêne et de l'Homme nous donne de multiples exemples.

L'Univers lui-même dans son ensemble, manifestation équilibrée de l'Idée Primordiale, résumant toutes
les Tonalisations individuelles, n'est autre chose qu'une
Tonalisation universelle *absorbant dans la* Sphère *tous
les Cercles comme le Cercle absorbe l'Angle et le
Triangle.* (Fig. 6.)

La Loi Phénoménale de
la Force est une et triple
comme l'Idée Primordiale
qui l'a engendrée et dont
elle n'est que le reflet.

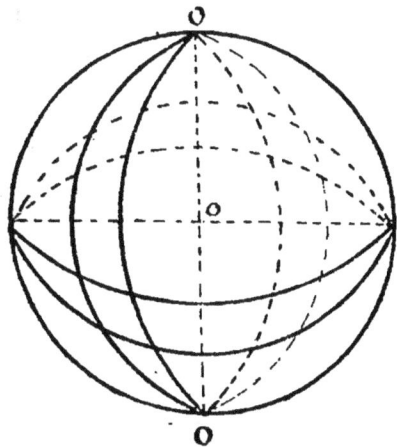

Fig. 6.

Résumons-nous et disons:

Une seule Hypothèse :
L'Idée Primordiale *une* et
trinitaire donnant l'impulsion première à tout ce qui
est et créant le *Mouvement
des Mondes*: principe abstrait
que nous pouvons saisir dans ses termes absolus, par
analogie, avec l'Idée Primordiale Mathématique qui
engendre la Série et crée le Mouvement des Nombres.

Une seule Loi phénoménale : Une et trinitaire comme
le principe abstrait dont elle découle, *réalisation
simple de l'Idée Primordiale*, et se résolvant en ces trois
termes vérifiables par l'observation et l'expérience :
Série, Limitation, Tonalité, présentant trois idées sans
succession, coexistantes, et n'en faisant qu'une.

Telle est, selon nous, l'idée organisatrice qui doit
unir un jour en un seul faisceau les sciences spéciales
dont l'ensemble constitue le savoir humain : telle est

la Loi fondamentale qui doit servir de base à la Thérapeutique de l'avenir.

Si la valeur d'une hypothèse se mesure au nombre et à l'importance des points qu'elle éclaire, ainsi qu'à la simplicité et à la généralité des causes qui servent de base à ses principes, nous croyons, avec MM. H. Girard, Emile Jacquemin et Louis Lucas, écrivains et philosophes distingués dont nous nous sommes inspiré et aux ouvrages desquels nous avons fait de nombreux emprunts, que, par son unité synthétique, cette hypothèse supprime l'esprit de division, d'analyse et de particularisme qui règne actuellement dans la science.

L'individualité rigide accordée à chaque particule, à chaque atome, à chaque corps, bien plus, à chacune des modifications de ces corps, en rompant le fil des déductions, en multipliant les points de vue, nous a en effet insensiblement éloigné du but ; si nous voulons rattacher la chaîne indéfinie et ininterrompue des phénomènes qu'une fausse conception des choses a brisée, il faut revenir à l'unité de plan qui caractérise la Nature, unité dont le travail d'analyse moderne nous a écarté.

Le but suprême de la science, *la Connaissance de la Vérité*, ne peut être atteint, quoi qu'on en dise, en dehors du travail de la Pensée par la seule expérience des Sens. Il faut joindre la philosophie à l'expérimentation ; il ne faut pas séparer la théorie *subjective* du domaine des faits ; il faut rompre avec cette idée dualiste qui contribue à retarder les progrès de la science et qui consiste à prendre un des termes du problème pour l'opposer à l'autre.

L'antagonisme de la *Force* et de la *Matière* n'existe pas ; les phénomènes de la Nature ne sont pas davantage le produit nécessaire de Forces physico-chimiques inhérentes à la Matière. La Matière, avec sa divisibilité infinie, ne peut être prise comme point de départ de nos conceptions philosophiques.

Au lieu donc d'attribuer à cette Matière, à laquelle on a donné la valeur d'une Entité, des propriétés spéciales que des Forces multiples placées en elle ou en dehors d'elle viendraient différencier sous les noms divers d'*Attraction, Affinité, Cohésion, Pesanteur, Force centrifuge, Force centripète, Electricité, Calorique, Lumière, Magnétisme* ; au lieu de renfermer toute l'idée du Mouvement dans les limites étroites d'un vulgaire phénomène de déplacement de solides, et assimiler la Matière à « un coche auquel, en guise de chevaux, on peut mettre ou retirer alternativement les Forces », il nous semble plus logique d'admettre l'idée d'une Force immatérielle, créatrice, existant en dehors de l'Univers visible, et dont l'existence nous permet de fonder sans conteste l'*unité phénoménale* sur l'antériorité et l'omnipotence de la Force. « Il n'y a qu'un « *Principe*, il n'y a qu'un *Effet*, dit Jean Reynaud ; « la fixité même de cet effet, c'est l'ordre inaltérable « de ses mutations ; son incorruptibilité, c'est sa « permanence ; son immatérialité, c'est l'immensité « de son étendue ; si l'on veut s'élever au sentiment « vrai de la nature de l'Univers, il faut laisser de

« côté toute comparaison avec les objets matériels ;
« la science de l'Univers demande à se développer en
« attirant dans le domaine qu'elle cultive *l'idée ma-*
« *gique* de la Vie. »

Cette Idée magique de la Vie, l'unité des Forces de la
Nature nous permet de la concevoir ; car, au lieu de
nous montrer les organismes vivants comme l'ensemble
architectonique de multiples organes, elle nous les
montre, dans leur unité synthétique, uniformément
régis par les Lois fixes et immuables de la *Série,* de
la *Limitation* et de la *Tonalité* ; nous répétant dans
le renouvellement de chaque phénomène : il n'y a
qu'une Vie, parce qu'il n'y a qu'une Force ; il n'y a
qu'une Vie, parce qu'il n'y a qu'une Loi chargée de
spécialiser, d'individualiser, d'organiser la Force, de
la *tonaliser* en un mot !

Si Mesmer, tout en cherchant à ramener les phénomènes physiques à un seul et même principe et
à débarrasser ainsi les voies de la science des nombreuses entités qui l'encombrent, était parti de l'hypothèse d'une Force Primordiale au lieu de s'appuyer,
comme il l'a fait, sur la divisibilité infinie de la
Matière, il eût certainement mieux réussi à faire comprendre l'*impondérabilité* du Magnétisme et de ses
radiations.

Mais en posant dans la treizième proposition de son
premier Mémoire sur le Magnétisme, en 1779, le principe suivant : « On observe à l'expérience l'*écoulement
d'une matière* dont la sublibilité pénètre tous les corps
sans perdre notablement de son activité », il a certai-

nement matérialisé par cette image ce qui, loin d'être *un écoulement de Matière*, n'est en réalité qu'une manifestation de la Force, et il a ainsi donné naissance à cette équivoque de la *Substantialité fluidique* dont le Magnétisme a été plus ou moins victime, ce qui lui attirait encore dernièrement de la part de l'un de nos savants modernes cette critique non méritée : « Je n'ai jamais compris comment un homme intelligent et connaissant les principes fondamentaux de la Physiologie peut admettre une telle transmission fluidique » (Brown-Séquard).

Non, le Magnétisme n'est pas un *fluide*, quelque subtil qu'on le suppose, pas plus que l'Electricité, la Lumière, la Chaleur et le Son ne sont des *fluides*. Ces phénomènes sont, à divers degrés, de simples modalités de la Force, une, indivisible, qui, sous l'empire d'une Loi, une et immuable comme elle, se *série*, se *limite* et se *tonalise*, déployant dans la Nature toutes les nuances de *Dispersion* et de *Condensation* réalisables, et, dans ses mutations incessantes, créant des courants contraires, clef de toutes les métamorphoses.

Cette Force universelle, protéique, les anciens la connaissaient bien : les Indous l'appelaient *Akasa* ; les Hébreux, *Aôr* ; c'est le *Télesma* d'Hermès, l'*Azoth* des Alchimistes, le *Serpent* de la Bible ; c'est la *Lumière Astrale* de Martinez et d'Eliphas Lévi, l'*Od* de Reichenbach, *la Force psychique* de Crookes ; c'est le *Fluide* de Mesmer.

On lui reconnaissait généralement quatre manifestations sensibles, *Chaleur*, *Lumière*, *Electricité*, *Magné-tisme*, et de plus la propriété d'*aimanter* tous les corps par une double polarité antagoniste qui *repousse* et *attire*.

Connaître la loi des marées fluidiques ou, pour mieux dire, des Courants universels, c'était et c'est encore posséder le secret de la Toute-puissance humaine !

CHAPITRE III

———

Il n'y a qu'une Santé.

L'Analogie et la *Série* sont les principes de premier plan qui donnent à nos prémisses et à nos conclusions le caractère d'Universalité qu'elles doivent avoir. — Tout dans la Nature est *Tonalité*. — Identité analogique des phénomènes *acoustiques, optiques, caloriques, électriques, chimiques, physiologiques*. — La Tonalité acoustique prise comme modèle *type*. — La Musique, ou théorie du Son, considérée par tous les philosophes comme le *symbole de l'organisation* des Forces. (*Newton, Rumford, Kepler, Euler, Euclide, Descartes, Mersenne, Platon, Hoëné Wronski, Louis Lucas*. — Éléments fondamentaux de la Tonalité musicale : *Tonique, Dominante, Médiante, Sensible*. — Résonances physiologiques correspondantes : *Cerveau, Appareil génital, Cœur* et *Foie*. — La Résultante de la vie est dans le rapport *tonal* de ces quatre termes. — Flottements de l'*Enormon*. — C'est dans la faculté que possède l'Etre de plus ou moins se tendre et s'équilibrer que gît sa force ou sa faiblesse. — *La tension équilibrée* est la sauvegarde des organismes. — La bulle de savon, prototype de la cellule vivante, est l'image rudimentaire de la forme *occluse*. — Mouvement de

Volatilisation et de *Succion*. — *Elimination* et *Absorption*. —
La santé est le produit d'un équilibre. — Il n'y a qu'une santé
parce qu'il n'y a qu'un point d'équilibre.

Il n'y a, avons-nous dit, qu'une Force, issue de
l'Idée Primordiale, une et trinitaire, source de tous les
mouvements et génératrice de toutes les formes.

Il n'y a qu'une Loi Phénoménale, réalisation substantielle de l'Idée Primordiale, une et trinitaire comme
le principe abstrait dont elle découle. Non seulement
cette Loi embrasse d'une même étreinte tous les phénomènes de la Nature, mais elle les régit souverainement en les ramenant invariablement à un état combiné
de *Sériation*, *Limitation* et *Tonalisation*.

Tout ce qui existe dans la Nature trouve donc une
solution dans cette Loi, qui, en nous faisant connaître
les relations de coexistence et de succession des choses,
nous donne la notion de gradation et de continuité
des phénomènes.

Elle nous ouvre de plus vastes horizons encore, ceux
de l'*Analogie* ; car, dans le passage régulier d'un
terme à l'autre, elle nous permet de saisir entre chaque
terme l'existence nécessaire de certaines affinités d'essence qui nous donnent une conception plus parfaite
de l'*unité de composition* de la Nature, en nous montrant toutes les créations comme étant la réalisation
plus ou moins complète d'un plan commun.

Alors, au fur et à mesure que nous les pénétrons
davantage, les objets les plus hétérogènes en apparence
déploient leurs rapports d'analogie et de connexion ;
toutes les dissonances, allant se fondre dans un rap-

port commun, s'acheminent par un mouvement de *Résolution* graduelle vers une harmonie résultantielle et définitive ; et les choses, considérées jusqu'ici comme n'ayant aucune relation de similitude ou de fort éloignées tout au moins, se rapprochent insensiblement et se confondent à nos yeux en un seul faisceau que l'Analogie éclaire.

« La contemplation des phénomènes développés par la *Loi de Série,* dit M. le docteur Castle (un physiologiste très distingué), met en lumière l'existence d'une loi corrélative, celle de l'*Affinité universelle* ou de reproduction, à divers degrés, d'un phénomène ou d'un ordre de phénomènes dans d'autres ; cette conception des affinités universelles est celle de l'*Analogie* ou des rapports réciproques. »

L'Analogie, que les traités de Logique mentionnent comme une simple conception de l'esprit n'ayant pas aux yeux de la science la valeur d'un procédé régulier, n'en est pas moins avec l'idée sérielle le seul principe de premier plan qui puisse nous permettre de donner à nos prémisses ou à nos conclusions le caractère d'universalité qu'elles doivent avoir.

En dehors de la Série et de l'Analogie, le lien des faits se rompt, la conception scientifique du *multiple* dans l'*unité* s'évanouit, et à l'ordre de la hiérarchie progressive succède l'obscure confusion d'éléments non asservis.

Si nous voulons arriver à saisir la Loi qui relie entre eux les phénomènes observés, si nous voulons avoir la perception nette de l'enchaînement des phénomènes par le flux non interrompu de l'un dans l'autre, il nous faut absolument faire usage de la méthode analogique.

« Il y a deux genres d'Analogie, dit Geoffroy Saint-Hilaire, celle qui est révélée par l'observation directe, et celle qui est évidente par voie de conséquence ; une analogie qui n'est pas facilement évidente pour les yeux de la tête peut le devenir pour ceux de l'Esprit. »

C'est l'Analogie qui nous permet d'établir *à priori* que tout est *sérié*, *limité* et *tonalisé* ; c'est en raison de l'unité caractéristique de la Loi Phénoménale et de l'Analogie qui unit les phénomènes entre eux, que l'état de tonalisation de la Force nous apparaît comme terme final de *Résolution*, amené par les effets de Sériation et de Limitation, ces effets disparaissant au second plan après avoir préparé l'état de Tonalisation.

Tout dans la Nature se présente donc à nos yeux sous un seul et même aspect : la *Tonalisation* de la Force ; les formes, les corps sont l'expression d'une Tonalisation ; les phénomènes acoustiques, optiques, chimiques, caloriques, électriques, magnétiques, physiologiques sont les produits divers de la Tonalisation de la Force.

Et, comme la Force n'a qu'une façon d'être et de se tonaliser, comme la Loi dans son expression est une, connaître une Tonalisation dans le jeu de ses parties, c'est les connaître toutes.

L'Acoustique, étant de toutes les branches de la Physique celle dont les phénomènes nous sont les mieux connus pourra mieux que toute autre science nous servir de point de comparaison ; c'est à l'Acous-

tique que nous ferons appel pour expliquer les Tonalisations de la Force, et spécialement la *Tonalité
physiologique* qu'il nous importe le plus de connaître.

La théorie du Son, ou la Musique, a de tout temps
été considérée par les philosophes comme le symbole de l'*organisation* des Forces ; par l'étude de ses
combinaisons on pénètre en effet presque au cœur de la
création du Mouvement et l'on devient apte ainsi à saisir
l'enchaînement des choses ; objet constant de l'attention des grands mathématiciens et des philosophes,
la Musique a toujours préoccupé les chercheurs et
leur a souvent ouvert de nouvelles voies : Newton y
a puisé les bases de son Optique ; Rumford y
rattache la théorie du froid et du chaud ; Kepler y dé-
couvre les lois astronomiques ; Euler s'en sert pour
expliquer les aurores boréales et les queues des comètes ; Euclide, Descartes, Mersenne, Képler ont fait
des traités de Musique ; Platon avait fait graver sur le
fronton du portique de l'Académie : *Nul n'entre ici,
s'il n'est géomètre et musicien* ! Plus récemment un savant moderne, Hoëné Wronski, pour démontrer l'universalité de la *Loi de Création*, a tiré de la Tonalité
musicale des considérations que des compositeurs
belges distingués, MM. le comte Camille Durutte, Ernest
Britt et Crœgaert, ont utilisées, ce qui leur a permis de
donner à l'art une extension nouvelle.

M. Charles Henry, maître de conférences à la Sor-
bonne, a de son côté cherché à interpréter certaines
modifications physiologiques par la Musique ; et, enfin,
Louis Lucas, s'appuyant sur l'identité typique qui

existe entre les Tonalisations lumineuses, électriques, caloriques, chimiques et les résonances acoustiques (à l'exemple de Herder dont il est le fervent disciple), établit le principe de connexion qui fait retrouver partout et toujours (qu'il s'agisse de *son*, de *lumière*, d'*électricité*, de *chaleur* ou d'*échanges chimiques*) la Loi simple, unique, éternelle, immuable, qui met tout en mouvement autour d'un centre commun, aussi bien la simple molécule que les astres puissants du ciel ; prenant la Musique comme point de départ Louis Lucas établit l'*anatomie comparée des Forces* et jette les premières assises des lois du Mouvement dans son *Acoustique,* sa *Chimie* et sa *Médecine nouvelles.*

Pour Louis Lucas, « la vie est due à la Tonalisation des éléments qui constituent notre être matériel ; comme en Acoustique, la *Tonalité physiologique* n'existe que par la dépendance exacte de résonances multiples asservies à la direction d'un mouvement équilibrant unique qu'on appelle *Tonique.* L'équilibre physiologique dépend donc du rapport tonal qui existe entre les trois résonances fondamentales qui caractérisent toute hiérarchie sonore : la *Tonique*, la quinte ou *Dominante* et la tierce ou *Médiante.*

La *Tonique* est le point d'appui.

La *Dominante*, son antagoniste, est le point culminant où viennent se fondre et s'absorber toutes les harmoniques de la Tonalité.

La *Médiante* est le point indifférent (neutre en quelque sorte) prêt à suivre la *Tonique* ou la *Dominante*, selon que l'une ou l'autre tend à prendre le dessus.

Au point de vue de l'importance de son jeu, un quatrième terme est aussi à considérer dans l'équilibre tonal : c'est la *Septième* ou *Sensible*.

La *Sensible* est le point de *Résolution* de la Tonalité. C'est la Sensible qui ferme le cercle de la Tonalité en la ramenant au point de départ, la *Tonique*. Invariablement composée d'un demi-ton, la Sensible est toujours prête à faire trébucher la Tonalité en dehors de son équilibre tonal, sous la puissance de *déterminatifs* qui l'entraînent alors vers des modulations nouvelles.

Si nous nous reportons à une figure déjà connue, au Schéma de l'équilibre vital que nous avons donné ailleurs *(voir ci-contre)*, nous y retrouvons les quatre résonances physiologiques qui correspondent aux quatre termes fondamentaux de la Tonalité acoustique et qui sont appelées à jouer le même rôle dans la Tonalité organique ; ce sont : le *Cerveau*, l'*Appareil génital*, le *Cœur* et le *Foie*.

Arrêtons-nous un instant sur le rôle physiologique que chacune de ces résonances joue dans l'équilibre vital :

LE CERVEAU, placé dans la boîte crânienne, au sommet de l'édifice, est le point de départ et d'arrivée de toutes les séries sensitives ; c'est lui qui détermine la nature des sensations par rapport à lui-même ; c'est lui qui donne le Ton ; le Cerveau, en un mot, est la *Tonique* organique.

C'est dans le Cerveau que s'élabore la Pensée et ses travaux réflexes ; c'est là que la Sensation, après avoir passé le trou occipital, est présentée par des organes

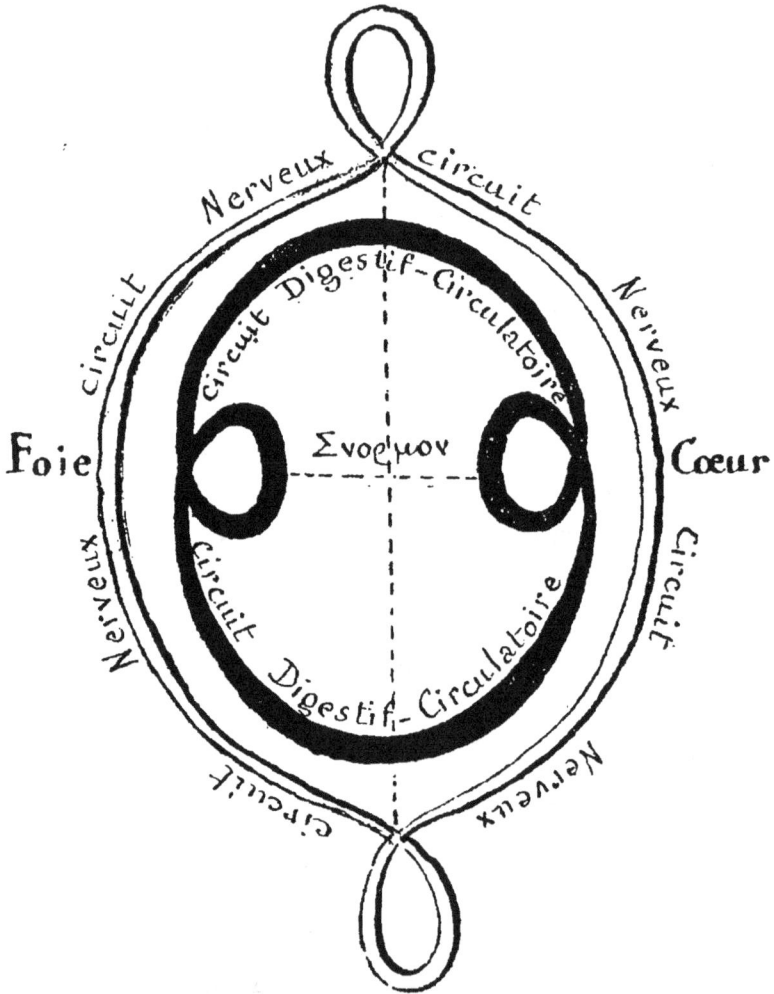

Pôle Cérébral.

Nerveux circuit

circuit Digestif-Circulatoire

circuit Nerveux

Foie Σνοςμον Cœur

Nerveux circuit

circuit Digestif-Circulatoire

circuit Nerveux

Pôle Génital

spéciaux au miroir formé par les deux hémisphères où
elle se juge et accomplit cet acte singulier de la Pensée
en présence d'elle-même, acte qu'on a si justement appelé *Réflexion*.

Mais on aurait tort de donner au Cerveau un rôle
prépondérant en le considérant comme le siège de la
vie ; la vie n'est ni là ni ailleurs ; la vie, ne l'oublions
pas, est une *résultante* ; et le Cerveau n'est, comme ses
congénères, les autres organes, qu'un comparse dans
l'équilibre vital ; c'est un simple instrument de relation,
ainsi que l'œil qui perçoit l'obstacle, l'ouïe qui pressent
le danger, le toucher qui écarte la blessure ; le Cerveau,
à bien considérer, n'est qu'un sixième sens, celui de
la *Raison*.

Appareil sériateur par excellence, le Cerveau contient, en effet, le Prisme nerveux destiné à juger
les sensations ; d'un côté il reçoit les sensations externes par les Sens et de l'autre les sensations internes viscérales, celles-là dûment préparées
déjà à la sériation finale, car la Force parcourt les nerfs
avec une différenciation réalisée qui varie pour chacun
d'eux, le nerf comme le Prisme *angulant* le mouvement qui le traverse.

La disposition anatomique du système *spino-gan-
glionnaire* qui représente une sorte de harpe tendue au
milieu du corps vivant et le cordon médullaire lui-
même qui est en forme prismatique favorisent singulièrement cette marche sérielle de la Force vers le
Cerveau ; mais, comme toute succession d'angulaison
crée des différences sérielles, il existe en Physiologie,

comme dans l'Optique et l'Acoustique, une conséquence fatale de ces déviations : c'est ce qu'on appelle
le *Chromatisme*.

Le Chromatisme organique, né de l'angulaison des
tissus comme le Chromatisme optique naît de la disposition plus ou moins régulière des appareils de détail, engendre *le flou*, l'inégalité de perception et l'erreur ; c'est à la lentille focale du cerveau qu'est dévolu
le rôle de redresser les écarts sériels de l'organisme ;
les viscères viennent chercher dans la boîte cervicale
les contacts qui leur conviennent, tandis que les Sens
externes apportent les impressions du dehors ; de ce
double conflit naissent les idées générales, les idées
abstraites, les jugements, les raisonnements, les déductions qui hiérarchisent les individus et les spécialisent.

Ces résonances spéciales, nées de la Série, éveillent
dans l'Etre le *Sentir*, éréthisme *objectif*, et le *Vouloir*,
éréthisme *subjectif :* et du choc de ces deux éréthismes
sortent le *Libre-arbitre* et la Conscience qui donnent à
l'équilibre vital sa couleur tonale, son individualité.

La Volonté, ce *pèse-valeur* de l'individu et de l'humanité, comme l'appelle si justement Hoefer, est en
effet notre véritable caractéristique tonale ; c'est elle
qui, en déterminant tous nos actes, détermine notre
motilité : « La Volonté, dit M. le commandant Jouffret
dans sa *Théorie de l'Energie*, est une force qui imprime
aux molécules du cerveau des mouvements qui, par
l'intermédiaire des nerfs, transforment en *Energie dynamique* une partie de l'*Energie potentielle* amassée
dans l'organisme, comme l'artilleur, en tirant sur le

cordeau d'un tire-feu, transforme l'énergie potentielle emmagasinée dans la charge et produit un développement formidable de cette énergie dynamique, ou que le mécanicien en tournant un bouton lance sur la voie ferrée un train de plusieurs centaines de tonnes. »

La Volonté est l'agent spécial de notre puissance tensionnelle ; elle agit également sur la matière organisée sensible et sur la matière inorganique insensible.

« Elever un enfant, dit Hoefer, c'est dresser une Volonté ; instruire un homme, c'est diriger, éclairer une Volonté ; la vie, c'est l'éducation de la Volonté. » Descartes a dit : « Je pense, donc je suis ! » C'est : « *Je veux*, donc je suis ! » qu'il faut dire.

Le Cerveau, siège de la Volonté active, est donc bien la note morale caractéristique de la Tonalité physiologique, c'est-à-dire sa *Tonique*.

L'APPAREIL GÉNITAL, antagoniste du Cerveau, est la *Dominante* de la Tonalité physiologique. Construit comme le Cerveau d'après la loi des défilés, il représente la plus haute des vibrations harmoniques de l'Etre tendant à la procréation et à la pérennité de l'Espèce.

Tandis que l'élément vital se centralise au pôle supérieur en *Substance Médullaire*, nous le voyons se diviser au pôle opposé en *Zoospermes ;* d'un côté, l'élément nerveux se concentre fortifiant l'unité individuelle ; de l'autre il s'épanche créant le multiple par voie de renouvellement ou de reproduction.

L'Encéphale représente le plus haut degré d'élaboration dans le règne animal ; l'Appareil Génital, antatagoniste de l'*Encéphale*, représente le premier degré d'organisation de la Substance, c'est-à-dire l'élément *proto-plasmatique* reproductif.

Pile organique vivante, dont les deux pôles se communiquent par le Cordon médullaire du Rachis, le Système nerveux résout par l'opposition *Cérébro-génitale* tous les rapports d'antagonisme ou de sympathie qui existent entre l'*Esprit* et la *Matière*, l'*Un* et le *Multiple*, l'*Intelligence* et l'*Instinct*.

Au pôle *Cérébro-buccal* se manifeste *l'Attraction*, au pôle *Génito-anal* la *Répulsion*; le premier attire et condense dans l'organisme tous les éléments de la nutrition intellectuelle ou substantielle, Pensée et Aliment; le second rejette de l'organisme les produits excrémentitiels et l'exonère de tout ce qui l'encombre.

Les affections *exultantes*, joie, colère, admiration, domination, aspirent et montent vers le pôle cérébral, placé haut, en avant, et à la face dorsale. Les affections *déprimantes*, crainte, tristesse, timidité, asservissement, tombent dans la sphère génitale placée bas, en arrière et cachée à la face ventrale.

D'étranges sympathies unissent ces deux pôles : ils se développent et déclinent parallèlement dans le même temps; ils s'influencent, se combattent ou s'équilibrent; l'abus de l'un devient la destruction et l'annihilation de l'autre; les voluptés extatiques à leur suprême degré y ont également leur siège ; d'un côté c'est Minerve, sortie tout armée du front de Jupiter ; de l'autre c'est Vénus Aphrodite, née de l'écume des ondes : l'Ambition tue l'Amour, l'ivresse des Sens enlise le génie;

Minerve est chaste et les philtres de Circé changent les hommes en bêtes.

Le nerf coulant, tenant l'Être en embryon, est pour nous, comme le *pollen* l'est pour la plante, *la Dominante*, qui sous le plus petit volume possible retient l'ensemble de nos *harmoniques* condensées, prêtes à faire irruption.

Tel est le rôle de la Tonique et de la Dominante physiologiques représentées par le Cerveau et l'Appareil génital sur le *Circuit nerveux*. Nous allons examiner maintenant le rôle de la Médiante et de la Sensible physiologiques qui, représentées par le Cœur et le Foie, se trouvent placées sur le Cercle *Digestif-Circulatoire*.

Le Cœur contribue à équilibrer l'antagonisme des deux pôles nerveux, Cerveau et Appareil génital : c'est la *Médiante* de la Tonalité. Muscle puissant, formant nœud et défilé sur le circuit de la circulation sanguine dont il est le régulateur, le Cœur retarde ou accélère mécaniquement tous les rapports permanents qui existent entre l'influx nerveux et l'animal interne ; à l'exemple de ces *volants* de machines industrielles qui recueillent, condensent et régularisent la Force dans sa marche de transmission, ou comme le *balancier* qui par ses battements isochrones retarde l'élan des ressorts du Chronomètre, le Cœur retient dans une oscillation alternative régulière les expansions cérébrales et génitales.

Mais comme en Acoustique où la *Tonique* et la *Dominante* se disputent sans cesse la prédominance cherchant à entraîner la *Médiante* dans leurs écarts, de même dans l'organisme le mouvement *cérébro-génital* parvient à influencer gravement le Cœur : ces rapides fluctuations de la Circulation, pâleurs ou rougeurs subites sous d'insaisissables influences passionnelles, ou ces grandes défaillances viscérales qui viennent inopinément frapper l'organisme, nous avertissent de la rupture de l'*accord de Tonique*. Organe compensateur placé entre notre Volonté et nos désirs, entre la Raison et l'Amour, entre le *Moi-conscient* et l'*Instinct*, le Cœur, notre Médiante, ne maintient donc pas toujours entre nos mouvements passionnels cette égalité de tempérament si indispensable à l'intégrité de notre équilibre tonal, ce qui provoque ces innombrables déviations pathologiques, sources de la plupart de nos maux.

Renforcé mécaniquement dans sa puissance dynamique par l'antagonisme de la condensation capillaire, entièrement due elle-même à la tension nerveuse qui la crée et qui la meut, le Cœur est l'*agent spécial de tension* de tout le mouvement circulatoire qui se *centrifuge* par l'artère et se *centripète* par la veine. Mais. quoique commandant en quelque sorte toutes les *absorptions* et toutes les *secrétions*, le Cœur, pas plus que le Cerveau, n'est le siège de la vie; la vie n'est pas plus dans les produits de la circulation et dans la composition chimique du sang et de la lymphe, qu'elle n'est dans le rayonnement cérébral ; calorification, coloration, assimilation, métamorphoses et échanges, tout cela se rattache comme la Sensation et la Pensée à un principe supérieur de *Tension normale*, et. si la

Circulation et la *Tension* sont bien en effet les deux grandes phases du Phénomène vital, il faut considérer que la *Circulation* n'est qu'une conséquence de la *Tension*, et que le véritable secret des organismes réside dans les résistances et les limitations qui naissent de l'état d'*occlusion* et de *claustration*.

Le Cœur n'est donc qu'un rouage de la machine humaine, placé comme les autres organes sous la direction de l'effort tensionnel vital, et remplissant, ainsi que nous venons de le dire, le simple rôle de *volant industriel*, chargé de condenser les forces acquises et d'en régler l'écoulement ; élément de transition entre l'animal externe et l'animal interne, il sert de trait d'union entre la Force essentialisée dans le courant nerveux et cette même force matérialisée dans la Circulation sous la substance de cette chair coulante qu'on appelle le *sang*. Point neutre équilibrant, par la résistance limitative de sa construction en défilé, il tempère et balance l'activité des poussées cérébrales et génitales, dont il suit trop souvent parfois les écarts accusant ainsi tous les caractères typiques de la *Médiante* qui dans la Tonalité acoustique flotte sans cesse de la *Tonique* à la *Dominante*.

Le Foie est le quatrième terme de la Tonalité physiologique ; il y joue le rôle de la *Sensible*.

Le Foie, viscère puissant, le plus vaste de l'organisme, composé d'un véritable lassis de capillaires et de plus enfermé entre deux défilés, *la Veine Porte* d'un côté, la *Veine Cave* de l'autre, représente un des foyers principaux de la *Calorification* et *du travail industriel* organiques : c'est l'atelier de *triage* où s'élaborent, se divisent et se classent les éléments extrêmes de la nutrition, ceux qui doivent contribuer à l'*Assimilation* et ceux qui doivent préparer les *Secrétions*. Point de *Résolution* où vient aboutir le mouvement de la Tonalité, le Foie est à son tour le point où commencent toutes les transmutations et les métamorphoses présidant à la fois aux répartitions internes et aux expéditions du dehors, aux réserves et aux exonérations : c'est le grand répartiteur, le bureau général de classification et de départ de l'usine.

Malgré les majestueuses apparences de son développement, on n'accorde actuellement à cet organe qu'un rôle bien secondaire : ce rôle, exclusivement chimique, consisterait simplement, d'une part à parfaire la chylification du bol alimentaire déjà préparé par la salive, les sucs gastrique et intestinal, et d'autre part, à opérer la dissolution des matières azotées par la secrétion de *la bile*. Mais limiter les fonctions du Foie à de simples actions chimiques, c'est laisser dans l'ombre son action prépondérante purement dynamique.

C'est au Foie que viennent frapper le plus généralement ces *déterminatifs* de mouvement qui entraînent la Tonalité organique dans des dissonances pathologiques dont l'accord de Tonique a souvent peine à se relever. Les moindres impressions morales, les plus légères fluctuations atmosphériques ont leur retentissement au Foie, et c'est par la *Sensible* que les agents externes tentent l'assaut de notre Tonalité; un seul instant de retard, un *enrayement* fugitif dans le départ assimi-

lateur suffit pour produire dans le circuit vital un re-
foulement, une rétroversion de la Force qui va successivement frapper de son ondée de retour les trois pierres
d'assise de la Tonalité : le *Cœur*, le *Pôle génital* et le
Cerveau.

Ces hautes considérations de l'équilibre des forces,
en nous montrant les secrétions et les excrémentations
comme essentiellement tributaires de la Tension vitale,
nous ouvrent des horizons autrement étendus que les
conceptions étroites qui rattachent exclusivement les
phénomènes vitaux à des conséquences mécaniques
anatomiques ou chimiques.

C'est donc exclusivement dans le rapport tonal qui
doit exister entre les quatre termes fondamentaux de la
Tonalité physiologique, *Cerveau*, *Pôle génital*, *Cœur* et
Foie, qu'il faut chercher la véritable *Résultante* de la
vie ; c'est à ce centre de *Tension équilibrée*, que nous
avons appelé *Enormon*, que se manifestent toutes les
fluctuations vitales ; l'*Enormon* monte, descend, incline
à droite ou à gauche, s'épand ou se resserre, se dilate
ou se contracte sous les influences diverses qu'il subit.

Comme dans la Tonalité acoustique, la *Médiante*,
s'élevant et s'abaissant tour à tour, entraînée dans son
flottement vers la *Tonique* ou la *Dominante*, engendre
les tons *majeurs* et *mineurs* ; dans le premier cas, c'est
virilité, animation, gaieté, courage ; dans le second,
efféminalion, vague langueur, tristesse.

L'Être chez lequel le centre vital se tient haut ne
doute de rien, ne s'étonne de rien, ne recule devant
rien ; celui chez lequel le centre vital se tient bas est

triste, morose, inquiet, hésitant, plein d'humeurs noires
et de faiblesses.

Que ce centre flotte instable, à l'instar des médiantes
des mélodies primitives, entre les modalités majeures
et mineures, l'Être devient capricieux et fantasque ;
son esprit passe sans transition de la joie à la mélancolie.

C'est la position haute ou basse, droite ou gauche,
superficielle ou profonde de ce centre figuré d'équilibre
qui classe les hommes non seulement par nuances d'esprit et de caractère, mais par modes de tempérament.

C'est dans la variabilité incessante de cet équilibre
tonal que réside le flottement de la santé. Tout ce
qui vient l'influencer plus ou moins profondément fait
naître une déviation pathologique.

Cet équilibre se modifie avec l'âge et les milieux.
Chez l'enfant le centre vital est très haut : l'enfant rit,
gambade et chante, mais il est sujet aussi aux convulsions, aux maladies nerveuses et inflammatoires
et aux spasmes qui affectent spécialement la face et
les membres supérieurs.

Chez le vieillard le centre vital s'abaisse, amenant avec
la tristesse et l'hypochondrie tout le cortège des maladies de foie, d'estomac, d'intestins, de vessie et aussi
l'hydropysie ou la paralysie des membres inférieurs.

La folie, les névralgies, l'épilepsie ne sont que des
défaillances de mouvement, une simple impuissance
de tension amenée par un abus même de cette tension ; car rien ne concourt plus à la destruction de la
Tension vitale que l'enivrement des passions et l'action
exultante ou déprimante des vices.

Tout concourt à entretenir ou à détruire cette tension, et chacun de nous, enfant, adulte, femme ou vieillard, condense la Force libre et l'organise en raison de son équilibre tonal ; c'est donc dans la faculté que possèdent les organismes d'accommoder et d'organiser la Force libre à leur profit que gît leur puissance ou leur faiblesse ; c'est le degré de *Tension* qu'ils peuvent réaliser qui assure leur indépendance et leur sécurité. La *Tension*, disons-le, est la véritable sauvegarde des organismes.

Pour faire toucher du doigt ce que nous entendons par *Tension*, un fait bien simple peut venir à notre aide : Qui de nous ne s'est amusé au moins une fois dans sa vie à faire des bulles de savon, jeu cher aux bambins de tout âge ? Avec quelles précautions l'on ménage son souffle pour enfler la bulle suspendue comme une perle brillante au bout du chalumeau, et avec quelle joie naïve l'on suit ensuite de l'œil tous ces globes irrisés voltigeant dans l'espace au gré des courants contraires. Les uns, à peine affranchis, s'effondrent sous l'effort des forces ambiantes coalisées ; d'autres, mieux armés pour la lutte sans doute, s'en vont au loin, météores lumineux, poursuivre une carrière relativement plus longue. Dans ce jeu, certes, tous tant que nous sommes, nous n'avons jamais vu qu'une récréation enfantine, et, cependant, là comme en toutes choses, la Nature dans sa profonde sagesse nous donne un enseignement dont nous pouvons faire notre profit.

Cette bulle légère qui fait notre amusement nous

fournit l'image saisissante du premier pas de la Force
libre vers l'état d'*Occlusion* ou de *Tension*.

En emprisonnant son souffle dans cette frêle pellicule qu'il tend à son gré, l'enfant, sans s'en douter, ne
s'improvise-t-il pas créateur ? n'organise-t-il pas de
toutes pièces une forme équilibrée, toute rudimentaire,
il est vrai, mais douée d'un mouvement initial, et qui,
grâce à l'impulsion reçue, poursuivra dans l'Espace et
le Temps une suite de phases évolutives proportionnées
à la puissance de cette impulsion ? Nous avons là sous
les yeux l'expression de la Loi qui préside à toute évolution vitale ; cette forme occluse est un premier degré
d'*organisation*, car qui dit *organisation* dit chose constituée, définie, limitée, et, de même qu'on ne saurait
imaginer une force s'étalant dans un néant sans limitation et sans réaction, de même on ne peut concevoir un
organisme vivant sans *Occlusion* et sans *Tension*.

Tout s'arc-boute dans l'Univers, chaque point de
l'espace cherche à équilibrer sa tension propre avec les
tensions ambiantes, et lorsqu'un organisme, sorte de
forteresse vivante dans laquelle la Force est en tension
permanente, ne parvient plus à s'équilibrer avec les
tensions extérieures, c'est qu'il est fatalement voué à la
Mort : la Mort n'étant en réalité que le triomphe du
monde extérieur sur la tension d'un organisme fermé.
Mais, pour s'équilibrer avec le milieu qui l'entoure, il
ne suffit pas à un organisme d'être *en tension normale*,
il lui faut aussi entretenir avec ce milieu un rapport
d'échanges, et si nous nous reportons à la bulle de
savon, ce prototype de la cellule vivante, nous voyons

qu'elle jouit en effet d'un double mouvement de *vola-tilisation* et de *succion* qui, en la rendant perméable dans une certaine mesure aux agents externes, favorise les échanges indispensables à l'entretien de sa vitalité, et la dote d'une élasticité qui constitue en grande partie sa force de résistance.

Ce double mouvement d'*absorption* et d'*élimination* est le ressort de la cellule vivante, base des organismes ; plus l'individu occupe un rang élevé dans l'échelle des êtres, plus la perfection de son mécanisme, en favori-sant et réglant ce mouvement alternatif, double son énergie vitale ; dans la cellule végétale, composée d'une enveloppe strictement globulaire, contenant un liquide plus ou moins doué de mouvement, les phénomènes de la vie ne se manifestent qu'avec parcimonie ; si en montant d'un cran on arrive à l'animal, quelle que soit la simplicité de ses appareils de fonctionnement, le tra-vail d'élaboration vitale acquiert déjà sous la poussée mécanique de la force organique plus développée un notable accroissement de puissance ; mais, c'est bien autre chose encore quand on se trouve en présence des organismes supérieurs ; là le concours de multiples appareils composés vient centupler l'activité et la résis-tance vitales.

Ce n'est plus la simple tension du mouvement libre sériel, tension limitée par une pellicule rudimentaire plus ou moins poreuse, accessible à tous les chocs et si facilement envahissable, comme dans la bulle de savon : c'est au contraire une coalition de forces unies et équi-librées s'appuyant sur un organisme puissant et tellement fractionné dans sa vascularité enchevêtrée que les actions extérieures ne peuvent plus l'attaquer qu'en détail.

Cet ensemble est servi par de nombreux organes, merveilleux instruments de ses recettes et de ses dépenses de tension, ce qui lui permet de régler à son gré ses *condensations* et ses *dispersions* de mouvement ; et comme toute tension est particulièrement servie dans son énergie par le degré de difficulté que la Force éprouve à se transmettre vite et largement, de nombreux et d'étroits défilés arment l'organisme, pour sa défense, d'une instantanéité et d'une intensité d'action indispensables à sa préservation.

Résumons-nous donc et disons :

Tout organisme affecte une forme *occluse* qui obéit strictement aux lois de *Tonalisation* dont la Tonalité acoustique nous offre le modèle-type.

La puissance de vitalité d'un organisme réside dans sa puissance de *Tension* équilibrée et dans le juste rapport d'antagonisme qui existe entre sa tension propre et les tensions ambiantes.

Ce juste rapport se résout en un double mouvement d'*Absorption* et d'*Élimination*, de *Condensation* et de *Dispersion*, de *Recettes* et de *Dépenses*. L'équilibre de ce double mouvement, c'est la *Santé*. Il n'y a qu'une *Santé*, parce qu'il n'y a qu'un point d'équilibre.

CHAPITRE IV

Il n'y a qu'une Maladie.

Equilibre oscillatoire de la Tonalité depuis la Conception jusqu'à la Mort. — Toute déviation pathologique naît de la rupture
de cette Rhythmique.— Effets de la Tension équilibrée sur les humeurs de l'organisme. — Assimilation et Secrétions. — Maladies
aiguës et chroniques. — Flottement de l'équilibre vital entre
l'état de *Condensation* et l'état de *Dispersion* — L'état de Tonalisation sauvegarde notre *Identité*. — Conditions dont jouissent
les supports de l'action rayonnante de la Force. — Lignes de
Force de Faraday. — Galvanoplastie. — Contractilité, Sensibilité et
Perception. — Etat d'immunité que les hautes tensions périphériques donnent à l'organisme. — Dangers que présente la prédominance d'un des points de la Tonalisation. — Effets rétroactifs
des hautes tensions. — Tout manque ou tout excès de tension
amène des perturbations organiques.—Dissonances *et Battements*.
— Il n'y a ni maladies *nerveuses*, ni maladies *spécifiques*, ni
maladies *miasmatiques*. — *Microzymas* et *Bactéries*.— Théorie
de M. le professeur Béchamp. — Toute maladie provient d'un
désaccord entre la Tension de l'organisme et celle des forces ambiantes. — Il n'y a qu'un point d'équilibre et par suite qu'une
seule *Santé* et qu'une seule *Maladie*.

Comme la bulle de savon dont la frêle pellicule ré-
siste aux tensions ambiantes coalisées tant que la Force

initiale interne peut leur faire équilibre, de même l'Êtr trouve sa sauvegarde dans sa *Tension équilibrée*.

De la Conception jusqu'à la Mort, suivant la trajectoire que la Destinée nous trace, il nous faut, comme l'équilibriste sur la corde raide, l'œil fixé sur le but, soutenir sans défaillance ni oubli cet équilibre oscillatoire contre lequel se coalisent toutes les forces attractives ou répulsives qui nous entourent.

Pendant la durée de la vie utérine, la Force initiale, enveloppée dans le germe, participe de la Tonalisation de la mère dont elle subit toutes les fluctuations et les influences ; la Tonalité de l'enfant ne conquiert sa véritable autonomie que lorsqu'elle se sépare de la Tonalité maternelle. Elle se développe alors sous l'influence de l'éducation physique intellectuelle et morale que reçoit l'enfant, et ce n'est pas là la moindre des épreuves qu'elle ait à subir, car dans l'œuvre architectonique qu'elle poursuit et à laquelle elle doit présider pendant les longues années du développement et de la croissance, la Tonalité trouve à chaque pas de sérieuses occasions de dévier de son rhythme normal et rencontre des obstacles susceptibles de la faire sombrer avant qu'elle n'ait eu le temps de parfaire les organes compensateurs destinés à fortifier son fonctionnement.

Ce n'est qu'au moment où la croissance s'achève que l'Être se trouve définitivement en possession de tous ses moyens pour soutenir la lutte de l'existence ; doté d'une bonne impulsion initiale, que la conception lui aura donnée et qu'une solide éducation aura fortifiée, en possession d'un organisme complet, il pourra mieux soutenir les chocs, et sa puissance de résistance sera d'autant plus grande que sa Tonalité se sera mieux équilibrée ; mais alors, qu'il se tienne en garde contre lui-même ; qu il s'individualise fortement en armant sa Volonté contre l'entraînement des passions ; qu'il s'applique à maintenir un juste équilibre entre le *Physique* et le *Moral*, entre l'Être *végétatif* et l'Être *sensitif* ; qu'il ne laisse à aucune des résonances fondamentales de la Tonalité prendre une influence prépondérante sur les autres ; car si dans la première partie de la vie l'Être est principalement en butte aux attaques et aux déviations matérielles venant du dehors, dans la seconde c'est du dedans que viennent toutes les menaces sérieuses de déséquilibration. Parvenu au terme de son complet développement, l'Être, moins facilement dominé par les causes externes qui ont primé jusqu'alors, entre dans la période d'exercice du *Libre-arbitre* et de *la Volonté* ; s'il sait pondérer ses actes, s'il ne laisse pas faiblir sa Volonté, *cet agent de toutes ses tensions équilibrées*, il pourra atteindre et traverser sans encombre la dernière épreuve de transition qui l'attend au sommet de la vie, c'est-à-dire *le passage de l'âge adulte à l'âge mûr*, où la Tonalité, comme dans la période de croissance, court les plus graves dangers sous l'influence d'une seconde évolution architectonique, destinée à préparer les assises de la vieillesse.

Après cette épreuve topique, contre laquelle viennent le plus souvent se briser les Tonalités mal préparées ou désemparées, l'Etre, reprenant un nouvel essor que des antagonismes moins violents ne viennent plus, .

comme dans la période ascendante, ni si souvent, ni si profondément troubler, s'achemine vers le versant de la vie ; et muni d'une Tonalité armée d'une *Dominante* moins turbulente et plus assagie, il peut descendre les degrés de ce versant d'un pas calme et réglé, accomplissant souvent ainsi un second cycle aussi long que le premier.

Tout le secret de la vie des organismes est là : *Maintenir envers et contre tout la Rhythmique vitale à son point de Tension normale dans toutes les fluctuations que subit la Tonalité depuis la Conception jusqu'à la Mort.*

Y parvenir c'est résoudre le Problème vital en se tenant moralement et physiquement en dehors de cet esclavage douloureux et humiliant que nous imposent les passions et la maladie.

L'homme de bien, l'homme sain, l'homme heureux est toujours à l'unisson de lui-même, *vir semper sibi consonus* ; l'homme que la passion égare ou que la maladie terrasse perd toutes les harmonies de son être et détonne péniblement comme une dissonance dans un concert, *homo absonus*.

Soyons donc maîtres de nous-mêmes ; sachons régler nos besoins et nos jouissances ; ne laissons pas nos facultés s'épuiser dans les excès ou dans les vains plaisirs ; maintenons autant que nous le pouvons, l'équilibre au dedans et en dehors de nous. Toute infraction physique ou morale à cette loi de pur dynamisme nous courbe sous le joug de fer de ces innombrables déviations pathologiques qui forment le fond de la grande misère humaine et que nous avons renfermées sous cet unique vocable, la *Maladie*.

Pour éviter la Maladie, il faut que notre Tonalité impose aux antagonismes un accord parfait ; de cet accord résultera une Tension normale qui maintiendra en équilibre dans l'organisme toutes nos humeurs ; c'est en effet la Tension qui scinde en trois parts nos matériaux architectoniques, solides, liquides et gaz ; qui entretient la forme et le mouvement globulaire de nos tissus ; c'est elle qui, réglant la double fonction d'*Absorption* et d'*Élimination*, assure l'alternance périodique des *Assimilations* et des *Sécrétions* résumant le mécanisme vital ; les métamorphoses chimiques en permanence dans l'organisme en vue de la nutrition, du développement et de la conservation de l'Etre, ne sont, en réalité , qu'une conséquence immédiate de l'*état de Tension*.

Tant que cet état de Tension persiste, l'Etre, comme enveloppé d'une atmosphère protectrice, peut résister à toutes les poussées du dehors et conserver son autonomie fonctionnelle ; mais que cet état de Tension, cédant à quelque déterminatif prépondérant, vienne à se rompre, toutes les voies ouvertes aux invasions rendent l'Etre esclave et tributaire des forces ambiantes qui l'oppriment ; le mouvement régulier de ses fonctions, celui des décompositions chimiques s'altèrent ; la nature intrinsèque des solides, des liquides et des gaz se modifie et l'Etre périclite dans une désorganisation ascendante qui peut finir par amener une perversion complète de tous ses éléments.

Les pertes de Tension peuvent être brusques ou progressives, et c'est ainsi qu'elles produisent les maladies *aiguës* ou *chroniques*.

Tout individu, en raison de son *Idiosyncrasie,* est plus ou moins accessible aux pertes de Tension ; cela dépend de la façon dont *son Enormon* est équilibré. Les forces nerveuses, tendues du centre à la circonférence, forment, nous l'avons vu, une sorte de harpe vibrante obéissant à une rhythmique que crée l'antagonisme du double courant *Centripète* et *Centrifuge ;* tout l'Etre nerveux s'appuie, en quelque sorte, sur des centres condensateurs et rayonne vers la périphérie, où il rencontre l'opposition des forces ambiantes qui sert de tremplin à son élasticité vitale : sous l'influence de causes diverses, l'afflux du mouvement condensé se porte ou vers la périphérie ou vers les centres ; l'équilibre flotte entre des *Condensations* prépondérantes ou des *Distensions* excessives, et l'épanouissement se fait du centre à la circonférence d'autant plus normalement que l'Etre, mieux équilibré, se trouve plus maître de ses *Condensations* et de ses *Dispersions*.

Cet état de Tonalisation équilibrée constitue en réalité notre véritable identité personnelle, car, au milieu des mutations moléculaires incessantes qui s'opèrent dans notre matérialité, que deviendrait notre personnalité si nous n'avions aucun moyen, dans le torrent des métamorphoses qui entraîne nos éléments parcellaires constitutifs, de nous maintenir toujours en quelque sorte identiques à nous-mêmes.

C'est la Tonalisation, qui, en nous fournissant un

centre prépondérant d'actions à la fois attractives et
répulsives, nous permet de retenir, sinon dans l'immutabilité de leur nature, du moins dans leurs rapports
constitutifs, les éléments variables de notre sang, de
notre moelle, de notre chair, de nos os, de façon à les
maintenir en des séries de centres, à la fois indépendants et gouvernés, sous la prédominance d'une puissance supérieure équilibrante qui est la conservatrice
de notre caractéristique physique et morale.

L'ordre symétrique et absolu dans lequel se rangent
ces éléments est immuablement fixé par le degré même
de la puissance tensionnelle qui préside au développement normal de la silhouette de l'Etre. Comme la
limaille de fer, lorsqu'elle groupe ses particules isolées
autour du barreau aimanté sur des courbes géomé-
triques régulières que Faraday appelle des *lignes de
Force*, notre puissance tensionnelle obéit aux conditions dont jouit tout support de l'action rayonnante de
la Force : c'est un principe universel qu'on retrouve
partout, et dans le phénomène de la galvanoplastie, où
ce principe dirige la molécule sur la molécule comme
si une intelligence première préexistait en elle, et dans
l'organisme vivant où toutes les molécules s'organisent
entre elles.

C'est à la régularité et à la constance de ce classement
moléculaire au milieu des perpétuels échanges de
l'organisme que nous devons de conserver l'intégrité
de notre Forme et de notre Santé, et cette régularité et
cette constance dépendent de la faculté tonalisante qui
règle toutes nos tensions, faculté non seulement va-

riable chez chaque individu en raison de la place qu'il occupe dans l'épanouissement sériel de tous les types, mais variable aussi en raison de la façon dont l'organisme perçoit plus ou moins vivement ou profondément les sensations venant de l'extérieur.

Notre organisme, à l'exemple du dernier des mollusques ou de la délicate sensitive, a pour jeu normal de se *contracter* à l'approche d'un contact quelconque. Ce mouvement contractile mesure en quelque sorte le degré de limitation que la Force tendue dans l'organisme oppose aux excitations externes ; mais ce que l'on appelle *Contractilité* n'est que le premier temps du phénomène sensitif dont le second temps est la *Sensibilité*.

La *Sensation*, dépendant absolument d'un effet de retour du mouvement expansif vers la condensation, il faut, pour qu'à la suite de la Contractilité la Sensibilité paraisse, que le retrait de la force nerveuse sur les centres s'effectue sans entrave, que l'Énormon se contracte sur lui-même par un mouvement *Centripète ;* et comme il ne peut y avoir de *Sensation* sans *Perception*, il faut de plus que le Cerveau, l'organe des perceptions, se trouve avec le reste de l'organisme dans un rapport voulu. En d'autres termes, pour que l'Etre perçoive nettement les sensations, il faut que la Tonalité, dûment équilibrée, entretienne une harmonie réglée entre le double courant *Centripète* et *Centrifuge*, cette harmonie étant nécessaire au phénomène de récurrence qu'on appelle la *Sensibilité*.

Tout ce qui abolit ou entrave ce double courant, tout

ce qui pousse avec violence par exemple les forces cen-
tralisées de l'Énormon vers la périphérie dans un excès
d'expansion exagérée, comme la colère, la fureur guer-
rière, l'extase (qu'elle soit artistique, scientifique, éro-
tique ou religieuse), obscurcit par cela même la Sensibilité : le combattant dans l'ardeur de la lutte ne sent
pas la blessure qui troue sa chair ; le martyr exalté par
la Foi sourit au bourreau ; l'amour maternel se fait une
jouissance de ses douleurs ; ne vit-on pas en certain
temps des miraculés fanatiques supporter, sans jamais
en éprouver aucun mal présent ni aucune suite fâcheuse, les violences les plus monstrueuses !

Ces états de haute Tension vers la périphérie, par les
curieux cas pathologiques qu'ils présentent, ont plus
d'une fois déconcerté la science ; mais qu'ils se produisent fortuitement ou à la suite d'un violent effort de
la volonté, il n'en est pas moins vrai que ces états de
haute tension périphérique mettent, ou inconsciemment
ou volontairement, l'individu à l'abri de toute invasion
morbide et des défaillances que pourrait causer une
trop grande douleur ; on dirait que, sous cette influence, l'organisme se cuirasse contre tous les envahissements : l'homme dont l'Énormon est suffisamment
tendu peut affronter impunément toutes les contagions
miasmatiques ; le courageux sauveteur, dans le rayonnement du dévouement qui le pousse à exposer sa vie,
peut braver sans danger le froid mortel d'une eau
glacée qui, en tout autre temps, lui apporterait la
fluxion de poitrine et la mort ; on a vu de vieux braves,
opposant à la douleur une calme intrépidité, fumer tran-

quillement leur pipe pendant qu'on leur coupait la jambe ; Mucius Scævola, la main étendue sur le brasier incandescent qui brûlait ses chairs, étonna Porsenna par l'étonnante placidité de son calme.

Si la tension nerveuse, par l'immunité dont elle dote momentanément l'organisme, enfante de tels prodiges, elle crée en même temps par son excès même de grands dangers ; les extrêmes sont également à craindre, et dans la Tonalisation il ne faut pas que le point de *Condensation* l'emporte sur celui de *Résolution* ou *vice versâ*.

Quand on tend toutes les forces de l'Énormon vers la périphérie, il faut avoir soin de laisser au centre les réserves nécessaires pour faire contre-poids aux forces que l'on déplace, sans quoi la Tonalité risque de trébucher. Tout le monde a ressenti la pénible sensation qu'on éprouve lorsqu'on déploie, sans les utiliser, certaines tensions destinées à soulever un poids ou à forcer un obstacle ; une marche d'escalier qui n'existe que dans notre pensée, une porte ouverte que l'on croyait fermée amènent un choc en retour de la force non employée qui vient assez désagréablement affecter notre Sensibilité.

Parfois, certaines décharges de tension peuvent foudroyer l'organisme ; les annales de Médecine citent le cas d'un hercule de foire qui, ayant à soulever un très lourd fardeau, fut victime, par suite d'un faux mouvement ou d'une inattention, d'une de ces décharges foudroyantes ; à l'autopsie, on ne trouva aucune trace de congestion, aucun épanchement, aucune lésion ;

toutes les forces de l'Énormon tendues vers le réseau musculaire avaient sans doute tout simplement fait basculer la Tonalité insuffisamment équilibrée sur son centre.

Il faut un rien parfois, en cet état de tension extrême, pour provoquer le brusque retrait des forces d'un point sur un autre : lorsque l'organisme, par exemple. est en expansion dispersive par suite d'un état calorique exagéré produit soit par un milieu surchauffé, soit par quelque exercice immodéré comme la marche, la danse ou la course, le simple contact froid d'un banc de pierre ou d'un gazon humide, quelques gorgées d'un breuvage glacé suffisent pour produire instantanément la régression des forces de la périphérie vers les centres et consécutivement ces phénomènes inflammatoires ou typhiques qui viennent foudroyer les muqueuses pulmonaires ou intestinales.

Dans le raffinement de leur cruauté, les tortionnaires savaient si bien cela qu'ils défendaient expressément qu'on donnât une seule goutte d'eau aux malheureux que la torture mettait dans un état de tension suprême, de peur que la mort ne vînt trop tôt les arracher à l'horreur du supplice.

C'est par un phénomène analogue que, dans un liquide en ébullition, le café par exemple, une seule goutte d'eau froide suffit pour précipiter au fond du vase toutes les particules solides en suspension. C'est ainsi que pratiquent les Orientaux avant de servir cette boisson parfumée.

Enfin les grandes Tensions ont ce grave désavantage,

c'est qu'elles produisent en sens opposé un effet rétroactif puissant, et chaque fois que l'Énormon se tend violemment vers la périphérie, il subit ensuite invariablement un retrait proportionnel vers le centre, retrait susceptible de laisser l'organisme désarmé et de compromettre ainsi plus ou moins l'équilibre tonal.

Manque ou excès de Tension sont donc deux choses également funestes, en ce que le manque de Tension ouvre les voies à toutes les invasions, livre la Tonalité sans défense aux déséquilibrations et produit consécutivement de graves désordres fonctionnels et organiques, et en ce que l'excès de Tension, tout en mettant l'organisme momentanément à l'abri des envahissements du dehors, produit par action réflexe une défaillance de Tension qui peut réduire l'organisme à l'impuissance.

Il n'est pas une seule maladie, même locale, qui n'ait pour origine l'un de ces deux termes extrêmes et antagonistes : *toutes les déviations organiques viennent d'un manque ou d'un excès de Tension.*

La Maladie, résultat d'un désaccord purement dynamique, n'est donc pas cette entité de convention que le matérialisme médical place dans les parties liquides ou solides de l'organisme. La Maladie ne dérive ni de l'inflammation des muqueuses, ni de la désagrégation des tissus, ni de l'alcalescence des humeurs, ni d'une lutte supposée entre des éléments chimiques, tels que les *Acides* et les *Alcalis*. Elle dérive encore moins de l'invasion morbide de ces nuées de microbes qui, au dire de nos savants, peuplent l'air et les eaux qui nous entourent. Ce sont là des conséquences et non des causes.

« Si la Maladie avait pour cause les produits qu'elle engendre, disait en plaisantant un de nos spirituels homéopathes, il suffirait de se bien moucher pour guérir radicalement le coryza le plus invétéré ! » A proprement parler, il n'y a ni maladies *nerveuses*, ni maladies *spécifiques*, ni maladies *miasmatiques*. Il n'y a que des perversions de la Tonalisation amenant des déplacements plus ou moins graves dans les condensations de la Force. L'antagonisme entre la tension interne et les tensions ambiantes, en produisant des condensations anormales, paralyse ou détruit certaines vibrations en activité de la Tonalité et produit ce phénomène de lutte entre deux vibrations d'où sortent ces *dissonances* si bien connues en acoustique sous le nom de *Battements*.

Si l'Énormon rentre au logis ou s'en échappe sous la poussée d'une cause violente ou d'une émotion vive, s'il incline vers telle ou telle résonance de la Tonalité, le Cœur, le Cerveau, le Pôle génital ou le Foie, il produit ces agitations du Cœur qui s'élèvent à l'approche d'une épouvante, d'un malheur, d'une déception ou seulement d'une simple perturbation atmosphérique ; ou encore ces sueurs qui inondent notre front, ces effusions de larmes, ces hémorrhagies, ces mouvements de bile, ces sécrétions urinaires, ces dévoiements qui enchaînent nos facultés et compromettent momentanément tout le mécanisme vital et le libre arbitre. Une peur, une émotion, le choc d'une seule pensée triste ou violente, quelques gouttes d'un breuvage mises en contact avec nos organes digestifs peuvent tout à coup rompre l'harmonie de notre Tonalité et jeter l'Énormon dans des écarts compromettants qui entraînent l'organisme dans toutes les déviations pathologiques qu'on a essayé de cataloguer.

Supposer un seul instant que l'origine de ces perturbations n'est pas en nous, mais en dehors de nous, l'attribuer à la présence de germes *préexistants* et *primitivement morbides* dans les milieux qui nous entourent, c'est sacrifier la Logique et la Raison à une croyance véritablement superstitieuse.

Admettre que toutes les créatures sont, comme quelques-uns le prétendent, à la merci *d'une Panspermie microbiotique primitive, essentiellement créée pour nuire*, c'est substituer le hasard des milieux aux lois immuables qui règlent d'une manière uniforme l'harmonie des phénomènes : « La vie de l'homme, dit M. Béchamp, l'adversaire déclaré de la théorie miasmatique, n'est pas plus livrée au hasard que le cours des astres ! »

En Physiologie comme en Physique, il n'y a qu'une Loi et c'est la Loi des Forces. S'il y a *microbe, ce n'est pas le microbe qui engendre la Maladie, c'est la Maladie qui engendre le microbe* ; le microbe n'est point une cause déterminante spécifique, c'est un *épiphénomène*. Il suffit de lire les ouvrages de haute érudition pratique de l'éminent professeur des Facultés de Montpellier et de Lille pour se faire une idée nette de la question. Il n'existe pas, comme on cherche à nous le faire croire, un génie malfaisant qui, dès le commencement du monde, aurait répandu partout les germes

des ferments de la Peste, du Choléra, de la Fièvre
jaune , de la Variole, de la Fièvre puerpérale, du
Charbon, de la Morve, de la Syphilis, de la Tuberculose
et de toutes les maladies épidémiques et contagieuses.
Les éléments histologiques primitifs de nos tissus, les
Microzymas, comme les appelle M. Béchamp, sont tout
simplement doués de propriétés diverses, selon les centres
d'activité où ils évoluent. Que certaines influences perni-
cieuses, telles que les imprudences, la malpropreté, l'en-
combrement, l'intempérance, la mauvaise nourriture,
l'inconduite, etc., viennent à modifier plus ou moins profondément l'état général de l'organisme, nos éléments
histologiques cessant, en quelque sorte de vibrer à l'unisson du circuit vital, prendront tout à coup une évolution
nouvelle, se transformeront en *Bactéries* et deviendront
temporairement nos ennemis ; mais, sous des influences
meilleures, que l'organisme vienne à se reconstituer, un
mouvement de *régression* s'opérera et nos éléments histologiques, repassant de l'état maladif à l'état de santé,
cesseront d'être des *Bactéries ennemies* pour revenir des
Microzymas amis. Dans l'un comme dans l'autre cas,
ce sont nos propres éléments constitutifs, qui, échappant
à notre dominance ou y revenant, se dénaturent ou se
reconstituent ; il n'intervient ici aucun élément étranger, et le phénomène se résout tout entier en une métamorphose de nos éléments histologiques sous l'alternance des forces qui les actionnent.

C'est une simple question d'équilibre.

Lors donc qu'un Européen, subitement transporté
au sein des populations où règne la Fièvre jaune, tombe

victime du fléau, alors que tous ceux qui l'entourent sont en parfaite santé, ce n'est point à proprement parler d'un *miasme* qu'il succombe, mais d'un défaut d'adaptation de sa Tonalité au nouveau milieu qu'il vient d'aborder. On ne transporte pas un organisme du Pôle à l'Équateur sans courir le risque de briser sa Tonalité sous l'influence de l'écart considérable des antagonismes contre lesquels cette Tonalité a à exercer sa Tension.

Les organismes peuvent, dans une certaine mesure, résister aux forces ambiantes, leur degré de résistance est en raison de la force de réaction que leur donne leur Tension équilibrée ; mais il y a certains *déterminatifs* prépondérants en face desquels toutes les Tonalités s'effondrent ; pas un organisme ne résistera, par exemple, au contact de la foudre ou à l'influence mortelle de l'*oxyde de carbone*.

Ceci n'a plus rien à voir avec les théories *parasitaires* et *microbiennes,* qui, outre le grand tort qu'elles peuvent avoir de porter inutilement l'effroi dans les âmes craintives, en leur montrant la mort voltigeant sans cesse dans l'espace sous mille formes insaisissables, présentent un inconvénient beaucoup plus grave en ce qu'elles font perdre de vue le véritable point de départ *étiologique* des maladies et qu'elles contribuent ainsi à égarer complètement *la Thérapeutique.*

Résumons-nous donc et disons :

La Maladie n'a pas le caractère de matérialité morbifique qu'on lui prête.

Notre propension naturelle à tout interpréter par les

Sens nous rend le jouet d'une illusion qui nous fait prendre l'*Effet* pour la *Cause*.

La Maladie n'est ni dans l'organe ni dans un principe fictif extérieur à l'organisme.

Elle résulte invariablement d'un désaccord entre notre Tension déséquilibrée et celle des forces ambiantes.

Sous l'impulsion de ce désaccord un effet consécutif se produit : nos fonctions se détraquent et nos éléments histologiques constitutifs, échappant à la dominance de la *Tonalité*, se désagrègent et se pervertissent ; ils ne reviennent, *par régression*, à l'état de santé, que lorsque l'*équilibre tonal* s'étant refait, ces éléments rentrent sous la puissance régulatrice de notre Tension équilibrée.

Il n'y a qu'un point d'équilibre ; il ne peut donc y avoir qu'une *Santé* et qu'une *Maladie*.

CHAPITRE V

Il n'y a qu'un Remède.

Ce qu'il faut entendre par ces mots: « *Il n'y a qu'un Remède* ». — Le Mesmérisme est en complet accord avec l'aphorisme hippocratique : « *Natura Medicatrix* ». — La première notion de toute Thérapeutique est de savoir comment la Maladie se comporte en dehors de l'action du Médicament. — Ignorance où l'on est de l'opportunité des moyens curatifs et de leur réelle valeur. — De la Tolérance organique pour les médicaments. — Végétaux. — Minéraux. — Antithermiques. — Anesthésiques. — Antiseptiques. — Le Remède varie en raison de l'Idée qu'on se fait de la vie et des causes de désorganisation vitale. — Méthode *dérivative* ou antagoniste. — Méthode *excitante*. — Analeptiques. — Administration des médicaments. — Injections hypodermiques. — Palliatifs. — Emissions sanguines. — Opérations chirurgicales. — Nécessité de respecter l'intégrité de l'épiderme. — Impuissance de la science. — Erreurs de diagnostic. — De l'Expectation. — La Maladie n'a rien de matériel, elle est de pure *essence dynamique*. — Avantages du Magnétisme sur les autres agents thérapeutiques. — Son action stimulante sur les mutations nutritives. — L'organisme obéit à une loi de Morphologie générale sous l'empire de laquelle se reconstitue la *Tonalité* vivante.

S'il existe une Loi qui régit souverainement les phénomènes, si c'est de l'accomplissement strict de cette

Loi dans le fonctionnement organique que dépendent
la *Vie* et la *Santé*, il est de toute logique d'admettre
qu'il n'existe qu'une seule façon de *remédier* à la *Maladie*, c'est de rappeler l'organisme à l'accomplissement
intégral de la Loi.

Voilà ce qu'il faut entendre par ces mots : *Il n'y a
qu'un Remède.* Voilà ce que Mesmer a voulu dire lorsqu'il a avancé cette proposition, et il n'a jamais été
dans la pensée du Maître, pas plus que dans la nôtre,
de présenter le Magnétisme comme une panacée universelle et comme le seul et unique remède qu'on
puisse opposer à la Maladie. Tout procédé susceptible
de rappeler sûrement et promptement l'organisme à
l'accomplissement de la Loi, toute hygiène capable de
préparer et de favoriser la réaction vitale, voilà à
proprement parler ce qu'on peut appeler *Le Remède.*

L'action magnétique, par l'influence dynamique puissante qu'elle exerce sur le système nerveux et consécutivement sur la matérialité des organes, est évidemment
pour quiconque en a fait l'épreuve au point de vue
expérimental le plus sûr moyen de favoriser les réactions vitales ; et voilà pourquoi Mesmer a cherché à
démontrer les vertus curatives de sa méthode, se mettant en cela en complet accord avec l'aphorisme hippocratique qu'on peut avec raison considérer comme
le point fondamental de l'art: *C'est la Nature qui guérit,
à la condition qu'on l'aide, qu'on la soutienne, et qu'on
la dirige vers ses admirables fins !*

Etre le ministre de la Nature qui est notre premier
maître ; chercher à connaître les lois qui régissent l'or-

ganisme et faire tous ses efforts pour ramener l'organisme le plus vite possible sous l'empire de ces lois, ne
jamais substituer l'action du praticien à celle de la
Nature, tel est le secret de la vraie science médicale,
de la science qui guérit ; en denors de cela il n'y a rien
qu'empirisme étroit, aveugle et néfaste !

Or, malgré l'affirmation très nette d'Hippocrate, le
père de la Médecine, qui devrait cependant servir de
point de départ à la Pathologie, à la Matière médicale
et à la Thérapeutique, au lieu d'étudier les lois dynamiques qui régissent l'organisme vivant, au
lieu de rechercher les applications pratiques qu'on
peut faire de ces lois, on se livre aux hypothèses les
plus fantaisistes et les plus contradictoires, et l'on
flotte depuis vingt-trois siècles entre le préjugé et le
nihilisme.

Tout le monde déplore cet état de choses, les plus
grandes notabilités médicales elles-mêmes, pénétrées
de l'insuffisance de la science, ne se font pas faute
d'en signaler les lacunes, mais personne cependant
n'ose rompre franchement avec les préjugés routiniers
de l'École ; on craint, semble-t-il, de porter à l'arche
Sacro-Sainte une main sacrilège ; et cependant plus
d'une parole autorisée indique depuis longtemps la
route à suivre : « La première chose pour le médecin
« qui doit expérimenter et dont toute la science est
« constituée par l'expérience bien faite, dit le célèbre
« professeur Trousseau dans l'Introduction de sa Cli-
« nique médicale, est de savoir quelle est l'allure na-
« turelle de la Maladie ; mais la plupart des médecins,

« gâtés par l'éducation théorique qu'ils ont reçue,
« *trop impatients*, veulent toujours devancer l'évolution
« de la Nature, devancer les phénomènes naturels....

« Cela est triste à dire, par cela même qu'il n'observe
« pas avec le plus grand soin les phénomènes natu-
« rels, par cela même qu'il ne s'apprend pas de bonne
« heure à connaître la marche et l'allure des maladies,
« le médecin devient incapable de connaître l'action
« des remèdes qu'il ordonne, et toutes les expériences
« qu'il fait désormais manquent de base ; car *la pre-*
« *mière notion, la plus importante, est de savoir com-*
« *ment la Maladie se serait comportée indépendamment*
« *de l'action du Médicament.*

« Nous croyons trop à nous-mêmes, et nous nous
« défions trop de ce que j'ai appelé métaphoriquement
« la *Nature* ; nous ne savons pas assez que le *branle*
« *donné* (pardonnez-moi cette expression triviale), les
« choses reprennent leur allure normale et que rien
« ne doit être plus respecté par le médecin que le
« retour à l'activité des fonctions naturelles, qui désor-
« mais *feront pour la curation plus que tous les agents*
« *de la Matière médicale* » (CLINIQUE MÉDICALE, INTRODUC-
TION).

Et dans la même Introduction le savant professeur
ajoute :

« Il y a bien longtemps que je suis incliné à croire à
« l'impuissance de la Médecine dans le traitement de
« la Pneumonie aiguë ; il y a bien longtemps que je
« suis tenté de laisser à la Nature le soin de mener
« à bien cette maladie contre laquelle nous sommes

« tous disposés à agir avec tant de vigueur, mais jus-
« qu'ici je n'ai pas osé le faire. Les *Antimoniaux*, les
« *Vomitifs* la *Digitale* sont mes armes de prédilection ;
« je croirais manquer à tous mes devoirs si, con-
« vaincu comme je le suis (*peut-être à tort*) de l'ex-
« trême utilité de ces moyens, je les mettais de côté
« pour voir comment la Nature viendrait à bout de la
« Maladie. » (Trousseau, page XXII).

Ainsi le célèbre Professeur nous l'avoue sans péri-
phrase : Le médecin, par préjugé, ne croit pas devoir
s'abstenir ; lui-même n'a pas osé le faire ; au lieu d'é-
tudier la marche naturelle de la Maladie, on institue
un traitement énergique qui trouble nécessairement
l'évolution normale de la maladie, et, lors même que le
traitement a une issue favorable, on ignore absolument
ce qui fût advenu si l'on eût abandonné le mal à lui-
même. C'est mille fois pis encore si le traitement échoue,
car la perplexité du médecin s'augmente de l'ignorance
où il reste après cet échec sur la portée de l'action
médicamenteuse.

Quoi qu'il arrive, le médecin reste donc dans le vague
et ne peut se prononcer ni sur l'opportunité des moyens
curatifs qu'il emploie ni sur leur réelle valeur.

Il n'est pas un seul praticien honnête et consciencieux qui ne souffre de cette cruelle perplexité, et l'ho-
norable professeur Trousseau, tout en confessant ses
anxiétés, cherche à rejeter la faute sur le malade lui-
même : « Chose triste, dit-il, mais qu'il faut dire bien
« haut, les malades veulent être trompés, ils le veu-
« lent !!... Ils savent mauvais gré au médecin qui

« les guérit sans remède ! Impatients de guérir, ils
« veulent qu'on agisse quand même ! C'est au méde-
« cin à résister et à tromper cette impatience légitime,
« *en donnant des riens* qui ne puissent aggraver l'état
« maladif ! » (Conférence de l'association polytech-
nique, page 41).

N'est-ce point là un aveu manifeste du principe
Natura medicatrix dont nous parlions tout à l'heure ;
pourquoi donc alors ne pas étudier l'allure naturelle
des maladies, pourquoi ne pas rechercher les moyens
les plus sûrs et les plus prompts de ramener la réaction vitale ?

Ne vient-on pas nous dire : que *la Nature donne le
branle à la Curation et fait plus que tous les agents de la
Matière médicale !* Que le médecin par une intervention
intempestive risque de troubler à chaque instant
l'évolution normale ! Pourquoi passer outre et ne point
s'abstenir? C'est qu'on n'a ni le courageux désintéresse-
ment ni la franchise d'avouer la Vérité au malade, et
que, par routine ou nécessité de métier, on préfère
jouer témérairement le tout pour le tout comme on
risquerait une partie de dés.

On ne recherche point la cause du désordre ; à quoi
bon? elle est d'*essence dynamique* et l'on se sent
d'avance désarmé contre ces influences impondérables.
Ce qui préoccupe avant tout, c'est la matérialité du
mal ; voilà ce qui frappe et l'on se borne à expulser
du corps (fût-ce même au détriment du malade) le
produit matériel du désaccord dynamique! Equilibre
vital, tension nerveuse sont des facteurs qu'on né-

glige; l'unique objectif est l'organe ; on ne s'attaque qu'à l'animal interne, au sang, aux tissus ; on agit directement sur eux par des combinaisons chimiques ou des actions mécaniques dont on ne connaît qu'imparfaitement les effets et dont on ne saurait prévoir sûrement les résultats.

Quel est le cheval de bataille de la Thérapeutique actuelle ? Ce sont les médicaments, ces produits pharmaceutiques variés à doses plus ou moins considérables qu'on met en contact direct avec le sang ou la fibre vivante.

En admettant que le médicament favorise la réaction vitale qui peut seule ramener l'équilibre de notre Tonalité chancelante, comment apprécier d'avance avec quelque sûreté les actions chimiques, mécaniques ou physiques qui peuvent résulter du poids, du volume, de la forme, de la nature intrinsèque, et des affinités de chaque substance médicamenteuse avec nos tissus en vue d'une réaction dynamique subséquente? Comment parmi les cinquante mille substances que comporte le Codex, reconnaître d'emblée celle qui convient le mieux à chacun des cas morbides si diversement détaillés et catalogués dans nos cadres nosologiques artificiels ?

Comment en dehors de ces questions de pure convention ou tout au moins de nuances incomplètement étudiées et fixées, juger des rapports d'affinités ou du degré exact d'électivité que ces substances multiples peuvent avoir sur les non moins multiples variétés de tempéraments ?

Comment enfin se prononcer sur leur mode de dosage ? La *tolérance* de l'organisme pour le médicament dépend d'une foule de conditions très difficiles à apprécier ; l'âge, le sexe, le genre de vie, la profession, le climat, le tempérament sont autant d'agents modificateurs dont il faut tenir compte.

Ne voyons-nous pas les organismes subir l'influence médicamenteuse d'une façon très diverse ; ce qui tue l'un nourrit l'autre et *vice versa* : la quantité de *Noix vomique* qui tue l'homme est supportée sans inconvénient par le porc. On peut administrer de hautes doses d'*Arsenic* au cheval, et il succombe à une faible dose de *Phosphore* ; le *Cerfeuil sauvage* nuit aux vaches et n'incommode pas les ânes ; la semence de *Persil* est en général le poison des oiseaux. Il en est de l'homme comme des animaux ; tel dont quelques feuilles de cresson suffisent pour déterminer une éruption à la peau (fait que nous avons eu l'occasion d'observer plusieurs fois) peut absorber impunément des doses énormes de Laudanum de Sydenham (ainsi que le constate M le docteur Trousseau) ; telle dose inoffensive pour celui-ci devient toxique pour celui-là ; sous des influences variables les centres d'électivité changent et se modifient; les substances ingérées deviennent dangereuses par accumulation ou s'annihilent l'une l'autre par effet contraire ; chaque corps dans la nature a son pôle chimique, autrement dit son *antidote*.

Comment au milieu d'une telle complexité de résultats inattendus juger et prévoir ce qui convient à la nature de la maladie, à sa marche, à son degré, à son siège, à l'état de l'organe spécialement affecté, au tempérament du sujet ?

Mais, objectera-t-on, voilà précisément l'objet de la science ; c'est là où apparaît dans tout son éclat le talent du praticien ; nous voulons bien le croire ; cependant, à bien considérer, il est fort à craindre que cette science si compliquée ne soit par trop au-dessus de nos faibles conceptions humaines et, avec Hufeland (qui semble partager cette opinion), nous croyons qu'il vaut mille fois mieux se passer de médicaments en cas de maladie que d'en prendre un qui ne convienne pas et qui risque de compromettre gravement l'organisme. Si encore on s'était appliqué à rechercher à quel *minimum* de dosage il faut descendre pour obtenir l'évolution bienfaisante qu'on veut produire dans l'organisme, mais c'est tout le contraire qu'on a fait, et le Formulaire Magistral se borne à faire connaître le *maximum* de chaque substance toxique que l'homme peut supporter sans périr ; on joue à chaque instant, comme par plaisir, avec les plus hautes doses médicinales.

On fait pis encore ; malgré toutes les difficultés qu'on peut avoir à se prononcer avec quelque assurance sur l'efficacité d'une seule substance, on en accouple deux, trois, quatre ensemble dans des proportions diverses, sans se préoccuper si leurs vertus opposées ne se neutralisent pas. De là ces ordonnances composées et ces médicaments spécifiques qui faisaient dire au vieux docteur Meckel de Halle : « Quand je veux m'amuser, je vais dans les pharmacies lire les prescriptions, ce qui me rend plus gai que les comédies et les recueils d'anecdotes ! »

Cette incertitude dans l'emploi des spécifiques, en faisant naître un sentiment d'indifférence, a conduit certains esprits sceptiques à résumer la science médicale en quelques flacons, un seul parfois, le remède à la mode (l'*Antipyrine* ou le *Bromure de potassium* par exemple) que les pharmaciens eux-mêmes montrent ironiquement comme l'arsenal dans lequel les médecins puisent pour guérir tous les maux.

En quels remèdes, du reste, doit-on mettre sa confiance ? Quels sont les plus aptes à amener cette évolution naturelle de l'organisme vers la reconstitution de l'équilibre vital ? Est-ce dans les minéraux, dans les végétaux, dans les antithermiques, les toxiques, les anesthésiques, les antiseptiques, les analeptiques ou reconstituants qu'on peut trouver cette source de vie ? Nous n'avons pas la prétention de faire ici l'analyse documentée des propriétés médicinales de toutes les substances ; nous nous bornons à donner un aperçu rapide des effets désastreux qui — de l'avis même des praticiens les plus compétents — peuvent résulter des traitements en usage.

Végétaux. — On avait jadis une grande confiance dans les vertus médicinales des plantes ; on les employait au naturel, en infusions, décoctions ou cataplasmes. Aujourd'hui on a en quelque sorte relégué la Médecine dite des *Simples* au rang des *remèdes de bonne femme*. L'homme, avec les tendances qui le caractérisent

de substituer partout et toujours son action à celle
de la Nature, a cru faire œuvre scientifique louable
en extrayant des plantes leurs composés chimiques
pour en constituer des *Alcaloïdes*; c'est là, dit-on, un
progrès notable, en ce que les Alcaloïdes présentent
sur les substances brutes, (herbes, écorces, racines,
graines), le grand avantage de permettre de mieux en
définir les effets et d'en mesurer plus exatement le
dosage. C'est ainsi qu'on a tiré la *Morphine* du pavot,
la *Quinine* du Quinquina, *l'Atropine* de la Belladone, la
Strichnine de la Noix vomique, sans songer que par ces
manœuvres de laboratoire on a détruit les précieuses
facultés tonales originelles données par la Nature au
Pavot, au Quinquina, à la Belladone et à la Noix vomique et qu'à l'élément de synthèse qui constitue
l'individualité propre de chacun de ces corps on a
substitué par l'analyse chimique des éléments nouveaux qui n'ont aucun rapport avec les premiers.

Ainsi l'air par exemple qui se compose, on le sait, de
21 parties d'oxygène et de 79 parties d'azote, ne doit
ses propriétés vitales qu'à cette condition expresse d'être
le produit tonal de l'antagonisme de l'oxygène et de
l'azote dans le rapport de 21 à 79. Changez ce rapport,
brisez la Tonalité de l'air séparez l'azote de l'oxygène,
ces deux gaz *isolés* n'auront plus séparément sur notre
organisme les mêmes effets physiologiques que leur
composé et perdront leurs propriétés vivifiantes. N'est-
on pas arrivé au même résultat par la création des
Alcaloïdes? en brisant la Tonalité vivante du Pavot,
n'a-t-on pas tué ses principes bienfaisants naturels

pour y substituer des produits artificiels tels que l'Opium, la Morphine, la Narcéïne, la Codéïne, la Narcotine, la Papavérine et la Thébaïne, toxiques ou anesthésiques violents, tous plus dangereux les uns que les autres et qui peuvent compromettre sérieusement la Tonalité vitale ?

Après le jus de Pavot il n'est pas de substance dont ont ait fait au détriment de l'humanité un abus plus grand et plus fréquent que la *Quinine* ; or la Quinine prise en excès produit la Phthisie, l'Hydropisie, les vertiges, la surdité, un trouble profond des voies digestives et des idées. C'est, on le sait, le médicament héroïque de la Fièvre, mais personne n'ignore que les fièvres coupées par la Quinine récidivent plus souvent que celles qui ont été arrêtées par d'autres moyens : son action très rapide n'est que passagère, le trouble revient aussitôt que l'action du remède est épuisée ; de là ces fièvres intermittentes indéracinables qui, en réalité, ne sont qu'une maladie médicamenteuse produite par la Quinine.

Quant à la *Digitaline,* qu'on emploie fréquemment aussi, c'est une substance qui, plus que toutes les autres, paralyse la réaction vitale ; la Digitaline neutralise l'effet des autres médicaments, surtout lorsqu'on l'emploie *antipathiquement,* c'est-à-dire dans le cas où le pouls est rapide. Au lieu d'être, comme on le croit généralement, l'agent *modérateur* du système artériel, elle en est l'agent *perturbateur* par excellence et elle donne aux battements des artères une intermittence irrégulière ; à la faible dose de six milligrammes elle peut amener des accidents redoutables.

Il en est ainsi de tous les Alcaloïdes naturels dont les principes actifs extraits des végétaux sont plus ou moins dangereux à manier et sur lesquels nous reviendrons plus loin en parlant des anesthésiques. Ce que nous voulons établir ici, c'est qu'en mettant à nu les principes immédiats des substances, sous prétexte de débarrasser les corps des éléments étrangers et stériles qui les obstruent, le chimiste ne soupçonne pas, au point de vue de la combinaison des Forces de la Nature, où peuvent le conduire ces essentialisations artificielles de laboratoire.

Minéraux. — L'organisme peut encore, si la dose n'est pas trop forte, se défendre contre les Alcaloïdes végétaux, en les éliminant ; mais contre les sels minéraux, tels que ceux de Platine, de Plomb, de Cuivre, d'Arsenic, d'Étain, d'Antimoine, de Fer, de Mercure, il n'a plus la même puissance d'élimination : Les minéraux non seulement ne s'absorbent pas, mais ils accaparent ou dispersent les forces vitales. « Le Plomb qui frappe de mort le soldat sur le champ de bataille, dit le chimiste Louis Lucas, n'est pas plus mortel que le *Bichlorure de Mercure* ne l'est lui-même : l'un est revêtu d'une force balistique, l'autre d'une force de condensation chimique relative. Pour le maintenir en suspension, l'organisme se ruine en condensation normale de la même façon qu'un hôte pauvre s'épuise pour recevoir un grand seigneur dont la dépense l'obère. »

Les minéraux sont des accapareurs de mouvement ;

ils ruinent par leur présence dans l'organisme la tension normale de la vie, et c'est ainsi que le Mercure fait de si grands ravages ; on s'était tout d'abord prudemment borné à n'employer le Mercure que comme insecticide, on l'a ensuite appliqué comme spécifique de la Syphilis, des maladies de la peau ; puis, généralisant son emploi, on l'a associé à plusieurs substances et notamment à l'Iode contre la Scrofule.

L'*Iode* lui-même est devenu le médicament tellement à la mode qu'on l'emploie journellement *intus* et *extra* sous forme *d'iodure* et de *teinture* contre toutes les maladies. Convaincu de son innocuité (dans les applications externes surtout) chacun de nous s'en badigeonne l'épiderme des pieds à la tête à propos de rien.

Et cependant, non seulement l'Iode donne des nausées, des vomissements, cause le tremblement des membres, une prostration générale, des sueurs froides, mais il dessèche et corrode les tissus blancs, ligaments et enveloppes des articulations, sur lesquelles on l'applique. L'Iode n'est donc pas si inoffensif qu'on pourrait le croire.

Il en est de même du *Fer* dont on fait un si grand abus dans l'Anémie ; on s'est imaginé que le Fer, symbole de la Force, devait renforcer l'organisme comme on double la force d'une roue en la ferrant. « C'est une erreur qui s'éternise dans les livres, dit le Dr Giacomini, mais dans la pratique jamais on n'obtiendra à l'aide du Fer la moindre élévation du rhythme des fonctions vitales ! » L'abus du Fer, considéré à tort comme le spécifique de la Scrofule et du Rachitisme, gâte les dents, perd l'estomac, échauffe les intestins, donne de la diarrhée et des vomissements, abaisse le pouls et finalement enflamme et affaiblit l'organisme.

Le Fer, par ses hautes propriétés condensatrices du mouvement, peut, appliqué sur l'épiderme, arrêter par son simple contact les hémorrhagies, les crampes et les spasmes les plus violents, mais, si l'on tient à sa santé, il faut bien se garder de l'absorber par la voie stomacale.

Quant à l'*Arsenic*, tout le monde connaît les dangers de son emploi; nous n'insistons donc pas; nous nous bornons à constater que pas un sel minéral n'est assimilable, et que tout traitement par les minéraux présente un danger pour l'intégrité de la Tonalité vitale.

Antithermiques. — On s'est beaucoup rejeté en ces temps derniers sur les antithermiques. L'*Antipyrine* a eu et a encore une grande vogue; concurremment à l'Antipyrine on a employé d'autres produits tels que l'*Acétanilide* et la *Kaïrine*.

Nous ne pouvons mieux faire que de donner sur la valeur de ces agents pharmaceutiques l'opinion d'un homme qui a été l'une des lumières de l'Académie de Médecine, le regretté professeur Péter : « Leur usage à titre d'antithermique et de *refroidissant*, dit-il, est motivé par l'une des erreurs les plus graves de la Médecine contemporaine, la Médecine *Physico-Chimique*, qui prend *l'effet* pour la *cause*, le *fait* pour l'*acte* et considère l'*Hyperthermie* ou *surélévation* de la température comme constituant le péril dans une maladie. L'Hyperthermie est tout simplement une déviation de l'acte fonctionnel ;

viser l'Hyperthermie par un médicament *refroidissant*, ce n'est qu'accomplir une partie de la tâche médicale ; au grand péril du malade, on abaisse brusquement de plusieurs degrés la température ; l'état du malade est tout aussi mauvais, *sa prostration est plus grande encore* ; il est même plus malade qu'avant, car le *mé-dicament a cyanosé les extrémités en les rendant bleuâtres et froides comme celles d'un noyé ; il y a empoisonne-ment médical et si cet empoisonnement va trop loin le malade est si bien refroidi qu'il l'est pour toujours !* »

Cette explication très catégorique du savant profes-seur de la Faculté sur les applications et les consé-quences funestes des antithermiques vise également la méthode réfrigérante appliquée dans les Fièvres graves, où l'on pense pouvoir éteindre le feu de la maladie par un bain froid, comme on éteindrait un charbon incan-descent dans l'eau. C'est ainsi que les docteurs Leroy de Béthune, Brand de Stettin, et Liebermeister de Bâle, considérant l'élévation de température comme le principal danger des Fièvres graves, ont cru devoir ap-pliquer la méthode réfrigérante à la Fièvre typhoïde. Mais c'est là une erreur que le célèbre physiolo-giste Claude Bernard a combattue de son mieux en démontrant que dans la Fièvre on ne connaît guère encore les phénomènes intimes d'échange, de réduc-tion et d'oxydation qui se passent dans les tissus, et qu'on commence au contraire à entrevoir très nette-ment la nature des influences que peut exercer sur eux l'appareil général de régulation calorifique, le Sys-tème nerveux. C'est donc au réseau nerveux qu'il faut

s'adresser pour combattre le désaccord tonal ; la surélévation de la chaleur vitale n'est, comme le dit très
justement M. le professeur Péter, qu'un symptôme de
la maladie et non sa cause, et ce n'est point en abaissant brusquement la chaleur vitale par un procédé
mécanique ou chimique qu'on parviendra à atteindre
la source du mal ; tout ce que l'on peut faire en agissant ainsi, c'est troubler davantage par un choc violent
l'équilibre nerveux.

Anesthésiques. — A côté des antithermiques, le
progrès de la science moderne a placé les *anesthési-*
ques.

Anesthésiques et antithermiques suppriment la
douleur, et c'est cela surtout qui fait leur grande
vogue ; mais s'ils suppriment la douleur, c'est parce
qu'ils agissent sur le cerveau et sur la moelle en
les paralysant ; l'effet n'est donc qu'apparent ! Il ne faut
pas s'illusionner, le *Chloroforme*, l'*Éther*, le *Chloral*, le
Sulfonal, la *Cocaïne*, la *Morphine* et leurs congénères
sont les plus redoutables agents *déprimants* du système
nerveux : ils arrêtent les battements du cœur, donnent
des nausées et des vertiges, des sueurs profuses,
dilatent les vaisseaux cutanés et cyanosent le sang.
Ils n'agissent pas seulement sur les éléments nerveux
en maintenant les nerfs dans les tonalités basses de la
sensibilité générale, ils sont aussi de violents poisons
musculaires ; si l'on en force la dose on provoque des
attaques tétaniques, analogues à celles produites par la
Strychnine ; les muscles *antipyrinés* ou *anesthésiés* ne

répondent plus par la contraction à l'excitation électrique, et la fibre musculaire, sous cette influence per-
nicieuse, subit une sorte de *coagulation* qui donne au
muscle une rigidité dont il ne se dépouille que lorsque
la cellule nerveuse sort elle-même de son anesthésie ;
une trop fréquente répétition de cet état amène à la
longue, on le comprend, une déchéance profonde des
systèmes nerveux et musculaire, et consécutivement
la ruine complète de la Tonalité.

Le remède, dit-on, a supprimé la souffrance ! Mais
n'est-ce point payer bien cher ce court répit ? Le médecin croit-il avoir enrayé le mal, et le malade être
quitte de toute récidive ? Il n'y a rien de changé,
sinon que l'organisme, plus détraqué qu'avant, devient moins susceptible que jamais de répondre désormais à une réaction salutaire. Il ne faut pas s'y
méprendre : la douleur n'est point le mal ; la douleur
bien au contraire est la manifestation d'un acte vital
inhérent à toute cellule vivante ; « c'est, dit M. le
docteur Luys, *un acte de réaction* ! Il faut pour qu'il y
ait douleur, qu'il y ait éveil de la sensibilité et qu'il y
ait même une dose de sensibilité en disponibilité : ne
souffre pas qui veut ; pour souffrir il faut sentir ! »

Tant qu'on souffre on peut espérer une réaction
vitale ; lorsqu'on ne souffre plus, « loin d'être guéri »,
on ne fait bien souvent que se rapprocher de la mort ;
éteindre la douleur par les anesthésiques, ce n'est
point enrayer la maladie, c'est se payer d'un subterfuge d'autant plus décevant qu'il coupe court pour
l'avenir à toute réaction vitale !

Antiseptiques. — On en est arrivé aujourd'hui à considérer la plupart des maladies comme ayant un germe préexistant et comme étant engendrées par des parasites. Partant alors de ce principe que tuer le parasite c'est tuer la cause de la maladie, on use beaucoup des remèdes *antiseptiques*, et l'on fait une guerre acharnée aux microbes, au détriment trop souvent du malade lui-même.

Lorsque, dans le cours de la croissance de l'enfant, la muqueuse intestinale s'enflamme et engendre tout à coup des milliers de vers, sans se préoccuper des causes de cette invasion insolite, on se contente d'administrer au petit malade un vermifuge quelconque en se reposant sur cet adage populaire : « Morte la bête, mort le venin ! »

En vingt-quatre heures, on débarrasse également un galeux de l'*Acarus Scabici*, par quelques bains sulfureux, sans se demander si cette rapide expulsion du parasite par le Soufre ne peut entraîner pour le malade des conséquences fâcheuses ; or, la répercussion de la Gale produit parfois une maladie des voies aériennes qu'on appelle la *Phthisis purentula pulmonum*, et, pour notre compte, nous avons observé dans l'armée, parmi les militaires sous nos ordres, que la plupart des hommes ainsi promptement guéris de la Gale rentraient souvent deux ou trois mois après à l'hôpital, atteints d'une maladie interne plus ou moins grave.

Le remède varie en raison de l'idée qu'on se fait de la vie et des causes des désorganisations vitales; c'est en cela évidemment que résident les erreurs médicales et tout le danger.

Si l'on croit, par exemple, devoir provoquer artificiellement par l'administration de certains médicaments des *dérivations* et des évacuations comme celles que la vie produit parfois naturellement, on arrive souvent à causer la ruine de l'organisme ; c'est ainsi que certaines personnes finissent par ne plus digérer qu'à force de pilules purgatives, d'eaux minérales salines et de lavements, et terminent misérablement leur existence dans la consomption entre l'Hydropisie, la congestion du gros intestin et la Goutte, l'abus des vomitifs et des purgatifs exagérant à la longue la constipation jusqu'à la rendre incoercible.

Si au lieu de provoquer les évacuations on les combat ; si on arrête la diarrhée par l'Opium, les vomissements par des potions effervescentes, la sueur des pieds par des pédiluves froids ou des fomentations astringentes, les exanthèmes, les ulcères par des pommades de Plomb ou de Zinc, les hémorrhagies par le tamponnement et la glace, on atteint le même but et l'entrave qu'on apporte au précieux travail d'élimination de la Nature arrête le mouvement de réaction qui pouvait sauver l'organisme.

Doit-on lier un polype, extirper une glande tuméfiée, la détruire par suppuration au moyen d'irritants locaux, disséquer un kyste, opérer un anévrysme, une fistule, un sein cancéreux, un os carié ? Faut-il cautériser un chancre, un fic, une verrue, débrider un abcès, chasser de la peau les dartres, plaies ou ulcères

qui l'envahissent en associant les pommades astringentes aux purgatifs ? Voilà ce que journellement on
fait, croyant ainsi anéantir les causes du mal ; et cependant à l'affection primitive on voit fréquemment
succéder des complications plus fâcheuses encore ;
c'est que la désorganisation des tissus ne provient pas
exclusivement de l'obstacle matériel qu'on a supprimé,
mais d'une cause d'ordre *purement dynamique* dont
on n'a tenu aucun compte ; on s'est borné à employer
le couteau et les réactifs violents là où il fallait rétablir
un équilibre rompu, on a porté une atteinte plus profonde à l'organisme et on a dispersé les derniers éléments de réaction vitale qui laissaient encore au
malade quelques chances de guérir.

Par la méthode *dérivative* ou *antagoniste* on épuise
au lieu de reconstituer. Pourquoi donc ne pas avoir recours alors aux fortifiants ? Mais là encore, croyant bien
faire, on se prépare des désillusions, car les substances
nervines ou toxiques, soi-disant fortifiantes, telles que les
quinquina, les amers, les martiaux, qui forment la base
de la *méthode excitante*, sont loin d'avoir les propriétés
analeptiques qu'on leur prête et ne font la plupart du
temps qu'ajouter leur fâcheuse influence à celle de la
cause inconnue qu'on cherche à combattre ; c'est un
préjugé de croire que les bouillons concentrés, les
consommés, les jus et les extraits de viande, la pulpe
de viande crue, les thés de bœuf, le Fer, le Manganèse,
le Phosphate de Chaux, le Chlorure de Sodium, les
Alcools soient, par l'intermédiaire du sang, des reconstituants de la Nutrition ; les corps gras, le lait, l'eau,

les huiles comestibles, les fécules le sont bien davantage ; l'accomplissement normal de la Nutrition et de l'Assimilation dépend plus intimement d'un équilibre nerveux que des métamorphoses chimiques qu'on cherche à provoquer par les adjuvants artificiels qu'on emploie.

Le médicament, quel qu'il soit, fût-il reconstituant, ne peut s'administrer à l'intérieur que par certaines voies, l'estomac ou le rectum. Sait-on d'avance (en admettant que l'estomac, dont la fonction est plus ou moins compromise dans l'état de maladie, puisse les digérer et ne les rejette pas) dans quelle mesure l'organisme désemparé pourra s'assimiler les substances ingérées ? Le suc gastrique lui-même, par son action puissante, ne neutralise-t-il pas l'influence de tous les corps mis en contact avec lui ? C'est dans la pensée de remédier à ces inconvénients qu'on a instauré en ces temps derniers une nouvelle méthode de médication ; on introduit maintenant directement dans l'organisme par des injections hypodermiques les produits pharmaceutiques qu'on veut lui faire absorber.

C'est M. le docteur Koch, de Berlin, qui le premier a ouvert la marche avec ses injections contre la Tuberculose ; un instant le monde scientifique s'est ému ; on crut avoir trouvé la merveilleuse panacée de cette terrible affection qui fait tant de victimes ; l'enthousiasme ne fut pas de longue durée. La méthode du professeur allemand à cause de ses nombreux insuccès et de ses dangers découragea bien vite les plus audacieux.

M. Brown-Séquard raviva bientôt l'attention publique en annonçant à la Société de Biologie qu'il

avait trouvé l'art de ne plus vieillir. L'Elixir de longue
vie des alchimistes du moyen âge était retrouvé ! et,
signe des temps ! ces filtres magiques que la science
avait si longtemps conspués avec leurs auteurs rentraient en faveur dans toutes les doctes Facultés modernes.

M. Brown-Séquard a eu de nombreux imitateurs et
tous les vaccins de génisse, de veau, de chèvre, de
chien et de cobaye ont fait invasion dans la Matière
médicale ; ce qui porte Emile Gautier, le très spirituel rédacteur scientifique du *Figaro*, à formuler des
craintes : « Pourvu, dit-il, que toutes ces essences animales dont les Circés de la Physiologie nous saturent
à l'envi ne nous fassent pas à la longue retomber en
bestialité ! Pourvu que l'homme qui descend, dit-on,
du singe ne finisse pas, sous prétexte de tromper la
mort, par remonter au cochon d'Inde !... »

Nous plaisanterions volontiers avec notre aimable
confrère sur le côté comique de la nouvelle méthode,
si nous ne voyions dans ces bizarres écarts de la science
une grave faute physiologique commise et un véritable
danger à signaler. Nous reviendrons plus tard tout au
long sur la question des injections hypodermiques et
des vaccins, mais nous ne voulons pas attendre pour
protester contre cette méthode qui préconise dans le
circulus fermé de la Circulation l'introduction directe
d'une substance étrangère — produit organique ou
autre — alors que la Physiologie nous enseigne que
toute substance ingérée doit être préalablement soumise au contrôle sévère des nombreuses filières qui ont

mission d'élaborer le minutieux travail d'élimination et d'absorption, sauvegarde du sanctuaire de la vitalité.

Considérerait-on les injections hypodermiques comme palliatifs, qu'on aurait encore le plus grand tort d'en faire usage Les *palliatifs*, employés pour tempérer le mal, ont ce grave inconvénient que le symptôme morbide s'aggrave aussitôt que le palliatif cesse son effet, et la réaction morbide est d'autant plus grande que le palliatif a été administré à des doses plus élevées.

Tout médicament a un effet *primitif* et un effet *secondaire* : l'effet secondaire tient à une réaction de tension de l'organisme; c'est la conséquence de ce principe que toute migration des forces amène dans l'organisme une réaction pire que l'action : poussez violemment une cuve pleine, l'eau ne déversera pas du côté opposé, mais par un violent mouvement de retour elle viendra déborder sur vous. Un pédiluve chaud et fortement sinapisé dégage la tête et attire le sang aux pieds ; mais après le bain le sang afflue d'autant plus violemment à la tête que le déplacement a eu lieu plus brusquement.

Il fut une époque où, croyant favoriser la réaction vitale, on fit un étrange abus de la saignée ; par la lancette, les ventouses et les sangsues on tirait du sang pour n'importe quelle maladie. On s'aperçut bientôt que la saignée, loin de dégager l'organisme dans les maladies inflammatoires, ne faisait qu'augmenter la substance filamenteuse du sang, au lieu de la diminuer, et réduisait le nombre des globules.

La saignée, à n'en pas douter, abaisse la vitalité,

et certains praticiens (ceux de l'école italienne entre autres) l'employèrent comme *contre-stimulant* afin de substituer l'état hyposthénique à l'Hypersthénie ; seulement l'Hypersthénie persistait souvent, même après qu'on avait rendu le malade *exsangue.*

Si par hasard l'émission sanguine produit un court amendement passager, on peut être sûr qu'elle n'apporte aucune amélioration sérieuse ; elle tend au contraire à affaiblir l'organisme, à augmenter l'état congestif et même elle ajoute à la maladie une aggravation dangereuse en lui donnant un caractère nerveux spécial.

« Le sang, dit un de nos grands physiologistes, est le théâtre de toutes les actions vitales, c'est en lui que se trouvent les conditions de la vie de tous les tissus et de tous les organes ; la Circulation peut être mal équilibrée, mais il ne peut jamais y avoir une seule goutte de sang de trop dans les veines. »

Ce n'est point à une surabondance de sang que sont dues les congestions et les inflammations.

« Saigner dans l'Apoplexie, dit le Dʳ Copemann, c'est doubler la mortalté ou amener une paralysie consécutive. »

« Saigner dans la Pleurésie et la Pneumonie, dit le Dʳ Ziemssen, c'est nuire à la conservation des forces et à l'énergique activité de la respiration, les deux choses les plus urgentes et qui viennent bien avant la congestion du poumon. »

Saigner, c'est occasionner d'inguérissables langueurs, d'interminables convalescences ; c'est ôter au malade la possibilité de réparer ses forces !

Tous les praticiens intelligents et honnêtes se sont élevés avec énergie contre cette inepte et meurtrière méthode qui a tant fait de victimes au siècle dernier.

« Ce système a eu le singulier avantage, dit le Dr Gallavardin, de faciliter les études des anatomistes en leur donnant l'occasion de faire un grand nombre d'autopsies ! »

« Le premier qui osa faire une saignée, disait Bordeu, fut un homme bien courageux pour ne pas dire davantage ; mais que penser de celui qui, s'étant aventuré pour la première fois à saigner un malade, le vit mourir et cependant se détermina à saigner de même un autre malade après avoir vu mourir le premier ? »

On a renoncé aux émissions sanguines ; est-ce à dire qu'on ait fait justice de ce procédé brutal parce que les lumières de la Physiologie nous ont éclairés ? Il n'en est rien. Si on a abandonné la saignée, on s'est rejeté sur les opérations chirurgicales ; le scalpel et la scie ont remplacé la lancette : question de mode et non de progrès !

Aujourd'hui on considère comme solution obligée de toute affection morbide la brutale nécessité d'intervenir à main armée dans nos organes. Le Chloroforme, la Cocaïne et la Morphine, en supprimant la souffrance, ont grandement contribué à favoriser l'introduction de ces nouveaux procédés.

Les anesthésiques rendent le patient plus brave et l'opérateur plus hardi ; un abcès, un furoncle, le plus simple bobo deviennent prétexte à opération ; on s'attaque aux muscles, aux ligaments, aux tendons :

le bistouri a la prétention de vouloir tout guérir. « Cette méthode est devenue selle à tous chevaux, dit « spirituellement M. le Dr Verneuil dans le discours « d'ouverture qu'il prononça au Congrès scientifique « de Grenoble en 1885 ; on lui demande tout : c'est la « panacée opératoire! La Gynécologie et l'Ophtalmo- « logie se disputent la place d'honneur sur ce turf « d'un nouveau genre ; on a inventé le raclage, ou « rugination des abcès froids ; on s'est mis alors à « racler, racler, et on racle encore, et ceux qui ne « raclent pas sont déclarés arriérés ou rétrogrades ; et « tout en raclant on pénètre au besoin jusque dans « le canal rachidien ; et bien que l'opération donne « toujours des résultats encourageants (c'est la for- « mule courante), le malade *raclé* va rejoindre ses « ancêtres dans un monde meilleur ! »

Ce langage de l'éminent chirurgien n'est certes pas fait pour nous tranquilliser sur l'excès de zèle opératoire qui caractérise la nouvelle Ecole.

Il est bon de retenir aussi ce qu'il dit *des pointes de feu* ; elles ont détrôné le vésicatoire complètement dé- modé, et on en multiplie l'emploi dans les affections les plus diverses : Gastralgie, Bronchite, Lumbago, Sciatique, Rhumatisme, Asthme, Goutte, et même dans les Névroses.

« Je vous signale *cette manie*, dit M. le Dr Verneuil. elle a au moins le mérite d'être à peu près innocente, n'étant que *ridicule* : c'est l'effroi des enfants et ce n'est pas la joie des parents ! On applique les pointes de feu à tous propos, il ne manque qu'à les appliquer préventivement chez les gens bien portants contre les maladies à venir, et vous pouvez croire que certains praticiens y pensent ! »

Les pointes de feu ont-elles vraiment cette innocuité qui exerce la verve de l'éminent professeur ? Nous ne le croyons pas. Par ce mode de traitement on offense inutilement les tissus ; en agissant profondément sur les ramifications nerveuses du derme, on apporte des perturbations dans sa sensibilité, et l'on obscurcit ainsi plus ou moins les indications précieuses que cette sensibilité pourrait fournir sur l'état du malade.

Cette tendance à substituer les manœuvres chirurgicales à la Thérapeutique va chaque jour en grandissant ; les spécialistes, cessant de s'en tenir aux broutilles de la Médecine opératoire, se lancent dans les opérations les plus téméraires. Ils ont toutes les audaces et se disposent à transformer les salles des hôpitaux en laboratoires d'expériences de vivisection humaine ; on ne se contente plus de faire des amputations de membres, des évidements osseux, des résections articulaires, des ablations de seins, on s'attaque témérairement aux organes les plus essentiels de la vie, à l'estomac, aux intestins, au foie, à la rate, au rein, au pancréas ; on extirpe couramment les ovaires et l'utérus ; on a même essayé de toucher aux poumons et au cerveau ; le cœur seul a été respecté et encore s'attaque-t-on à ses enveloppes !

Il n'est pas besoin de dire combien ces procédés meurtriers sont contraires aux lois physiologiques. Nous ne sommes pas, comme on paraît le croire, une

machine articulée, démontable et taillable à merci.
Rappelons-nous ce cri d'alarme poussé par le célèbre
Dupuytren à son lit de mort : « Combien je déplore,
s'écriait-il avec amertume, cette Chirurgie sans principes qui croit que l'art autorise tout ce que l'Anatomie permet ! » L'application brutale au corps de
l'homme de la main armée du fer ou du couteau ne
peut constituer une science : c'est vouloir ne tenir
aucun compte des lois de la vie ! Des hommes de la
compétence de Wolf, de Broussais, de Hunter pro-
clament hautement que l'abus de la Médecine opératoire est un signe manifeste de l'impuissance de l'art
médical.

Les seules opérations chirurgicales permises doivent
être celles qu'on ne saurait négliger sans compromettre l'organisme : rapprocher les lèvres béantes
d'une plaie pour en favoriser la cicatrisation ; redresser et affronter les deux extrémités d'un os dans
une fracture ; lier une artère ; ramener à sa situation
normale la tête d'un os déplacé par l'effet d'une
luxation ; débarrasser les chairs d'un corps étranger
violemment introduit ; opérer l'amputation d'un
membre écrasé ou gangrené ; mais on ne saurait être
trop restrictif et prudent lorsqu'il s'agit d'attaquer des
organes essentiels de la vie ou lorsqu'on tente d'associer
la Chirurgie à la Médecine.

La méthode dite *révulsive*, qui emploie à tout propos
*Sétons, Moxas, Ventouses, Cautères, Vésicatoires, Sai-
gnées,* doit être absolument rejetée. « Les révulsifs sont
les ressources de l'ignorance qui ne sait que faire et de

la science à bout de moyens », dit avec raison M. le
Dr Bousquet. « Respecter l'intégrité de l'épiderme est un
axiome physiologique que la Médecine ne saurait méconnaître sans risquer de commettre une faute capitale ». « La peau est pour l'homme une limite
sensitive placée à l'extrémité de son âme, a dit le
célèbre physiologiste Bichat ; c'est à cette limite que
viennent heurter sans cesse tous les corps et c'est par
elle que l'homme lie son existence avec celles qui l'entourent. » C'est l'enveloppe idio-électrique dont la Nature a armé l'organisme pour régulariser ses radiations
et régler l'absorption des courants externes ; et cela est
si vrai qu'un membre peut être écrasé, les os peuvent
être broyés, les muscles dilacérés, sans qu'il résulte de si
effroyables désordres ni gangrène, ni suppuration, ni
phlegmasie locale, ni retentissement fébrile général, à
la condition expresse *que la peau n'ait pas été intéressée* dans la blessure ; dans ce cas, la réparation
s'opère par les seuls actes physiologiques, tandis que l'excoriation la plus insignifiante peut devenir
le point de départ de complications locales sérieuses et d'accidents généraux très graves. Il faut donc,
autant que possible, ne jamais offenser volontairement
la peau par le feu, les caustiques et le bistouri ; or c'est
là le grand inconvénient des ventouses, des moxas, des
pointes de feu, des débridements d'abcès, des ablations
de tumeurs, de la cautérisation des plaies et de l'in-
cision des phlegmons.

Il faut éviter également d'enduire l'épiderme de
pommades épispastiques, sous le prétexte de tirer l'hu-

meur et de dégager l'organisme de ses principes morbifiques ; les principes gras les plus inoffensifs en apparence,
tels que les huiles, les graisses et la glycérine, peuvent
gêner la fonction des pores de la peau au point de
produire une asphyxie partielle ; tous les jours on tente
de faire disparaître les dartres par des pommades : c'est
un danger, car ou la dartre s'exaspère, ou elle disparaît, et sa disparition provoque fréquemment des
désordres internes graves, tels qu'Ophthalmie, Surdité,
Spasmes, Convulsions, Apoplexie, maladies du Foie ou
des Poumons. « Quand on meurt d'une inflammation
dartreuse, dit Broussais, ce n'est pas de la peau qu'on
meurt, mais de phlegmasies viscérales. »

Quand on débride les engorgements froids, quand
on les amène à suppuration par des frictions arsenicales
ou mercurielles, quand on les réduit par des Caustiques, les cicatrices qui résultent de ces opérations
sont plus difformes que les traces qu'en peut laisser la
maladie : « Une livre d'onguent ne produit pas un
grain de chair saine, dit Paracelse, la chair se refait de
l'intérieur et non de l'extérieur. » La vérité est que
tous ces maux peuvent céder à la réaction vitale si on
a l'adresse de favoriser cette réaction et si on a la
patience de l'attendre.

C'est vers cet objectif que doivent tendre tous les
efforts de la Médecine, en favorisant de son mieux les
réactions naturelles de l'organisme ; aussi, sous l'empire des sentiments altruistes qui nous animent, unis-
sons-nous nos vœux à celui si patriotiquement et
si noblement exprimé par le plus sage et le plus

humain de nos chirurgiens : « Puisse un jour, grâce aux progrès de la science française, la Chirurgie ne plus répandre de sang, et ne plus faire couler de larmes ! » (Dr VERNEUIL).

Tels sont, en résumé, les divers modes de traitement en usage, telle est l'énumération des principaux agents qui forment le fond de l'arsenal thérapeutique actuel. Il n'est point de notre compétence de porter un jugement sur la valeur des théories qui régissent la Matière médicale et la Pathologie. Laissant ce soin aux hommes du métier, nous nous bornons à constater que, profondément divisés d'opinion sur les détails, ils sont presque tous d'accord sur ce point que la Médecine est une science sans unité dans ses principes, sans fixité dans ses fondements et qui flotte sans boussole aux mille vents de l'expérimentation la plus arbitraire. Nos plus éminents professeurs, nos plus savants praticiens, avouent publiquement l'insuffisance de la Science ; ils signalent les écarts que cette insuffisance peut produire et n'en dissimulent pas les dangers.

Cette diversité d'appréciations, ce manque d'unité, le vague et l'obscurité qui règnent dans l'art de guérir rendent l'application de la Médecine très difficile.

Ne faut-il pas avant tout, comme nous l'avons vu, que le médecin détermine avec précision le cas morbide spécial en présence duquel il se trouve ? N'est-ce point la connaissance plus ou moins nette de la maladie qui lui permettra d'instaurer le genre de traitement à appliquer ?

Mais comment arrivera-t-il sûrement à ce résultat puisqu'il est avéré qu'il existe un désaccord absolu sur les causes et la nature des maladies, sur leur classement méthodique et sur l'essence même de la Maladie prise au point de vue général ?

De l'aveu même des praticiens les plus expérimentés, le Diagnostic est tout ce qu'il y a de plus aléatoire. L'histoire de la Médecine démontre qu'au début d'une affection aiguë non seulement l'erreur est facile, mais qu'elle est fréquente; l'histoire fourmille de faits de ce genre. Dans un concours d'examen à la Faculté un malade entrant est soumis au diagnostic d'un candidat. Celui-ci opine pour une *Variole*, l'un des juges prévoit une *Fièvre typhoïde*, et faisant partager son opinion par ses collègues, il détermine l'élimination du candidat; or le lendemain la Variole faisait irruption, donnant raison à l'élève évincé et tort aux maîtres chargés de l'examiner.

Un médecin, dit M. le Dr Trousseau, après avoir passé trente ans dans les hôpitaux, est quelquefois singulièrement embarrassé pour distinguer une Phthisie pulmonaire d'un Rhume qui dure depuis longtemps et qui a épuisé le malade.

Qu'importe, répond à cela un de ses confrères, puisque dans les deux cas on emploiera les mêmes agents thérapeutiques : l'huile de foie de morue, les pectoraux, les béchiques, les résineux, les phosphates, les vésicatoires et les cautères ?...

Car ce n'est pas tout d'avoir une notion précise du cas particulier en présence duquel on se trouve, il faut

savoir encore faire choix du médicament le mieux ap-
proprié et à la maladie et au sujet ; or, nous l'avons vu
par ce qui précède, il n'est pas facile de connaître ce
qui est vraiment curatif ; on ne possède qu'une connaissance très vague des propriétés médicinales des corps
et de leur appropriation aux maladies ; il existe à cet
égard une divergence d'opinions qui se manifeste à tout
instant : en voici un exemple entre mille :

Un médecin très distingué des hôpitaux soignait un
jeune enfant d'une *Broncho-pneumonie* ; le mal ne faisait qu'empirer, le médecin déclare qu'il faut en venir
au vésicatoire ; à peine est-il sorti que l'enfant —
comme on le mettait en devoir d'exécuter la prescription — fond en larmes, se débat, repousse l'emplâtre
avec fureur, et crie à tue-tête : « Qu'on me laisse
mourir ! je ne veux pas de vésicatoire, je veux de la
médecine de Cabarrus ! » Cabarrus (un vieil ami de la
famille) était le célèbre médecin homéopathe bien
connu ; les parents cèdent, s'en vont trouver Cabarrus,
et celui-ci fait une prescription à la condition que le
médecin traitant sera averti. Le lendemain, ce dernier
constate une amélioration surprenante ; le père lui
apprend ce qui s'est passé ; mais le Docteur de la
Faculté nie l'efficacité du remède homéopathique et
attribue l'amélioration à un retour spontané de *l'action
vitale* ; alors, s'il devait en être ainsi, pourquoi avoir
voulu infliger la torture d'un remède violent au pauvre
petit malade qui l'eût certainement subie inutilement
sans sa répulsion et ses protestations énergiques ?

« Combien de Pneumonies et de Pleurésies ont été

guéries ainsi à ma connaissance, dit le Docteur qui cite ce fait, alors que des Professeurs de la Faculté, académiciens et médecins des hôpitaux, c'est-à-dire les praticiens les plus expérimentés, avaient jugé nécessaires les saignées, les sangsues, les vésicatoires, les vomitifs et les purgatifs ! Les prescriptions de ces honorables Maîtres eussent donc été funestes aux malades ou pour le moins inopportunes ! »

Il en est ainsi dans toutes les maladies ; « ne vaut-il pas mieux alors méditer sur la mort des malades attaqués d'une maladie mortelle, dit Bordeu, plutôt que rendre mortelle une maladie qui se serait guérie d'elle-même, si on n'avait pas harcelé le malheureux patient par des remèdes mal étudiés ou adoptés à la suite de vains et puérils témoignages ! »

L'Expectation, de l'avis même d'un grand nombre de praticiens — et ce sont les plus habiles qui sont les plus prudents — est donc mille fois préférable au désir d'intervenir précipitamment par des moyens violents susceptibles d'entraver la réaction vitale.

Il ne faut pas s'imaginer (comme on en jugeait du temps de Herman Boërhaave) que la cure des maladies « consiste uniquement à *atténuer* ce qui est mauvais, *encrasser* ce qui est trop fluide, *tendre* ce qui est lâche, *relâcher* ce qui est tendu, *modérer*, *adoucir* ce qui est impétueux ou âcre, ouvrir les passages obstrués, etc. » En intervenant ainsi et en substituant une action directe et matérielle au mystérieux travail de la Nature, en soutirant le sang, en balayant les humeurs, en les attirant sur certains points de l'organisme, en attaquant les tissus par des doses considérables de médicaments dont les effets sont peu connus, en accumulant plusieurs substances dans la même formule et prenant ainsi à tâche d'en rendre l'action plus obscure encore, on ajoute à la maladie existante de nouvelles maladies médicinales, on arrête l'essor vital, on oblige un mal apparent externe à se rejeter sur les organes essentiels de la vie, on accroît les souffrances du malade, on épuise ses forces, et finalement on disperse les derniers éléments de réaction qui avaient quelque chance d'amener la guérison ; et, chose triste à dire, c'est dans les cas les plus critiques, là où le malade a tant besoin de toutes ses forces pour lutter contre le mal, que le médecin, redoutant de rester spectateur oisif de la lutte, a recours aux remèdes les plus exagérés, opposant au trouble de la maladie le trouble du médicament.

La Maladie, nous l'avons démontré, n'a rien de matériel, elle est de pure essence dynamique, et tient uniquement à un affaissement de la Tonalité.

Les changements matériels qui accompagnent la Maladie ont leur unique et véritable cause (tout comme la décomposition après la mort) dans la diminution ou dans la réduction de la domination de la Force vitale sur la Matière ; ce n'est donc pas à ces perturbations physiques, à ces dégénérescences de tissus, résultats consécutifs du manque d'équilibre de la Tonalité, qu'il faut s'adresser, si l'on veut guérir, mais à l'agent régulateur de toutes les Tensions vitales, au Système nerveux, et c'est là précisément le triomphe de l'action magnétique comme agent thérapeutique.

Le magnétiseur en présence d'un malade n'est pas embarrassé comme le médecin : il n'a pas besoin de connaître le nom de la maladie, il n'a pas à délibérer sur le remède qu il doit choisir.

Il fait simplement appel à la réaction vitale qui se charge de rétablir la tension normale et l'équilibre : alors l'accomplissement des fonctions se fait, les tissus se réparent d'eux mêmes ; on guérit sans verser une goutte de sang, sans administrer vomitifs, purgatifs, laxatifs, sudorifiques; on n'a recours ni aux bains, ni aux pédiluves, ni aux lavements médicamenteux : on n'emploie ni cantharides, ni sinapismes, ni sétons, ni cautères ; on ne brûle point les patients jusqu'aux os avec le moxa ou le fer rouge ; on n'empoisonne pas l'organisme par les toxiques ; on n'abaisse point la vitalité par les antithermiques et les anesthésiques ; on n'endort pas la douleur, on ne provoque rien et on n'atténue rien, on laisse à la vie le soin d'exalter ou de calmer les crises, car la puissance des radiations magnétiques porte sur tous les états du Mouvement et elle impose tour à tour à l'organisme les nuances infinies de condensation et d'expansion qui s'échelonnent depuis la rigidité cataleptique jusqu'au collapsus extrême.

Le Magnétisme agissant profondément sur le système nerveux est le meilleur stimulant des mutations nutritives ; sous son impulsion, l'organisme — obéissant en cela aux lois générales de la Morphologie — tend à se rétablir dans sa forme et son unité et comble ses pertes de substance par les phénomènes de cicatrisation et de rédintégration, comme les minéraux rétablissent d'eux-mêmes leur unité morphologique spéciale quand on les met dans certaines conditions de liberté.

En définitive, ce n'est point le médecin qui nous guérit, il ne peut faire qu'une chose : nous aider à rentrer dans l'accomplissement de la Loi. » C'est nous qui créons notre Tonalité : c'est à nous qu'il appartient de l'entretenir et de la réparer, obéissant en cela à la grande Loi d'évolution qui, dans notre sphère et sous notre responsabilité propre, nous donne la faculté de reproduire une évolution similaire à celles qui nous entourent.

Cette évolution ne *s'accomplit* que lorsque notre Tonalité est en tension normale. Il n'y a qu'une seule façon de guérir, il n'y a qu'un seul Remède !

Remettre la Tonalité à son point, rendre à l'organisme la tension normale qu'il a perdue, voilà en un mot tout le secret de la Thérapeutique.

CHAPITRE VI

Le Magnétisme est le véritable agent de la Transfusion de la vie.

Recherches de l'*Elixir de longue vie*. — La science crut un instant avoir trouvé le *secret de la vie* dans la Transfusion du sang : Denys, Blundell, Milne Edwards, Marmonier père, Devay, Desgranges. — La Médecine hypodermique moderne renouvelée de l'antique Médecine cabaliste : Brown-Séquard et Consorts — La Vie n'est ni dans le sang, ni dans les produits organiques, fusse même l'élément nerveux ; elle est dans l'état de *Tonalisation équilibrée*. — Le système nerveux étant l'instrument des répartitions nerveuses et le *régulateur physiologique* de l'organisme, c'est au système nerveux qu'il faut s'adresser pour refaire la *Tonalité vivante*. — L'agent au moyen duquel on peut le plus sûrement influencer le système nerveux est le Magnétisme. — Exemple d'une Fièvre typhoïde guérie par la seule influence de l'*imposition* des mains et des *passes* magnétiques, étant donné un magnétiseur absolument novice. — *La Science* n'est pas indispensable pour guérir, la *bonne volonté* suffit, à condition qu'on connaisse le moyen de ramener *la réaction vitale*. — C'est à la Nature qu'il faut confier le soin de refaire la *Tonalité* ; elle seule peut reconstituer les tissus désorganisés : Apologue *de la Toile d'araignée*.

« Allonger le fil de la vie, éloigner la mort qui vient à pas lents et qui a pour cause la dissolution ou l'atrophic de la vieillesse, c'est, dit Bacon, un sujet qu'aucun medecin n'a traité d'une manière qui réponde à son importance. »

Que faut-il donc faire pour vivre bien et longtemps ? Faut il, à l'exemple du célèbre Vénitien Cornaro, se conformer strictement au texte biblique « *qui abstinens adjiciet vitam, la sobriété allonge l'existence* », ou bien, épousant les théories de Mortimer Collins (cet original, qui dans son humour britannique signait son livre « *Un porc du troupeau d'Epicure*», faut-il bien boire, bien manger, bien dormir, ne rien faire que ce qui plaît, ne rien faire du tout si ça plaît mieux, se coucher à l'heure qu'on veut, se lever à l'heure qu'on préfère, vivre dans le *nonchaloir* et la paresse, et ne s'occuper, en un mot, de rien qui soit de nature à fatiguer le corps et l'esprit ? Dans une question aussi générale que celle-ci, nous ne voulons prendre parti ni pour l'un ni pour l'autre ; nous nous réservons de faire connaître ultérieurement le régime diététique qui nous paraît le plus favorable à la conservation de la santé et à la longévité[1].

Pour l'instant nous examinerons seulement comment, lorsque quelque accroc vient compromettre cette délicate toile de Pénélope qui se défile à mesure qu'elle se tisse, on peut le mieux réussir à réparer le précieux tissu.

De tout temps les malheureux humains, tourmentés de l'idée de la mort, se sont lancés à la poursuite du bien-

[1] Magnétisme curatif, *Physiologie pathologique* (3⁰ volume) en préparation.

heureux philtre susceptible de les préserver des atteintes de l affreuse *Camarde*. Depuis le commencement
du monde on cherche l'*Elixir de longue vie*. Un instant la science crut avoir trouvé le *secret de la vie*
dans la Transfusion du sang ; c'est Denys, médecin de
la Faculté de Montpellier, qui en 1667 fut le premier
à pratiquer, à Paris, avec l'aide d'Emmeretz, la Transfusion sur l'homme.

« Jamais aucune opération ne fit naître autant
que celle-ci des espérances fabuleuses. La Transfusion,
dit M. le Dr Pellagot dans ses notes sur la *Macrobio-
tique* d'Hufeland, devait. au dire des enthousiastes,
devenir une panacée universelle, un moyen de prolonger indéfiniment la vie Les miracles de la fontaine
de Jouvence allaient se réaliser : plus de maladies ! la
jeunesse éternelle ! la race régénérée ! les gens faibles
et malingres, les malades demanderaient désormais
aux personnes vigoureuses et bien portantes de partager avec elles la richesse de leur sang ! Bien mieux,
on espérait par la Transfusion agir sur le moral, dompter
le caractère d'un homme violent et emporté en lui
injectant du sang d'agneau, le rendre courageux en
lui infusant du sang de lion. Chacun se demandait si
l'on ne pourrait pas aussi faire pousser de la lain
sur le dos des chiens en leur injectant du sang de
mouton ? »

On dut bientôt en rabattre, et en présence de plusieurs cas d'insuccès, la Cour du Châtelet crut prudent de rendre contre la Transfusion un arrêt de pros-
cription, qui arrêta en son essor un si beau zèle.

Après une longue période de silence, Blundell, en 1818, tira la Transfusion de l'oubli ; mais, malgré ses efforts, malgré ceux de Milne Edwards, malgré quelques essais tentés par Nélaton, Marmonier père, Devay et Desgranges de Lyon, la Transfusion eut décidément le sort de ces nombreuses utopies médicales qui obtiennent un instant les faveurs de la mode et disparaissent ensuite d'elles-mêmes de la pratique officielle.

L'erreur physiologique qu'elle voile n'en subsista pas moins dans la Science, et sous le couvert de noms illustres surgit en ces temps derniers une méthode nouvelle, qui, sous le nom de *Médecine Hypodermique*, vint revendiquer tous les avantages qu'on avait refusés à la Transfusion du sang.

Cette Médecine, renouvelée de l'antique Médecine cabaliste, prétend, au moyen d'injections sous-cutanées, composées soit de sucs animaux, soit de virus microbiens, soit de produits chimiques (véritables philtres mystérieux), assurer l'immunité de l'organisme contre les contagions les plus redoutables et combattre victorieusement la dissociation des éléments constitutifs causée par la maladie ou l'usure sénile.

C'est ainsi que M. Pasteur, dans le traitement intensif de la Rage, emploie des injections de bouillons de moelle fraîche de lapin rabique ; que le docteur Koch et ses adeptes combattent la Tuberculose avec leurs liquides de culture du bacile tuberculeux ; que Brown-Sequard prétend rendre, au moyen de ses injections testiculaires de cobaye, leur virilité à ceux qui l'ont perdue.

Une fois la carrière ouverte, l'émulation aidant, de nombreux expérimentateurs se sont lancés à corps perdu dans la nouvelle voie : taureaux, lapins, chèvres, moutons, cobayes ont successivement fourni les éléments parcellaires de leurs divers organes aux essais d'injections qui furent tentés.

On ne s'en tient plus aujourd'hui aux sucs testiculaires, cérébraux, médullaires, nervins, pancréatiques, glandulaires, spléniques ou musculaires des animaux, on épuise toute la gamme des produits chimiques, et l'on se met à injecter indifféremment l'Iode, la Quinine, le Phosphate de Soude, le Fer, l'Arsenic, la Strychnine, le Menthol, le Thymol, l'Eucalyptol, le Camphre, le Soufre et le Phosphore. Quelques biologistes téméraires vont même jusqu'à jouer avec les inoculations de virus microbiens, sans souci de la vie des malades sur lesquels ils tentent ces expériences. L'impossibilité de calculer sûrement d'avance le dosage des injections dans le but de l'effet thérapeutique ou physiologique à produire et l'imperfection plus ou moins grande des mixtures et des filtrages employés occasionnent bien des désordres, phlegmons, accidents nerveux, etc ; mais on se garde de confesser le danger de ces nouvelles pratiques, et ce sont les nombreuses morts qu'elles occasionnent et le désaccord survenu dans le camp même des transfuseurs qui ont fini par éclairer le public. Il suffit de lire les récentes communications de MM. les docteurs Constantin Paul, Hayem, Dieulafoy, J. Chéron, Albert Robin et J. Roussel de Genève pour se rendre un compte exact de la confusion qui règne en Hypodermie, au point de vue physiologique et thérapeutique. Dans les discussions engagées entre ces savants cliniciens, tandis que les uns attribuent toute la valeur de l'injection hypodermique à la nature de la substance injectée, les autres considèrent que l'action physiologique produite par l'injection réside seulement dans le véhicule : le serum du sang, l'eau salée, voire même l'eau pure distillée, remplacent avec avantage toutes les mixtures animales ou chimiques employées jusqu'ici.

M. le Docteur Pellagot, que nous citions tout à l'heure, ne disait-il pas déjà à ce propos : « Dans ces divers essais de Transfusion il y a bien en effet, au point de vue physiologique, un curieux exemple de l'influence passagère qu'on peut exercer sur l'organisme dont le jeu est arrêté ; mais qu'on ne s'y trompe pas, ce n'est pas là la Vie, et pour rendre tangible l'idée qu'on doit se faire de ce phénomène, il faut le comparer à celui qui se passe lorsqu'un doigt curieux vient agiter le balancier d'une pendule arrêtée : le mécanisme se met en mouvement, il oscille et l'on entend un instant son tic-tac, mais bientôt ces signes diminuent, ils disparaissent, le balancier s'arrête et demeure immobile : ce n'était pas la Vie ! le grand ressort est cassé ! »

En songeant qu'on a pu un instant concevoir l'espérance de reconstituer dans son rayonnement fonctionnel normal la source tarie de la vitalité en projetant dans la machine organique quelques particules nouvelles de sang ou de sucs animaux (fusse le résidu même de la pulpe nerveuse), nous ne pouvons nous empêcher de rapprocher dans notre esprit cette singulière prétention de la simplicité candide de ce bonnetier de la rue Saint-Denis, qui, parvenu à la fortune, se faisait bâtir une villa aux environs de Paris. Il avait commandé une pompe, et comme les ouvriers lui demandaient où il fallait placer cette pompe qu'on venait d'apporter : « Mais dans la cour, dit-il !   Comment dans la cour ? Où donc est le puits ? — Le puits ! s'exclama le bonnetier, le puits ! ah ' la farce est bonne ! Si j'avais un puits croyez-vous que j'eusse acheté une pompe ? »

Les *transfuseurs* ne partagent-ils pas l'erreur de notre bonnetier qui croyait en toute simplicité que tout mécanisme engendre le mouvement de vie qu'il manifeste et qu'une pompe peut donner de l'eau sans la source productrice qui l'alimente ?

La Vie n'est pas plus dans le sang qu'elle n'est dans les organes, simples dépositaires et transformateurs des Forces ! Le corps, ce mécanisme que nous voyons fonctionner, n'engendre pas le Mouvement ; il le reçoit au contraire d'une source mystérieuse et cachée, sans laquelle il ne serait rien qu'un cadavre.

Pour se faire une idée de la vitalité, il faut considérer l'Être sous le rapport de sa charpente idéale; le mouvement vital nous apparaît alors comme la résultante des forces essentialisées appuyées sur la pulpe nerveuse et tendues du centre à la circonférence à la manière de ces Spectres physiques qui ont un point central de concentration et des points périphériques de dilatation. Toute l'harmonie du système repose sur l'état de Tonalisation équilibrée de ce Spectre organique. et la Force libre ambiante, sous la forme essentialisée qu'elle prend dans le réseau nerveux, est en réalité l'agent plastique et ordonnateur du jeu fonctionnel des parties.

C'est donc l'appareil nerveux et non le sang qui est l'intermédiaire obligé entre le milieu cosmique et l'élément atomique des tissus ; c'est lui l'organe essen‑ tiel de transmission et d'échanges entre l'Etre vivant et le milieu qui l'entoure ; c'est, comme l'appelle si bien Claude Bernard le *grand régulateur physiologique ;* et c'est à lui seul qu'il faut s'adresser pour refaire la *Tonalité* vivante menacée et non aux rouages maté‑ riels, simples instruments de la manifestation vitale.

Mais comment agir sur le grand régulateur physio‑ logique ? Comment, lorsqu'il est désarmé ou détendu. lui rendre cette tension normale si indispensable aux battements réguliers de la vie?

C'est là que surgit lumineuse l'application du Ma‑ gnétisme avec ses *passes*, ses *impositions* de mains et ses *insufflations* si méconnues.

« Miracle Du Magnétisme! s'écrie avec enthousiasme le baron du Potet, un Etre, à la voix de la Nature, peut. sans science aucune, rétablir l'équilibre en versant dans les organes ces effluves d'une essence si inconnue qu'elles confondent la science et le raisonnement! Elles vont, comblant le vide qui s'est fait, *faire naître la lutte qui doit,* non sans secousses ni sans oscil‑ lations, *réveiller l'action vitale et rétablir l'équilibre perdu !* »

C'est que le réseau nerveux, par ses extrémités périphériques, puise sans cesse dans la radiation solaire
les éléments de force qu'il transmet aux organes, suivant les besoins de la métamorphose organique.
Mettez un réseau nerveux déséquilibré en contact
avec un autre mieux équilibré, vous doublerez
bientôt l'action fonctionnelle du premier : un échange
se fait, analogue à celui qui s'établit entre deux piles
électriques mises en contact ; une véritable *transfusion*
d'électricité vitale s'opère, apportant aux centres vitaux
la puissance de reconstitution qui leur faisait défaut ;
les fonctions organiques reprennent leur rhythme normal, le sang se régénère dans ses éléments constitutifs,
et la vie, ainsi sollicitée, accomplit dans toute son
intégrité *la mission que la loi de nature lui impose.*

Rétablir, par l'intermédiaire du Système nerveux, le
double mouvement de dispersion centrifuge et de condensation centripète qui constitue l'équilibre de la
Tonalité organique, voilà le moyen le plus sûr et le plus
puissant d'agir sur la vitalité : c'est la seule transfusion
qui puisse se faire sans danger, d'organisme à organisme ; c'est la seule qu'il faille rechercher. Et avec le
Maître regretté dont nous citions le nom tout à l'heure,
nous dirons à ceux qui, pénétrés de cette vérité, vou-
dront soulager les souffrances de leurs semblables :

« Placez-vous près du malade épuisé par la souffrance et dont la faculté médicatrice a été anéantie par la
maladie et les remèdes ; étendez vos mains doucement,
tranquillement, avec la sérénité qui accompagne toujours
le désir de faire le Bien ; considérez-vous comme un ins-

trument divin dont les ressorts sont mus par l'âme.
Cette harmonie nécessaire détermine la puissance magnétique à sortir de ses voies ordinaires et à se porter
là où votre entendement l'appelle, où vos mains
veulent la guider !...

« Allez et guérissez par la *Transfusion nerveuse*. Il n'y
en a pas d'autres ! ... . Le véritable agent de la Transfusion de la vie c'est le Magnétisme ! »

Voilà ce qu'on ne saurait trop dire et trop répéter !
Voilà ce que je ne cesse de prêcher autour de moi
et par la parole et par l'exemple ! Convaincu que
la seule propagande utile est la propagande par le fait,
je me suis courageusement mis à l'œuvre afin de
prouver par l'expérience que les théories que j'expose
ne sont pas purement spéculatives. Je ne saurais
mieux faire pour fixer les convictions à cet égard que
de citer le fait suivant, qui dans sa touchante simplicité en dit plus long que toutes les affirmations et
tous les raisonnements :

Guérison d'une Fièvre typhoïde grave par la simple imposition des mains.

Je suis intimement lié avec un charmant ménage ;
le mari a trente ans à peine, la femme en a vingt-
huit et la Providence a six fois béni leur union ; l'aîné
des six enfants, virtuose de douze ans, a déjà sur le vio-
loncelle un véritable talent ; il a de qui tenir, car son
père, compositeur et professeur de musique, est un
artiste doublé d'un savant qui non seulement s'est

entièrement adonné à la Technie de son art, mais a
su aborder avec succès les questions les plus ardues de
la Philosophie, ce qui lui a permis de constituer une
synthèse musicale qui sert de base à son enseignement.

Depuis dix ans M. B est le professeur de mon fils,
et par suite de la communauté d'idées qui nous unit
il m'a été donné d apprécier l originalité de son talent
et la hauteur de ses vues.

J'ai été également assez heureux, dans nos contacts
journaliers, pour lui rendre quelques services ; dans une
famille aussi nombreuse que la sienne, là où il y a tant
de petits enfants, la maladie n est pas sans venir bien
souvent frapper à la porte de la maison : c est la
Fièvre, l'Angine, la Coqueluche la Rougeole ; un jour
c'est l'Influenza, la perfide, qui fait des siennes et
éprouve à tour de rôle tous les membres de la famille ;
le lendemain, grand émoi ! c'est la Méningite qui menace l'aîné, ou la Diarrhée infantile qui frappe le petit
dernier ; nous sommes voisins : à chaque alerte on
m'appelle et j'accours ! En présence du danger on va
au plus pressé ! M B. du reste n'a comme moi qu'une
bien médiocre confiance dans les remèdes ; d'un autre
côté son modeste budget ne lui permet guère de faire
des folies chez le pharmacien ; il lui faut si souvent
passer chez le boulanger pour nourrir tant de
bouches ! L'usage répété d'un procédé si simple et si
peu coûteux, pendant dix années consécutives, sans insuccès aucun, sous son toit et sous le mien, lui a bien
vite donné d'ailleurs dans les effets magnétiques une
imperturbable confiance. C'est donc tout naturellement

à cet admirable agent de la Nature qu'il songe et qu'il a recours lorsque lui ou l'un des siens est en péril.

Or je vais conter comment ses convictions furent mises ces temps derniers à une bien rude épreuve.

C'était à l'époque des vacances, l'été dernier ; après une année de labeurs où l'on avait été assez heureux pour faire quelques profits, M. et Mme B., avec toute leur couvée, pour échapper aux chaleurs torrides et aux malsaines odeurs de la grande ville, étaient partis à tire-d'aile vers l'océan, et s'étaient installés modestement dans un petit coin baigné des réconfortantes brises de la mer, sur les côtes de Normandie. Ils pensaient trouver là pendant un séjour de deux mois dans le plein air et le calme de l'isolement un regain de santé pour tous les membres de la petite famille.

Les hasards de la destinée devaient en disposer autrement. Il y avait quelques jours à peine qu'ils étaient partis lorsque je reçus ce petit mot laconique qui sonnait comme un glas :

« 28 juillet 1893.

« Ma femme est très gravement malade, elle a la Fièvre typhoïde ! Quand le médecin m'a fait cette révélation j'ai cru recevoir le coup de grâce ! Que devenir sans un ami, entouré d'étrangers, seul avec tous ces enfants ? Horace a des malaises inquiétants, moi-même je ne vais pas bien ! Par amitié, conseillez-moi, je vous serai bien reconnaissant ! De l'imprévu, toujours ! Quelles misères dans la vie ! Que tout cela est donc affreux ! Votre désolé : B. »

Navré de cette triste nouvelle, je répondis par retour
du courrier ; je puisai dans l'amitié sincère que j'avais
pour le pauvre affligé toutes les consolations qui pouvaient remonter son courage, mais je ne me dissimulais
pas le danger : M^{mo} B , épuisée par de nombreuses
couches dont la dernière, suivie d'une péritonite,
avait failli lui être fatale, n'était guère en état de supporter un assaut aussi terrible que celui dont elle était
menacée ; j'exprimai l'espérance que le médecin avait
pu se tromper sur son état, mais la lettre suivante reçue
24 heures après ne venait que trop bien confirmer la
première :

« 30 juillet 1893.

« Vos paroles consolantes ont fortifié mon courage ;
avec le calme la raison me revient : je me sens armé
maintenant contre le danger. Mais, hélas ! il n'y a pas
à en douter, ma pauvre femme a bien réellement le
typhus ; elle entre d'après le médecin dans la deuxième
phase de la maladie, fièvre ardente allant jusqu'au
délire chaleur 39°, pouls 130), déjections involontaires
liquides, infectes, sanguinolentes, 25 à 30 par vingt-
quatre heures.

« Je ne me fais aucune illusion, ma pauvre femme est
minée, épuisée par les assauts qu'elle a eu à subir
depuis le commencement de notre union ; le physique est
affaibli et je crains qu'elle n'ait plus la force nécessaire
pour résister à l'assaut de cette terrible maladie ; je constate un dépérissement physique et un affaiblissement
cérébral si rapides que je redoute un malheur. Je

m'efforce, autant qu'il est humainement possible de le
faire, d'imposer silence à mon cœur et de maîtriser le
sort qui nous frappe, mais l'état de la malade ne légitime que trop mes pressentiments.

« J'ai commencé aujourd'hui même le magnétisme ;
l'effet a été instantané, la malade a éprouvé de suite
un grand soulagement ; je ne me hasarde à faire que
des *Passes à grand courant* de crainte d'apporter par
mon inexpérience quelques troubles en spécialisant
mes effets. J'aurais besoin d'indications de votre part
pour diriger mes efforts ; je compte pour cela sur votre
obligeance, et je vous prie de me dire par retour du
courrier ce que je dois faire en présence d'un cas si
grave et si nouveau pour moi, non pas que, novice
comme je le suis, j'aie la prétention d'enrayer une
.maladie si avancée, mais dans l'espoir d'apporter
quelque soulagement à la chère malade.

« En présence de ces tristes complications, j'ai, vous
le voyez, besoin de faire appel à toute ma philosophie,
et je compte beaucoup sur vous pour me venir en
aide.

                    « Votre tout dévoué : B. »

Je pourrais arriver de suite au dénouement, en
contant moi-même par quelles phases la maladie a
passé ; mais en procédant ainsi j'ôterais au récit sa couleur et je manquerais le but que je me suis proposé ;
je préfère donc, quoique le procédé soit plus long,
laisser la parole à M. B. et je transcris ici même les
extraits de sa correspondance, qui montreront beau-

coup mieux que tout ce que je pourrais dire les péripéties d'une lutte où le Magnétisme. secondé par une
courageuse persévérance, a pu triompher, *sans aucun
médicament*, d'une affection morbide considérée avec
raison comme une des plus redoutables :

« 1er août 1893.

« Quel bonheur ! le Magnétisme fait merveille, il
ranime les forces de la pauvre malade. Vos instructions en complétant mes inspirations couronnent de
succès mes efforts et je me mets à espérer de pouvoir
lutter avec avantage contre le terrible fléau.

« Après chaque magnétisation scrupuleusement faite
comme vous l'indiquez, il se produit une réaction ; de
grandes transpirations qu'annonce la coloration des
joues précèdent d'abondantes déjections ; il se fait dans
les intestins comme un grand bruit d'effondrement, et
alors..... une mare de liquide !.... Chaque fois également il y a évacuation abondante d'urines. Cette
détente apporte un soulagement notable à la malade
en calmant les vives douleurs intestinales dont elle
souffre. Le ventre jusqu'alors très ballonné a diminué
de beaucoup ; le délire est encore fréquent, mais l'état
comateux a presque cessé. J'ai veillé cette nuit, à
cause de l'état de surexcitation qui m'inquiétait, et
j'ai profité de cela pour magnétiser tout le temps ; ce
matin je suis bien récompensé de ma peine, car ma
femme est plus calme et plus reposée. Au milieu de
tout cela, je me garde d'oublier vos recommandations
touchant les fatigues inutiles, car je comprends la

nécessité de ménager mes forces pour faire face aux crises qui peuvent survenir. Le médecin, qui, au début, ne me cachait ni ses inquiétudes ni la gravité du cas, semble un peu dérouté par cette amélioration subite dont naturellement il ignore la cause. Il se borne simplement à constater un mieux et se retire en prescrivant les mêmes potions que je me hâte de jeter par la fenêtre dès qu'il est parti, ainsi que je le fais depuis le commencement. Nous avons tout supprimé, eau de Vichy, bouillon, vin, et même le tilleul ; nous ne donnons que du lait et de l'eau sucrée légèrement acidulée avec un jus de citron ; ma femme, bien avant que vous ne m'en parliez, avait d'instinct refusé tous les aliments liquides que vous m'aviez signalés comme pouvant lui être contraires, et le médecin devant cette résistance avait été obligé de céder pas à pas. Cette coïncidence de la répugnance instinctive de la malade avec vos recommandations se passe de commentaires et tend à prouver que vous étiez d'accord avec la Nature !... »

« 5 août 1893.

« La chaleur vitale qui était montée à 39° 5 est tombée hier à 38° 4 et aujourd'hui à 38°. Malgré cet abaissement de température, il y a encore délire, gargouillements dans le ventre et parfois prostration et stupeur ; la langue est sèche, la soif ardente. Il me semble cependant que l'amaigrissement ne s'accentue pas. La malade hier a passé une assez bonne journée, elle avait dormi toute la nuit sans délirer ; elle poussait seulement de temps à autre de longs soupirs de soulagement après chaque magnétisation.

« Lorsque je fais des impositions sur les pieds ou que je tiens les chevilles dans mes deux mains, je me sens envahi par un malaise comme si j'absorbais le feu de la maladie ; mais ceci heureusement n'est que passager, et je me débarrasse promptement de ce malaise en prenant l'air. Ma femme se rend parfaitement compte des bons effets du Magnétisme, car à tout instant elle m'en donne de touchants témoignages en encourageant mes efforts par ses paroles. « Oh ! encore, encore ! me dit-elle, magnétise-moi bien, tu me fais tant de bien ! Je sens que sans toi je mourrais et que les forces me manqueraient pour supporter tant de douleurs ! Ne m'abandonne pas ! »

« Ces exhortations qu'elle répète fréquemment dans les courts instants de lucidité que semble développer l'action magnétique m'émeuvent profondément, raniment mon courage, me font oublier mes fatigues et sont pour moi le meilleur gage de l'efficacité de mes efforts et de l'heureux résultat sur lequel nous avons le droit maintenant de compter ! »

« 7 août 1893.

« L'état général va toujours en s'améliorant ; la diarrhée a complètement cessé, les gargouillements diminuent, la fosse iliaque droite qui jusqu'alors paraissait engorgée se dégage ; la malade ne se plaint plus que de douleurs passagères autour du nombril, mais ces douleurs sont parfois si vives qu'elle crie comme si elle

était dans les douleurs de l'enfantement. Je redouble
alors mes magnétisations, impositions, longues passes,
etc. Mais ce sont encore les légères passes rotatoires
sur le ventre en effleurant la peau du bout des doigts
que vous m'avez indiquées qui la calment le mieux.

Les impositions trop prolongées sur les chevilles
semblent au contraire déterminer de profonds tressaillements et exciter des souffrances intestinales. Les
nuits sont assez calmes, le sommeil est sans délire,
mais à l'état de veille la surexcitation continue à
être très grande ; je cherche à m'en rendre maître par
des impositions sur le front et sur la nuque, mais je
n'y réussis qu'à moitié Cette agitation persistante
m'inquiète ; faut-il l'attribuer à l'extrême faiblesse
nerveuse de la malade, ou est-ce la marche inévitable
que doit suivre la maladie ?

« Il y a toujours grande sécheresse de la langue et de
petites ulcérations à la muqueuse de la bouche. Par
moments ma femme cherche à sortir de son lit,
et fait tous ses efforts pour se lever et nous échapper ;
aussi redoublons-nous de vigilance et nous tenons-
nous en garde contre ces retours insidieux du mal. En
ce moment elle repose baignée de sueur, et j'espère
que ce sommeil se prolongera jusqu'au matin comme
hier Les cheveux qu'on n'a pas eu la précaution de natter
et de relever au début de la maladie gênent beaucoup la madade : ils dégagent une odeur fétide qui
l'incommode et épars sur l'oreiller ils sont tellement
mêlés qu'on ne peut rien y faire. »

« 10 août 1893.

« J'ai à vous signaler aujourd'hui un mieux sensible.
Ma femme ne souffre plus du tout du ventre : il n'y a
plus de diarrhée, plus de gargouillements, plus de cris,
plus de plaintes ; les ulcérations de la bouche se cica-
trisent ; les selles sont redevenues normales et régulières ;
le ventre n'est plus ni dur, ni gonflé, et il semble que
nous ayons définitivement échappé aux dangers de la
péritonite ; toutefois, je prends soigneusement note
de toutes vos recommandations afin de me tenir en
garde contre tout retour possible des accidents que
vous me signalez.

« On a coupé les cheveux, sur la demande expresse
de la chère malade qui ne pouvait plus en supporter
ni le poids, ni le désordre, ni l'odeur. L'amélioration
des nuits depuis trois jours, en nous permettant de
prendre plus de repos, nous apporte à tous un bien
grand soulagement. Serions-nous donc enfin au bout
de nos peines ? »

« 13 août 1893.

« Le mieux s'accentue définitivement ; la langue se
nettoie, les crises d'agitation s'éloignent de plus en
plus et sont beaucoup plus courtes ; je ne magnétise
plus que deux fois par jour. Du reste, chose bizarre ! ma
femme qui trouvait un si grand soulagement dans les
Passes rotatoires sur le ventre ne peut plus les supporter. Elle me demande surtout de lui faire de longues
Impositions : c'est ce qui la soulage le plus ; vous

le voyez, la malade me guide elle-même, et maintenant
que les intestins vont mieux, elle a en quelque sorte
l'intuition qu'il n'est plus besoin que de seconder les
forces de la Nature. Elle m'a prié de lui faire des Impositions et de légères passes sur la région du cœur ;
non seulement cela la soulage beaucoup, mais, chose
singulière, sous l'influence de ces Passes elle tombe
presque subitement dans une sorte de sommeil léthargique, les paupières se ferment avec force et la respiration devient plus longue et plus profonde ; pendant
ce sommeil le cœur et le poumon semblent se dilater et
fonctionnent plus librement.

« En somme nous voici désormais plus tranquilles
sur l'issue de cette affreuse maladie : nos angoisses sont
calmées : à part les transes par lesquelles je suis passé,
je ne suis pas fâché, je l'avoue, de l'expérience que je
viens de faire ; que les humains sont donc aveugles !
Combien je souhaite de tout cœur que *les pères de
famille magnétiseurs* se multiplient ! Ce serait la fin de
l'Empirisme médical ! Pour ma part, il faut en convenir, je viens de faire un joli apprentissage, un peu
dur, il est vrai, mais décisif !..... »

« 17 août 1893.

« Je n'ai pas écrit ces jours derniers parce que je
n'avais rien d'intéressant à vous signaler. La convalescence est définitive, les souffrances sont calmées ; il
n'est plus question de délire, la langue est bonne, la
chaleur normale ; la malade se tourne dans son lit et
peut enfin se coucher sur le côté ; elle parle de *faim* !

Quel bonheur !... Votre calcul était bien établi lorsque
vous pronostiquiez il y a un mois le commencement de
la convalescence pour le 15 août au plus tard. Il n'y a
plus maintenant qu'à éviter les imprudences : j'y veil-
lerai, ma femme aussi, car la péritonite qu'elle a eue
après ses dernières couches et qui a nécessité une si
longue convalescence lui a appris à être prudente. Nous
vous envoyons à tous nos meilleures affections et à
vous particulièrement l'expression bien vive de la reconnaissance de notre chère *ressuscitée !* »

Six semaines après, vers la fin de septembre, la malade étant devenue transportable, toute la petite famille
revenait prendre ses quartiers d'hiver à Paris L'assaut
avait été terrible, la convalescence devait être longue,
mais le 25 novembre la malade, complètement rétablie
et mieux équilibrée peut-être qu'elle n'avait jamais été,
faisait sa première sortie depuis cinq mois qu'elle
s'était alitée : c'était pour assister à une touchante fête
de famille, des amis ayant eu la bonne pensée de
célébrer en même temps par un gigantesque arbre de
Noël et la joie des petits enfants et la résurrection de leur
mère.

Tel est, jour par jour, heure par heure, le récit de la
lutte homérique qu'un homme, qui n'avait jamais
pratiqué le Magnétisme, mais qui était profondément
animé de l'ardent désir de sauver sa chère compagne
et la mère de ses enfants, soutint pendant quarante
jours contre la plus redoutable et la plus perfide des
maladies, ne faisant appel à aucun autre aide qu'à ses

propres forces et à la puissance de sa volonté qui était toute sa science !

Cet exemple est un précieux enseignement pour tous et voilà pourquoi nous avons tenu à le donner dans toute la sincérité de sa forme véridique pour démontrer tout ce qu'on peut attendre de la réaction vitale quand on se borne à la solliciter par les moyens les plus naturels et les plus simples, tels que les Impositions et les Passes magnétiques.

L'observation nous montre à chaque pas l'admirable simplicité des voies de la Nature et nous donne la clef des mystérieuses analogies qui forment le lien des phénomènes ; c'est souvent dans l'interprétation des faits les plus insignifiants en apparence que nous puisons les éléments de nos conceptions les plus profondes, et le hasard nous sert parfois singulièrement dans ce mode d'évolution de la pensée.

Voici un fait dont le plus pur des hasards m'a rendu témoin et qui m'aidera, j'espère, à mieux exprimer ma pensée sur l'enseignement que l'on doit tirer des choses qui nous entourent :

La toile d'araignée.

Une année, vers la fin des vacances, après avoir visité la Suisse, nous avions passé le Saint-Gothard et nous étions allé prendre quelques jours de repos à Cadenabbia sur le lac de Côme.

Chaque matin c'était une véritable jouissance pour moi de faire, sur ces rives tranquilles, ma promenade

quotidienne au milieu d'une végétation luxuriante qu
rappelle les régions tropicales et qui fait une si agréable
diversion aux tons tristes des sapins alpestres.

Non loin de l'hôtel que nous habitions, au milieu
d'un tapis de verdure semé de bouquets de tamarins
et de lauriers roses, s'élevait un magnolia dont l'en-
vergure puissante et les larges feuilles. d'un vert
brillant, avaient, dès le premier jour, excité mon admiration. Un matin que j'étais arrêté devant mon
arbre favori, j'aperçus une grosse araignée jaune,
zébrée de blanc, au centre d'une toile majestueuse
tissée avec un art infini et formant, entre le gazon
et les branches inférieures du magnolia, un vaste
plan incliné qui se présentait aux premiers rayons du
soleil levant dans une position vraiment stratégique.

En ce moment je venais d'allumer un cigare, et je
tenais à la main l'allumette qui m'avait servi ; l'idée
me vint de la jeter dans la toile ; j'étais curieux de
savoir ce qu'il en adviendrait. A peine l'allumette eut-
elle touché les fils, en s'y incrustant, que le réseau
tout entier sembla vibrer jusque dans ses centres et
d'un bond l'araignée fondit sur l'intrus ; elle jugea
sans doute qu'il n'était pas de bonne prise, car, sans
plus délibérer, elle se mit incontinent en devoir de
l'expulser. J'assistai alors au plus admirable spectacle.
On ne se fait pas idée de l'habileté déployée dans
cette opération par l'industrieux insecte ; quelle délicatesse infinie ! quelle prestesse étonnante ! En un clin
d'œil l'intelligent animal eut dénoué tous les fils qui
retenaient l'allumette prisonnière ; il la poussa dans le

vide ; puis, tissant de nouvelles mailles pour remplacer celles qui avaient été brisées, il regagna le centre de son domaine sans laisser derrière lui aucune trace de dégâts.

« Si j'avais eu la pensée, me disais-je, de retirer moi-même ce fétu de bois, quel trouble n'aurais-je pas jeté dans cette trame délicate avec mes doigts inhabiles et grossiers ! Comment aurais-je pu réparer les lacérations forcées que j'aurais dû y faire ? L'habile artiste, qui possédait le secret de cette savante construction, n'a pas été en peine, lui, de réparer le dommage causé à son œuvre, mais il en était le premier architecte, et la Nature, en toute prévision, lui avait fourni d avance les instructions et les matériaux nécessaires. »

Quelle leçon nous est donnée là ! Quel spectacle instructif pour l'observateur attentif que l'analogie éclaire ! Quel saisissant rapprochement à faire entre cette toile délicate et sensible, rayonnant autour d'un centre vivant, vivante elle-même, et notre réseau vital à nous, dont tous les points vibrent sous l'impulsion directe et constante d'un centre intelligent d'action !

Qu'un corps étranger vienne à pénétrer dans ce circulus doué de sensibilité et de vie ; qu'un choc vienne à ébranler ce réseau délicat, est-ce que les Forces vitales, qui veillent dans les centres à la conservation de l'édifice organique, ne se mettent pas aussitôt en action, comme l'araignée, pour s'opposer à l'invasion qui les menace, et ne courent-elles pas sus à

l'intrus comme l'intelligent animal ? Si cet intrus est
reconnu de bonne prise, n'est-il pas immédiatement
enroulé, englobé et dissous dans le torrent circulatoire pour contribuer à l'entretien du mécanisme ?
Jugé parasite et inutile comme l'allumette, n'est-il
pas, au contraire, immédiatement poussé et rejeté au
dehors ?

Et, dans ce cas, les Forces vitales coalisées ne se con-
duisent-elles pas identiquement comme l'araignée ? Ne
s'unissent elles pas pour maintenir l'intégrité du milieu
dans lequel elles s'épanouissent, en refaisant, une à
une, les mailles brisées du tissu et en comblant le
plus vite possible les vides et les brèches faites par l'attaque du dehors ?

C'est là une loi absolue de nature que toute excitabilité produite dans un circulus vivant appelle la réaction des centres ; si, par exception, le phénomène ne
se produit pas, c'est que la faculté naturelle de réaction s'est émoussée, et qu'il s'est produit un manque
de tension par une cause accidentelle quelconque: il
faut alors réveiller les forces centrales déprimées ou
engourdies et les rappeler à la mission que la Nature
leur impose.

C'est ainsi qu'il en advint quelques jours plus tard
avec mon araignée.

Un beau matin, je jetai comme la première fois un
brin de bois dans sa toile ; l'insecte était-il engourdi
par la fraîcheur ? matinale était-il repu ? Je ne sais.
Toujours est il qu'il resta inerte et ne bougea pas, ne
répondant pas au choc que j'avais imprimé à ses fils.

Il me fallut le toucher, à plusieurs reprises, du bout de ma canne pour le contraindre à se mettre à l'œuvre ; et ce n'est que sur cette incitation répétée de ma part que le paresseux animal se décida à se mettre en mouvement.

Lorsque les centres vitaux se refusent à leur besogne et manquent à la mission que la Nature leur a tracée (ce qui arrive quelquefois), il faut de même solliciter, secouer leur inertie et les rappeler à leur devoir.

Les pratiques magnétiques, Impositions, Passes, Insufflations, sont les meilleurs moyens pour atteindre ce but ; faisant le même office que ma canne dans le cas de l'araignée, ces procédés vont réveiller la Force vitale endormie dans les centres. et, l'obligeant à quitter ses *palladium* (le cerveau et le plexus solaire), la décident ainsi à sortir de son inertie pour mettre l'organisme à l'abri des attaques qui lui sont faites !

Au lieu de cela. comment se conduit la Science offi- cielle ? Se croyant plus perspicace que la Nature (son seul et véritable maître), elle fait ce qu'eût fait l'im- prudent ou l'ignorant présomptueux, qui, se substi- tuant à l'araignée. eût prétendu réparer mieux qu'elle le dommage causé à sa toile ; portant une main téméraire et mal avisée à l'obstacle qui entrave le fonctionnement de l'organisme, elle brise, détruit, coupe, brûle, et ne peut rien restaurer et remettre en place, n'ayant aucune idée des procédés que la maî- tresse du logis emploie pour refaire une maille brisée et tisser un fil nouveau.

Elle ne sait pas qu'au centre du circuit vital, au

centre de cette trame vivante et sensible au travers de laquelle elle opère si inconsidérément au moyen de procédés violents, réside une Force prête à répondre à son appel et de laquelle elle devrait avant tout solliciter le concours, comme étant le seul agent qui puisse, en connaissance de cause, exercer une action vraiment réparatrice sur les fonctions entravées ou sur les tissus détruits.

Mieux encore ! Lorsque cette Force, obéissant aux lois immuables qui la dirigent et qui la poussent, se met en route d'elle-même vers le point attaqué n'arrive-t-il pas bien souvent ce fait singulier que, se méprenant sur les effets de ces migrations salutaires, le praticien, mal inspiré, arrête maladroitement cette réaction vitale bienfaisante, la refoule, l'annihile par une médication violente ou l'endort par les poisons anesthésiques !

En un mot, imbu de faux principes, toujours trop impatient, ne tenant aucun compte des actions dynamiques et des réactions naturelles, ignorant les lois de la vie, le praticien de l'Ecole officielle devance ou entrave l'évolution vitale.

Que fait, de son côté, le Magnétisme ? Accordant à la Nature la part de perspicacité et de sagesse qui lui revient, il se garde bien d'apporter aucune entrave à son action prépondérante ; il la favorise au contraire, il la pousse dans sa marche réactionnelle équilibrante, et, *évitant soigneusement tout acte provoqué*, il se borne à soutenir et à aider de toute son énergie dynamique et de sa puissance rayonnante les efforts de la vitalité dans ses tendances vers l'équilibre.

C'est ainsi qu'il en a été dans le cas de Mme B. que nous relations plus haut, et il est probable que si avec un organisme aussi délabré et aussi affaibli que le sien on eût agi au moyen des réactifs puissants que l'on emploie ordinairement dans ce genre de Fièvre, on eût déterminé une révolution susceptible d'amener un dénouement fatal !

CHAPITRE VII

Le **Magnétisme** et l'évolution néo-spiritualiste.

De la nécessité d'établir une ligne de démarcation tranchée entre les phénomènes *physiques* et *psychiques* du Magnétisme, entre le *Mesmérisme* et ce qu'on est convenu d'appeler « *La Magie du Magnétisme* ». — Abus, interprétations erronées, et confusions regrettables au détriment du Progrès et de la Vérité. — Opinions diverses de la Presse et des Livres : M. Francisque Sarcey, MM. les docteurs Dupouy et Durand de Gros, M. Emile Gautier, MM. les docteurs Albert Robin, Braun, Garnault, Daudel, Baraduc, Maurice de Fleury. - La Pensée moderne évolue sensiblement vers une Philosophie *Néo-Spiritualiste*. — Le Mesmérisme, résumé qui en essenciel de toutes les puissances thérapeutiques, est appelé, par l'étude de ses applications, à favoriser l'évolution Spiritualiste, qui, en Médecine, tend à substituer une lumineuse synthèse dynamique à l'obscure tradition organicienne matérialiste. — L'Œuvre de vulgarisation et ceux qui la favorisent : M. l'abbé de Meissas, Camille Flammarion, la *Revue Encyclopédique*, le *Voltaire*, le *Petit Médecin des Familles*, le *Matin*, la *Presse*, le *Journal d'hygiène*, le *Progrès de la Côte-d'Or*, le *Journal de la Santé*, le *Figaro*.

Nous voici arrivé au terme de la tâche que nous nous étions imposée.

Nous avons émis une hypothèse et présenté des faits,

Une hypothèse quelle qu'elle soit, est toujours plus ou moins contestable ; aussi n'avons-nous pas la prétention d'imposer celle que nous avons développée et nous nous bornons tout simplement à la soumettre à l'appréciation de ceux qui, comme nous, se sont sincèrement dévoués à la recherche de la Vérité.

Nous croyons à la nécessité d'une hypothèse pour relier les faits entre eux et faciliter leur interprétation, mais nous nous hâtons d'ajouter que, ennemi de toute systématisation outrée, nous trouvons avec Pline que « *longue est la route par les Préceptes et courte est la route par l'Exemple !* »

Convaincu donc que la pratique mène plus vite au résultat que la théorie, nous nous sommes appliqué à multiplier les exemples, et c'est sur les faits nombreux qui viennent appuyer nos théories et leur apporter la vie dont elles avaient besoin que nous appelons ici toute l'attention des lecteurs.

Théories et Faits nous ont permis d'établir une ligne de démarcation bien tranchée entre les phénomènes *physiques* et les phénomènes *psychiques*.

Nous avons tenu à ce qu'il ne restât sur ce point aucune confusion dans les esprits.

Il importait d'établir nettement qu'il existe un Magnétisme purement *physique*, agent naturel de la reconstitution vitale, possédant au plus haut degré certaines vertus curatives, parce qu'il favorise l'accomplissement des voies de la Nature en *tonalisant* les forces antagonistes des Courants ; nous nous sommes attaché à démontrer que ce Magnétisme diffère essentiellement de celui qu'on a l'habitude de présenter, de juger et d'apprécier sous la forme ambiguë et les apparences trompeuses de l'*Hypnotisme*, du *Somnambulisme* et de la *Fascination suggestive*.

De ces phénomènes bizarres qui touchent aux questions les plus troublantes de la Conscience et du Libre arbitre (et qu'on a appelés avec juste raison « *La Magie du Magnétisme* », on a fait, disons-le, le plus criant abus, non seulement sur la Scène et dans les officines secrètes de quelques charlatans déclassés qui se font un jeu habituel de la crédulité publique, mais aussi en haut lieu, là où la Science avait le devoir de donner l'exemple d'une sage et prudente réserve.

C'est grâce à ces abus que le Magnétisme méconnu, redouté des uns, méprisé des autres, fut de tout temps si mal accueilli par les esprits sérieux, et que la consolante solution physiologique qu'il voile restera longtemps encore ignorée de tous.

A chaque instant, des écrivains de valeur, dupes de l'état de confusion qui règne dans les différents milieux où l'on traite du Magnétisme, confusion qu'on peut attribuer à l'ignorance où l'on est encore de la nature intime de ces phénomènes, englobent de bonne foi sous la même rubrique ce qui a rapport au Magnétisme et ce qui est du domaine de la Prestidigitation, faisant, au détriment de la Science, un amalgame étrange des choses les plus disparates.

C'est ainsi, par exemple, que, tout récemment, l'un de nos éminents confrères, M. Francisque Sarcey, dont le talent comme critique littéraire est incontestable, a cru pouvoir sortir de sa compétence habituelle pour trancher une question de Magnétisme dans le *Petit Journal*.

Sur la simple affirmation d'un prestidigitateur bien connu, M. Raynali, (qui, paraît-il, aurait « *débiné le truc* » de certaines mystifications théâtrales dont il aurait été jadis l'acteur principal), M. Sarcey s'est imprudemment hasardé à signaler en bloc les magnétiseurs à la vindicte publique et les a tous traités de *farceurs*, comme s'ils étaient, en quoi que ce soit, complices des tours ingénieux complaisamment décrits par M. Raynali pour se faire sans doute une notoriété sur le dos de ses confrères en escamotage. Il n'y a, et il ne peut y avoir, entre M. Raynali et le Magnétisme, aucun rapport d'analogie !

Voilà cependant comment les préjugés se forment, comment les erreurs se propagent !...

Il y a gros à parier que, lorsqu'on demandera aux très nombreux lecteurs du *Petit Journal* qui ont lu 'article de M. Francisque Sarcey « ce qu'ils pensent du Magnétisme », se souvenant de la parole autorisée de l'un des rédacteurs les plus écoutés de cette feuille éminemment populaire, ils répondront : « Le magnétisme ! c'est une *blague* dans laquelle n'entrent en jeu qu'un *mystificateur et des dupes* ! » ou mieux encore : « Dans le Magnétisme il y a *deux mystificateurs, le magnétiseur* et le *magnétisé* ! »

Ainsi va le monde ! l'homme de Bien qui, au détriment de ses intérêts les plus chers, entame la lutte contre l'ignorance des masses et s'efforce au profit de

tous à mettre en lumière une vérité utile, non seulement rencontre à chaque pas les résistances formi-
dables que lui opposent les préjugés scientifiques en
cours, mais, comme une barrière infranchissable, il
voit se dresser devant lui cette succession d'opinions
contradictoires, d'appréciations fausses, de jugements
erronés, que, par indifférence, ignorance ou légèreté,
sèment à plaisir sur le chemin de la Vérité ceux-là
mêmes qui par devoir et conscience (et surtout à cause
de la situation qu'ils occupent dans la Presse) devraient se souvenir qu'ils ont la haute mission d'é-
clairer les foules.

Heureusement, à côté de ces écrivains qui faussent
ainsi inconsciemment l'admirable outil de la vulgarisation populaire, se dressent de loin en loin, pour jalonner
la marche du Progrès, quelques rares intelligences
d'élite, des hommes sérieux, exempts de préjugés ,
qui s'attachent à ramener les esprits fourvoyés au véritable sens des choses.

Ainsi, pendant que M. Sarcey clame du haut de la
tribune qu'il occupe au *Petit Journal* cette erreur à la
foule : « *Ne croyez pas au magnétisme!* » un médecin
de la Faculté, au risque de se particulariser aux yeux
de ses clients et de ses confrères, M. le docteur Dupouy,
n'hésite pas dans le journal de M. Drumont à rendre
un public hommage à la Vérité : « *Je crois*, dit-il, *à*
« *l'action thérapeutique du Magnétisme.* Dans un grand
« nombre de maladies, mais particulièrement dans les
« troubles fonctionnels dépendant du Système nerveux,
« le Magnétisme a été employé avec succès , et il

« pourrait l'être bien davantage encore s'il était utilisé
« par des hommes au courant de la science phy-
« siologique. Malheureusement, à part quelques in-
« dividualités distinguées, le Magnétisme animal a
« toujours été laissé aux mains des empiriques !
« Cependant sa puissance en certains cas est telle
« qu'il est capable non seulement d'opérer certaines,
« guérisons mais encore de produire des facultés
« nouvelles.

« La légende attribue la découverte du Magnétisme
« à l'allemand Mesmer, mais la Médecine magnétique
« était déjà connue de Paracelse, de Goclenius, de Van
« Helmont, de Robert Fludd et de bien d'autres mé-
« decins du moyen-âge. L'influence qu'un homme
« peut exercer sur le corps d'un autre homme, soit au
« moyen de l'application des mains soit par des mou-
« vements appelés *Passes*, se trouve d'ailleurs entière-
« ment décrite dans l'ouvrage « *De aculis morbis* » de
« Cœlius Aurelianus, c'est-à-dire déjà au deuxième
« Siècle de notre Ère.

« Comment se fait-il donc que cette grande question
« de Physiologie humaine soit restée dans l'ombre et
« ait été frappée du dédain le plus profond par les
« médecins du XIXᵉ Siècle ? Comment expliquer le
« silence des Académies, alors que la réalité des effets
« fut reconnu par une commission de savants tels que
« Lavoisier, Franklin, Bailly, de Jussieu ? La cause en
« est au *Positivisme philosophique sous lequel se masque*
« *un stupide Matérialisme* ! C'est à lui qu'il faut s'en
« prendre, parce que c'est lui seul qui règne despoti-

« quement depuis plus d'un siècle dans nos Instituts,
« dans l'Université, dans nos Ecoles[1] ! »

Déjà M le Docteur Durand de Gros, (auquel nous
consacrons plus loin une Notice biographique détaillée
et qui dès 1855 démontrait d'une façon si remarquable
dans son livre sur l'*Electro-Dynamisme vital* les relations physiologiques de l'Esprit et de la Matière basées
sur une exposition nouvelle du fonctionnement nerveux et sur des expériences concluantes) s'exprimait
ainsi sur les vertus curatives du Magnétisme :

« Par la nature transcendante et incomparable des
« forces qu'il met en œuvre le Mesmérisme se pré-
« sente tout à fait hors ligne dans la série des méthodes
« médicales de l'ordre physique ; il y occupe véritable-
« ment ce que dans la terminologie *Fouriérienne* on
« nomme le « *rang pivotal* ». En effet l'agent Mesmé-
« rique qui n'est autre que l'électricité vitale (se déga-
« geant du corps soit par *émancipation spontanée*
« soit par *expulsion rayonnante* de la Volonté) réunit à
« tous les caractères vitaux toutes les attributions
« vitales. En vertu de ses propriétés générales et tel
« qu'il se répand de lui-même, il agit comme Force vi-
« tale,*et il n'est point d'agent dont l'action soit si puissante*
« *et si étendue*, car sa puissance vient s'ajouter à celle de
« la vitalité avec laquelle il est homogène et *accroître*
« *ainsi la vertu par laquelle tout aliment nourrit*
« *et tout remède guérit*. Soumis à l'élaboration de la
« Pensée, il peut être imprégné à volonté de toutes

---

[1] *Libre Parole* du mardi 2 janvier 1894.

« les propriétés distribuées aux différents corps ; et ici
« même encore, ces forces spécifiques peuvent être
« regardées comme le produit mesmérique d'une pen-
« sée fixé dans l'essence des substances et se perpé-
« tuant avec elles comme un succédané préparé par la
« Nature pour devancer les efforts créateurs de l'âme
« humaine et ménager son activité médicatrice. *Le*
« *Mesmérisme est ainsi le résumé quintessenciel de*
« *toutes les puissances thérapeutiques* exploitées par
« les différentes méthodes médicales appartenant au
« système des impressions physiques. »

Entre les appréciations données sur le Magnétisme
par ces hommes du métier, par ces savants de haute
compétence, et l'opinion si légèrement formulée que
nous citions tout à l'heure il y a loin ! Le Magnétisme, n'est plus un simple tour de passe-passe entre
mystificateurs et mystifiés, c'est une des plus admirables
Forces de la nature *capable non seulement d'opérer des*
guérisons mais aussi de produire des Facultés nouvelles,
c'est (au dire du Dr Durand de Gros,) « le *Résumé quin-*
tessenciel de toutes les puissances thérapeutiques de la
Nature ! »

Sous cet aspect le Magnétisme nous apparaît alors
comme devant favoriser le mouvement spiritualiste qui
chaque jour tend de plus en plus à triompher du Positivisme philosophique et à substituer aux obscures
traditions matérialistes de la Médecine organicienne les
lumineuses conceptions d'un Dynamisme vital nouveau.

Il est incontestable qu'une évolution se prépare, un

---

¹ Electro-Dynamisme vital, Paris J. B. Baillière 1855.

mouvement s'opère et ce mouvement se fait au sein même de nos Académies !

« Nous assistons, dit M. Emile Gautier dans le « *Figaro,* à un phénomène étrange ! L'axe de l'humaine « intellectualité se déplace ! La Pensée moderne, qui, « hier encore férue à outrance de Réalisme, proscrivait « systématiquement l'Idéal de ses spéculations et n'en- « tendait tenir compte que de ce qui se touche, se « mesure et se pèse, la Pensée moderne tend visible- « ment à se spiritualiser ! Comme le gibier blessé qui « fait sa randonnée elle remonte à grands coups d'aile « vers les sphères éthérées où si longtemps elle plana !

« Il n'est pour ainsi dire pas une seule branche de « l'activité cérébrale qui, peu ou prou, ne porte à « l'heure actuelle la marque de cette volte-face inat- « tendue. Le mouvement a fini par gagner les sciences, « jusques et y compris la Médecine, la plus concrète « de toutes, et qui jadis faute d'avoir trouvé l'âme « sous son scalpel, avait accouché du Matérialisme « irréconciliable. C'est le Professeur Albert Robin, l'un « des esprits les plus aigus de la Faculté, qui s'est chargé « en plein cénacle académique d'attacher le grelot ! »

M. A. Robin vient en effet de faire à l'Académie une communication qui renverse les idées acquises ; contrairement à l'opinion de l'Ecole, il déclare qu'une maladie n'est point (comme on en juge généralement) nécessairement liée à une lésion matérielle, mais que toute perturbation morbide est essentiellement avant tout *d'ordre purement dynamique.* Comme type de sa démonstration, M. A. Robin prend pour exemple l'*Albuminurie phosphaturique* et il se propose d'étendre plus tard son raisonnement à toutes les maladies.

Voilà certes une thèse qui n'est point faite pour nous affliger, car elle apporte à nos travaux une confirmation éclatante ; nous sommes heureux de nous rencontrer avec M. Albert Robin sur un sujet que nous nous attachons à élucider depuis si longtemps, bercé par l'espoir qu'en rompant avec les préjugés qui entravent la Science, on réussira peut-être enfin à élargir le champ des vues philosophiques qui doivent un jour éclairer la Physiologie de l'avenir.

D'autres sont entrés déjà dans cette voie de progrès et ont apporté au Dynamisme thérapeutique la contribution de leurs essais et de leurs travaux.

M. le Docteur Machaïl Braun de Trieste et M. le Docteur Garnault, par de récentes applications, ont prouvé qu'on refaisait la vitalité des muqueuses et qu'on rétablissait la nutrition des tissus par *un simple massage vibratoire* ; ces messieurs n'ont eu qu'un tort, à notre avis, c'est de remplacer la main par un appareil mécanique, et de se priver ainsi volontairement de l'élément essentiellement vital qui pouvait plus sûrement encore contribuer à la curation.

M. le Docteur Daudel de Montpellier, partisan déclaré du Dynamisme, élève plus haut encore ses vues philosophiques, car il cherche à établir sa Doctrine médicale sur la Métaphysique pure[1].

---

[1] *Doctrine médicale déduite de la Métaphysique pure* conduisant à l'application du Remède à la Maladie, par Daudel, grand in-8°. Paris, Lechevalier 1888.

Dans *sa Synthèse de l'Univers*[1], il cherche à démontrer que la connaissance de la Maladie *in se* et celle des procédés qu'il faut employer pour guérir découlent naturellement des propriétés générales du Monde et de l'enchaînement des Phénomènes au sein desquels l'homme accomplit son évolution vitale.

Un livre fort intéressant aussi et qui a été justement apprécié dans le monde scientifique est celui de M. le Docteur Baraduc « *La Forcevitale*[2] » : l'auteur nous montre la Vie non pas comme étant le résultat de la Chaleur, de l'Electricité, ou d'une fonction chimique quelconque, mais comme « *un Dynamisme spécial* » dépendant à la fois du Mouvement libre, de la Matière primordiale, et de l'Intelligence dans son harmonieuse adaptation aux états dynamiques. M. le Docteur Baraduc, par un ensemble d'expériences aussi nouvelles que curieuses, réussit même à nous donner une formule biométrique du *Corps fluidique vital*.

Nous pourrions aux citations que nous venons de faire en ajouter de plus nombreuses encore, accusant toutes nettement de réelles tendances vers ce *Vitalisme dynamique* objet naguère de tant de dédains et qu'on salue aujourd'hui comme l'aurore d'une rénovation scientifique. On commence à entrevoir que la Maladie n'a pas toujours(comme on le prétend)son point de départ

[1] La *Synthèse de l'Univers*, par Daudel, Montpellier, imprimerie Ricard frères, 1893.

[2] *La Force vitale*, par le Docteur Baraduc, Paris, Georges Carré, 1893.

obligé dans un *contage* ou une *lésion*, mais qu'elle est
au contraire le produit d'un affaissement vital, d'un
manque d'équilibre, de résistance, ou de *Tension*.
Dans tout état morbide la vitalité amoindrie, incapable
de résister aux assauts du dehors, laisse apparaître un
trouble fonctionnel qui lui même amène une dégénérescence des tissus : ce qui était *Cause* devient Effet et
réciproquement; les métamorphoses chimiques ne sont
plus qu'une conséquence de l'innervation troublée et
le Système nerveux apparaît à la fois comme l'instrument régulateur des actions vitales et comme l'outil
indispensable des reconstitutions organiques.

« Alors, dit M. le Docteur Maurice de Fleury, le
« rôle du médecin, consiste à profiter de la période
« *prémonitoire* des maladies pour régler le fonction-
« nement du Système nerveux de qui dépendent la
« force et la fatigue, la sagesse ou la folie de nos
« organes ; et c'est là le côté vraiment pratique des
« nouvelles acquisitions scientifiques dont le public
« puisse faire son profit ! [1] »

De cette façon d'expliquer la Maladie à la possibilité
d'admettre l'action souveraine du Magnétisme il n'y
a qu'un pas ; car le jour où l'on sera absolument convaincu de l'influence exercée sur le Système nerveux par
les *Impositions*, les *Insufflations* et les *Passes*, on comprendra enfin toute l'étendue de l'efficacité de cet agent
naturel, au moyen duquel on peut si facilement arrêter
et maîtriser dès leur début tous les mouvements de *Dé-*

---

[1] *Figaro*, avril 1894 (*Les Progrès de la Médecine*).

nutrition produits par l'affaiblissement vital ; on sentira qu'on est enfin en possession d'un moyen universel d'agir à volonté sur le double battement de la Vie, en activant ou modérant les courants centrifuge et centripète.

C'est à l'accomplissement de ce rêve que j'ai consacré tous les efforts de ma vie ; c'est l'objectif que personnellement je poursuis sans relâche ; et, malgré les nombreux obstacles qui se sont dressés sur ma route dans cette œuvre de vulgarisation et de propagande, je peux dire que j'ai rencontré de nombreux et précieux concours qui, tout en facilitant singulièrement ma tâche, m'ont sauvé des défaillances inséparables d'une lutte qui a parfois ses découragements et ses amertumes.

Je voudrais pouvoir payer ici par un hommage public mon tribut de reconnaissance à tout ceux qui dans la Société, la Magistrature, le Corps médical et la Presse m'ont soutenu de leurs encouragements et ont favorisé de leur haute respectabilité mes tentatives de vulgarisation. Mais je craindrais, par une divulgation inopportune, de blesser certains scrupules, aussi me bornerai-je à citer ceux qui par des actes publics m'ont donné l'assurance qu'ils ne craignaient point le grand jour et m'autorisaient ainsi implicitement à les nommer.

Au premier rang de ceux-là je mettrai un homme profondément estimable dont l'amitié m'honore et qui depuis dix ans, debout sur la brèche, ne manque pas une occasion de défendre par la plume et par la parole

les idées qui nous sont également chères à tous deux ;
c'est M. l'abbé de Meissas, qui au Congrès international magnétique de 1889, au Congrès scientifique du
cercle catholique et dans toutes les réunions privées
où l'on fait si souvent appel à son talent d'orateur a
pris courageusement en main, (malgré sa robe qui
pour tout autre eut été un obstacle) la défense du Magnétisme et s'est attaché à en démontrer tous les précieux avantages.

Dernièrement encore, dans une Conférence au Cercle
Ampère où on l'avait prié de prendre la parole, il
débutait ainsi par une éloquente profession de foi qui
donne toute la mesure de ses sentiments élevés et de
son dévouement à la cause du Bien :

« Si je me suis fait prêtre, a-t-il dit, c'est que pro-
« fondément pénétré des grandes vérités évangéliques
« qui éclairent la religion de leur lumineuse clarté
« j'ai pensé pouvoir dans ce ministère tout de charité
« et de dévouement être mieux en situation de
« rendre des services à l'humanité que j'aime. Si
« je me fais aujourd'hui le défenseur du Magnétisme
« et si je prends la parole pour vulgariser ses admi-
« rables propriétés curatives, c'est que, mû par les mêmes
« sentiments, je cède au besoin de rendre hommage à
« la Vérité et service à mes semblables. »

Voilà de nobles paroles, aussi furent-elles chaleureu-
sement accueillies. Je suis heureux de payer ici un tribut
de reconnaissance au vaillant champion d'une Cause
qui a été le point de départ de l'amitié qui nous unit,
et a resserré nos liens d'affection.

Il en est un aussi que je veux nommer, c'est Camille
Flammarion, le vulgarisateur sympathique, cet enfant
choyé de la Renommée qui m'a si confraternellement
prêté l'appui précieux de la grande notoriété qu'il a si
vite conquise par la hauteur de ses vues scientifiques
et ses captivants écrits ; voici l'appréciation qu'il fait
de mes théories en tête de l'un de mes livres :

« Sans entrer dans de plus longs détails, déclarons
« avec M. A. Bué que la Médecine n'est pas une
« science et qu'elle est singulièrement en retard sur
« le progrès des sciences exactes et positives. Nous
« ne savons pas ce que c'est que la *Vie*, avouons-le
« franchement. C'est peut-être par là qu'il convien-
« drait de commencer. L'étude sérieuse du Magné-
« tisme nous y aidera-t-elle ! Il faudrait d'abord dé-
« gager cette étude d'un grand nombre d'exagérations,
« de puérilités et d'inutilités. L'Alchimie, débarrassée
« de son caractère occulte et de son fantastique at-
« tirail de sorcellerie, est devenue la Chimie. Les
« merveilles de la Physique électrique ont commencé
« par les grenouilles de Mme Galvani. Aujourd'hui,
« M. A. Bué nous fait pressentir, par l'exposé de ses
« théories et par les cures dont il nous donne de
« si surprenants exemples, que l'on peut *rétablir*
« *l'équilibre des forces vitales, guérir et prolonger l'exis-*
« *tence humaine*, en actionnant par une volonté ferme,
« persévérante et soutenue, *au moyen de Passes ma-*
« *gnétiques et d'Impositions de mains*, l'ensemble du
« réseau nerveux. Il me semble que les savants
« dignes de ce titre, les naturalistes, les physiciens,

« les physiologistes, et notamment messieurs les mé-
« decins, pourraient, sans déroger, accorder à ces
« nouvelles expériences une attention éclairée et af-
« franchie de toute idée préconçue. De grandes décou-
« vertes les attendent, car nous sommes ici en face
« d'horizons inexplorés. » (CAMILLE FLAMMARION).

Je dois également un sincère hommage de gra-
titude à l'éminent Directeur de la *Revue Encyclopédique*, M. Georges Moreau ; non seulement M. Georges
Moreau a bien voulu agréer un résumé synthétique de mes idées sur le Magnétisme pour cette revue
publiée par la librairie Larousse et qui tient à si juste
titre la tête du mouvement encyclopédique moderne,
mais avec l'esprit libéral qui caractérise cette feuille et
honore son directeur, il a fait à ses lecteurs la présentation de mon travail dans les termes suivants :

« La *Revue Encyclopédique* ne répondrait pas à son
« titre et ne remplirait pas son objet si elle se bornait
« à enregistrer les manifestations de la science *dite*
« *officielle*. A côté des savants qui se trouvent engagés
« dans la même voie et s'écartent peu de la ligne tra-
« ditionnelle, il est des esprits indépendants, auda-
« cieux même, qui ne craignent point de faire table
« rase des idées reçues, pour tenter de nouvelles hy-
« pothèses, et reconstruire de toutes pièces, avec les
« matériaux de la Pensée humaine, des systèmes nou-
« veaux. Nous pensons que les opinions de ces tra-
« vailleurs isolés et convaincus ne doivent pas être
« considérés comme quantités négligeables. Tout

« système élaboré patiemment par un esprit sérieux et
« persévérant renferme quelque vérité qui mérite
« d'être exposée au grand jour et soumise à la dis-
« cussion. C'est pourquoi nous avons accueilli l'étude
« de M. A. Bué, « *Dynamisme vital* et *Magnétisme* », lais-
« sant le lecteur seul juge des idées émises, nous portant
« simplement garant de la bonne foi de l'auteur et de
« son ardent amour de la Vérité. » (REVUE ENCYCLOPÉ-
« DIQUE) (Sciences, Biologie), *1ᵉʳ septembre 1893, p. 880.*

Ayant toujours personnellement placé la sincérité,
l'amour du Bien, et le respect de la Vérité, au-dessus
du talent, je ne pouvais souhaiter une présentation de
mes idées au public plus conforme à mes vues ; je dois
dire du reste, que c'est en général le jugement qui a
été porté sur mes écrits par la grande Presse comme par
la Presse spéciale, jugement plein de bienveillance
pour l'auteur et qui apporte à son œuvre un précieux
encouragement. On peut en juger par les extraits
suivants :

LE VOLTAIRE, *du 21 février 1893.* — « Du livre de
« M. Bué émane un sentiment d'altruisme qui récon-
« forte en ces temps troublés. L'auteur en nous incitant
« à nous « magnétiser les uns les autres » nous rap-
« pelle cette parole que nous paraissons un peu avoir
« oubliée : « *Aimez-vous les uns les autres.* » (A. L.)

LE PETIT MÉDECIN DES FAMILLES, *du 15 avril 1893.* —
« Dans ce siècle de Scepticisme à outrance on est
« heureux de rencontrer sur son chemin des hommes
« convaincus qui consacrent à une cause leur intelli-

« gence, leur force et leur santé. Du petit nombre de
« ces esprits d'élite est notre ami Bué dont nous
« venons présenter à nos lecteurs le dernier livre
« publié sous ce titre « le *Magnétisme curatif.* »
(Dr MARIUS ROLAND).

LE MATIN, *du 12 février 1893.* — « Dans une spécia-
« lité où fourmillent les charlatans, M. A. Bué a su ap-
« paraître comme un homme de science, de conscience,
« et de dévouement. Il a eu l'idée heureuse de vulga-
« riser sa méthode et ses observations en écrivant un
« cours complet sur le Magnétisme, cours dont la
« lecture et l'étude s'imposent à toute personne préoc-
« cupée du grand problème de la vie humaine. »

LA PRESSE. — « Depuis que je suis les évolutions des
« adeptes du Magnétisme je n'ai guère rencontré qu'une
« seule personnalité vraiment sérieuse et cherchant
« non point à étonner ses concitoyens, mais à leur être
« utile. Je veux parler de M. A. Bué, ancien officier de
« cavalerie, qui uniquement par amour du prochain
« s'occupe d'appliquer les forces magnétiques à la
« guérison des malades » (CAMILLE DELAVILLE).

« LE JOURNAL D'HYGIÈNE, *du 23 février 1893,* organe
« de la *Société Française d'Hygiène (qui sous la prési-*
« *uence de M. le Docteur Péan et l'habile direction de son*
« *zélé Secrétaire Général, M. le Docteur de Piétra Santa,*
« *tient si haut et si ferme depuis 20 ans le drapeau du*
« *Progrès dans toutes les branches de la Science) :* — « A
« une époque où l'homme est en proie à un surmenage

« intellectuel que l'on peut regarder comme forcé et in-
« volontaire on ne saurait s'étonner du rôle important
« que jouent actuellement dans son existence les
« affections nerveuses. Tous les auteurs qui s'occupent
« des intéressantes et encore peu connues questions
« de Psychiâtrie sont d'accord pour regarder le Sys-
« tème nerveux comme le *grand régulateur* de l'orga-
« nisme. Certes, la recherche des moyens propres à
« lutter efficacement contre la névrose envahissante est
« bien faite pour tenter les esprits sérieux ; connaissant
« la nature du mal il devient plus facile de l'enrayer, de
« l'arrêter même. Mais, il faut l'avouer, jusqu'à ce jour
« nous sommes restés frappés de quasi impuissance !
« Aussi n'est-ce pas sans un réel plaisir que nous
« avons vu paraître le Magnétisme curatif de M. A. Bué,
« dont le nom, bien connu dans la Presse Scientifique
« est à lui seul un sûr garant de la valeur de ses
« écrits. » (Dᵣ MOREAU DE TOURS).

LE PROGRÈS DE LA CÔTE-D'OR, *du 6 mars 1893.* —
« Après avoir examiné le phénomène sous toutes ses
« faces, M A. Bué a éliminé avec soin précisément ce
« qui a le plus séduit jusqu'à ce jour non seulement
« la foule ignorante mais des hommes d'une incontes-
« table valeur qui se sont ingéniés à y trouver l'expli-
« cation de l'antique *Magie* (blanche ou noire) de la
« *Nécromancie* voire même de *l'Envoutement*.

« Somnambulisme, Catalepsie, Extase, Suggestion,
« Automatisme inconscient, tout cela est sans doute
« fort curieux, mais ne se relie que bien indirecte-

« ment à la Pathologie rationnelle. Or c'est de celle ci,
« surtout, que notre auteur s'est occupé. » (P. G.
Drevet.)

Le journal de la santé, *du 12 février 1893
(qui sous l'habile direction de M. Marc de Rossiény,
son fondateur, poursuit avec tant d'ardeur et un succès
mérité son œuvre de vulgarisation scientifique et médicale).*
« Peu systématiques par nature il n'est pas de méthode contre laquelle nous nous inscrivions en faux.
La médecine de M. A. Bué serait en tous cas mille fois
plus simple que la nôtre. Nous le félicitons sans res-
triction de l'ordre qu'il a suivi dans l'exposé de sa
méthode ; il nous indique d'abord la manière de pratiquer pour guérir, il nous donnera ensuite l'explication
des admirables cures que nous aurons produites. Ce
n'est pas à lui qu'on pourrait crier : « *tire-moi d'abord
du danger, tu feras après la harangue !* » (Dr. J. B.
Dubois.)

Le figaro *du 5 septembre 1889* consacre enfin son
article de tête au Magnétisme curatif et nous extrayons
de cette *Chronique documentaire,* due à la plume d'un
des chroniqueurs les plus estimés de la Presse parisienne, les passages suivants :

« A en croire M. A. Bué sur parole, le Magnétisme hu·
« main suffirait à lui seul pour guérir, sans médicaments,
« sans régime, sans opérations chirurgicales, non seu-
« lement les maladies nerveuses, mais aussi les autres,
« et cela tout bonnement à l'aide de manipulations,

« d'attouchements, de frictions légères, d'insufflations
« et d'autres procédés également simples.

« Ces « Passes » pourraient être exercées soit direc-
« tement sur la peau nue du sujet, ou à travers les
« vêtements, soit indirectement, par l'intermédiaire
« d'objets inertes, préalablement magnétisés de la même
« façon. Elles pourraient même agir à distance...

« N'importe qui pourrait magnétiser avec plus ou
« moins de succès, car tous, tant que nous sommes,
« nous possédons, dans des proportions variables, la
« force magnétique comme la force musculaire, simple
« question de degré ! On pourrait même se magnétiser,
« comme on peut se suggestionner soi-même : l'auto-
« magnétisation serait symétrique de l'auto-suggestion.

« M. A. Bué, invoque des cas authentiques, certifiés
« par les malades eux-mêmes et qui ne laissent pas de
« donner à réfléchir aux sceptiques les plus intran-
« sigeants. Il aurait ainsi guéri, entre autres, des co-
« liques hépatiques invétérées, des entorses suppu-
« rantes, des rhumatismes articulaires et des paralysies
« rebelles dont les médecins désespéraient, des anémies
« aiguës, un cancer... Il m'a cité des dates, des noms,
« des adresses ; il m'a offert de me présenter les
« sujets..

« Parce que nous ne savons rien de rien sur la genèse
« et la nature du Magnétisme animal, s'ensuit-il qu'il
« n'existe pas ? Que savons-nous davantage sur l'influx
« nerveux, sur la Force « en soi », sur la constitution
« intime de la Matière, sur le mécanisme de la Pensée ?
« Que savons-nous davantage sur l'essence de l'Electri-

« cité, qui est partout cependant, à ce qu'il semble,
« comme le bon Dieu du catéchisme, et nous baigne
« peut-être de ses effluves, à toute heure et en tout lieu,
« *intus* et *extra* ?

« Le fluide magnétique » pour parler comme Mesmer,
« la *Force neurique*, pour parler comme le docteur
« Baréty, ce n'est peut-être, au fond, que de l'électricité
« animalisée et devenue transmissible et « irradiable. »
« Ce n'est peut être qu'une manifestation particulière
« de ces courants électriques invisibles qu'Edison rêve,
« dit-on, de capter et d'asservir.

« Tel est un peu, au surplus, l'avis de M. A. Bué. A ses
« yeux, tout organisme vivant est une sorte de conden-
« seur, recueillant au dehors les vibrations diverses
« qui influencent les corps, les « digérant » pour ainsi
« dire, comme l'estomac « digère » les aliments, les ra-
« menant au même dénominateur, les transformant, en
« d'autres termes, en influx nerveux et en Force vitale.

« Entre l'Etre vivant et le milieu extérieur, il se ferait
« un circulus incessant d'électricité, et ce serait de ce
« flux et de ce reflux sans fin que résulterait la Vie.
« Si l'échange se fait régulièrement, sans perturbation,
« sans chocs, tout est bien : c'est la Santé ! Si l'équi-
« libre, au contraire, vient à se rompre, c'est la Ma-
« ladie, c'est la Mort ! » (EMILE GAUTIER).

Nous pourrions multiplier ces citations, mais les
quelques extraits, choisis entre tant d'autres que
nous venons de donner, suffisent amplement pour
montrer de quelle façon les hommes de science, voire

même les médecins, accueillent aujourd'hui certains principes physiologiques qui, naguère encore, objet de l'indifférence publique, n'avaient quelques chances de parvenir à la lumière de la publicité que pour succomber aussitôt sous les railleries ou les invectives dont on se plaisait à les accabler.

Il est incontestable, que sous la poussée d'une évolution nouvelle s'est fait en ces temps derniers un grand pas vers cette philosophie néo-spiritualiste dont parle Emile Gautier ! Les appréciations bienveillantes qui ont accueilli mes efforts en sont le signe évident et ne peuvent que réjouir les vrais amis du Progrès.

Ce n'est point par vanité que nous transcrivons ici ces appréciations, c'est parce qu'elles sont pour nous l'indice d'un mouvement en avant et qu'elles nous donnent l'espérance de voir dans un avenir prochain les chemins de la science, débarrassés enfin des préjugés matérialistes qui les obstruent, ouvrir largement leurs accès au soleil de Vérité.

L'avenir de l'humanité, le bonheur de tous, réside dans la façon dont nous jugeons les choses. La physiologie et la Médecine reposent exclusivement sur l'idée qu'on peut se faire du Phénomène vital. Unissons donc nos vœux et nos efforts pour pénétrer les secrets de la Nature ! mieux nous pénétrerons ces secrets et plus sûrement nous assurerons ici-bas notre bonheur !

« *Felix qui potuit rerum Cognoscere causas !* »

NOTES

DURAND DE GROS ET SON ŒUVRE[1]

Au moment où les esprits se passionnent pour les phénomènes hypnotiques et magnétiques, il n'est pas sans intérêt
de remettre en lumière un écrivain que le célèbre Buchez a
caractérisé en le réprésentant comme *le systématiseur le plus
puissant et le plus hardi.*

Nous voulons parler du docteur Durand de Gros, longtemps caché sous le pseudonyme de Philips. Quoique la
plupart de ceux qui s'occupent en ce moment d'Hypnotisme ne prononcent jamais son nom et semblent l'ignorer,
Durand de Gros fut en réalité leur véritable initiateur.

C'est lui qui, le premier, arracha au domaine du Merveilleux ces expériences si décriées d'abord, mais que le
public accueille enfin comme sincères depuis l'affirmation
donnée par la science officielle.

C'est lui qui, le premier, en France et sur le continent
européen, présenta au public les effets du prodigieux pouvoir
d'un mot, c'est-à-dire d'une *idée suggérée,* sur le moral et
le physique de l'homme, et donna l'explication scientifique
de ce phénomène par une conception nouvelle du méca-

[1] Extrait de la *Revue Verte*, (1886).

nisme au moyen duquel la pensée agit sur le corps, et réciproquement le corps sur la pensée.

C'est lui, enfin, qui, le premier, indiqua les applications qu'on pouvait faire de cette puissance non seulement à la Physiologie, à la Psychologie expérimentale, à l'Orthopédie morale et à l'Éducation, mais aussi à la Thérapeutique.

Au milieu des luttes que se livrent les écoles rivales de la Salpêtrière et de Nancy, sur le terrain étroit de la dialectique et des personnalités, MM. les docteurs Bernheim et Cullerre sont les seuls qui aient eu le bon goût, et cela tout récemment, à l'occasion d'une question d'orthopédie intellectuelle et morale, de rendre un hommage tardif à Durand de Gros, en le citant.

En dehors de ce timide tribut (bien dû cependant au savant philosophe novateur qui fit la première lumière dans ces questions ardues) on peut dire que depuis trente-quatre ans, son riche bagage de physiologiste, d'anatomiste et de médecin philosophe et psychologue, a été mis au pillage par tous ceux qui se sont occupés de ces diverses sciences sans plus de vergogne, que l'eût été la cargaison d'un navire échoué en plein pays barbare.

Il est temps de signaler au monde savant l'inconcevable sans façon avec lequel certains personnages en vue procèdent à ce déshabillage scientifique au moyen duquel ils se font une réputation.

Il est temps de réparer ce déni de justice et de rendre à César ce qui appartient à César !

Nous avons entrepris cette tâche en mettant sous les yeux du grand public, qui est bon juge lorsqu'on fait appel à ses sentiments d'impartialité, une rapide esquisse de la vie de ce modeste savant et de son œuvre.

Durand de Gros eût pu, lui-même, poursuivre cette juste revendication, car, Dieu merci, il n'est pas mort, et il

supporte encore assez bien ses soixante printemps ; mais,
après une vie de labeurs et de luttes, le cœur profondément
ulcéré par l'injustice des hommes et par la perte d'êtres
chers, le brillant écrivain a échangé depuis longtemps sa
vaillante plume contre la charrue, et, retiré dans l'Aveyron,
il ne s'occupe plus que de philologie et d'agriculture.

Fils d'un agronome distingué de ce département, il est
retourné, comme l'oiseau blessé retourne à son nid, dans
ces belles campagnes du Rouergue, qui l'ont vu naître ;
âme ardente dans un corps débile, il a cherché à retrouver
dans le calme des champs le repos si nécessaire à l'équilibre
physique et moral que la lutte et les déceptions de la vie
avaient si profondément troublé.

« Le vrai savant, d'ailleurs, est comme le sage, disait déjà
de lui en 1860 un de ses fidèles et plus chauds défenseurs,
M. le docteur Guardia. Le vrai savant n'entend rien aux
ruses de la diplomatie des gens du monde, et il a contre lui
les deux grandes qualités que les hommes pardonnent le
moins : l'originalité et la sincérité. »

Durand de Gros, éloigné depuis longtemps de la lutte et
fortement découragé sans doute d'être sans cesse victime de
l'intolérance dogmatique et doctorale qui rejette avec
dédain et de parti pris toute nouveauté, et n'entend pas
que le philosophe s'affranchisse de l'autorité de la
tradition, Durand de Gros eût été mauvais avocat de sa
propre cause. C'est à ses amis de le défendre, de lui rendre
la place qu'il mérite, et de faire revivre son œuvre.

En ramenant ce nom, volontairement oublié, sur la
grande scène où se joue la petite comédie humaine, nous
aurons peut-être, aux yeux de quelques-uns, le grand tort
de venir troubler la placidité avec laquelle nos mandarins
scientifiques débitent journellement leur boniment au
public pour capter ses faveurs; mais nous aurons du moins

la satisfaction d'un devoir accompli, en rappelant ainsi aux oublieux qu'ils ont eu des devanciers, des initiateurs et..... des Maîtres : *Suum Cuique !*

*
* *

Vers la fin de 1853, au fort de l'hiver, un steamer anglais qui venait d'essuyer une tempête furieuse dans la Manche, entrait dans le port d'Anvers.

Parmi les passagers était un jeune homme brun à la barbe naissante, de taille moyenne, dont le visage pâle et soucieux portait déjà l'empreinte de la pensée et de la souffrance. C'était Durand, arrivant d'Angleterre, où il avait fui la déportation et la prison, et qui s'acheminait par la Belgique pour rejoindre son père, arrêté lui-même au coup d'État et déporté en Afrique pour ses opinions politiques.

Tête chaude du Midi, se passionnant facilement pour les grands principes sociaux et les idées de liberté que lui avait inculqués son vieux père, et qu'un séjour en Amérique avait encore développés, Durand s'était lancé de bonne heure dans la politique militante : un petit catéchisme politique et social publié en 1849 et plusieurs articles de *la Démocratie pacifique,* signés " un laboureur ", lui avaient déjà valu une condamnation à quinze mois de prison, lorsque le tribunal de Toulouse, quelques jours avant le 2 Décembre, lui infligea deux ans de prison pour excitation au mépris et au renversement du gouvernement.

Aussitôt débarqué, Durand se dirigea sur Bruxelles, où il savait retrouver un vieil ami de sa famille, proscrit comme lui, et qui siège actuellement à la Chambre sur les bancs de l'extrême gauche comme représentant de Paris.

Il fit part à cet ami de l'intention qu'il avait d'aller arracher son père aux geôliers qui le gardaient sur cette terre d'Afrique, où il venait d'être déporté, et de le faire passer en Espagne.

Mais, comme pour mettre à exécution ce plan, un peu romanesque peut-être, il fallait avant tout songer à trouver les ressources nécessaires aux frais de l'expédition et du voyage (la bourse du jeune homme étant bien peu garnie), on délibéra sur les moyens les plus prompts et les plus sûrs de frapper monnaie.

L'ardente piété filiale qui animait le jeune proscrit lui suggéra une pensée qui devait faciliter l'accomplissement de ses desseins.

Pendant le séjour qu'il avait fait en Amérique, Durand avait observé les pratiques de certains empiriques, qui, pour obtenir la guérison des maladies, ne faisaient en définitive que reproduire sans s'en rendre compte les procédés des anciens Thaumaturges, procédés constituant la Médecine occulte des anciens.

Les étonnants phénomènes, dont il avait été souvent témoin, l'avaient profondément fait réfléchir ; et, dans ce jeune et bouillant cerveau, déjà passionné pour la solution des grands problèmes de la vie, avaient germé les principes d'une philosophie nouvelle que, dans son for intérieur, il croyait être appelée un jour à transformer de fond en comble la Physiologie et la Médecine.

Devant l'inéluctable nécessité où les rigueurs de sa situation le plaçaient, Durand songea à porter devant le public bruxellois ces expériences et ces théories, pensant que l'attrait de leur nouveauté attirerait une grande affluence à ses cours. Et c'est ainsi qu'il inaugura ses conférences expérimentales sur l'Électro-biologie.

Si plus tard Durand de Gros, plus expérimenté et plus habitué à affronter un auditoire nombreux, remporta comme conférencier à Alger, en Amérique et en Suisse, les

plus grands succès, s'il vit le Tout–Paris d'alors se presser
à ses cours du *Cercle de la Presse scientifique*, il faut avouer
que ses premiers débuts ne furent pas heureux.

Durand de Gros n'était pas, à proprement parler, un orateur ; il lui manquait ce qu'on peut appeler le mécanisme,
les ficelles du métier ; sa parole, correcte, souvent même
élégante, n'est pas facile ; il met, une certaine lenteur à
trouver le mot propre Cette hésitation (à cause précisément
du pseudonyme américain de Philips, qu'il avait adopté)
le fit prendre souvent pour un Yankee A la longue cependant, en s'échauffant, entraîné par son sujet et le profond
amour du vrai qu'il cherche inconsciemment à transmettre
à son auditoire, il parvient à acquérir de véritables qualités
oratoires et il sait alors s'élever à des hauteurs que n'auraient pas atteintes peut-être un orateur plus expérimenté.

Toujours est-il que la première conférence de Durand à
Bruxelles, fut une vraie chute. Loin de se décourager, notre
jeune débutant redoubla de zèle ; son objectif était la
liberté de son vieux père, il fallait vaincre ; sa persévérance
fut récompensée.

Dès le lendemain il affrontait une seconde épreuve et
triomphait. A partir de ce moment les conférences sur
l'Électro-biologie eurent une telle vogue qu'en quelques
séances il put réaliser la somme nécessaire au voyage qu'il
avait résolu d'entreprendre. Il dit adieu à l'hospitalière
Belgique et alla s'embarquer à Marseille pour Alger.

En arrivant à Alger Durand eut une déception ; il ne
put décider son vieux père à quitter l'Afrique ; le digne
vieillard, interné sur parole, ne voulait pas par sa fuite
compromettre la responsabilité d'un de ses amis, le commandant d'artillerie Gautier, sous la surveillance duquel
il était placé.

Durand de Gros reprit alors ses conférences expérimentales ; il fit à Alger des cours publics qui eurent un grand retentissement et furent assidûment suivis par l'élite de la société de notre colonie.

Dans ces cours, l'habile professeur enseigna et démontra expérimentalement à ses nombreux élèves tous les phénomènes de Suggestion et d'Hypnotisme que l'école de la Salpêtrière, l'école de Nancy et tous les hypnotiseurs en général nous apportent aujourd'hui comme des nouveautés de leur cru.

Il rendait à volonté ses sujets sourds, aveugles, muets, boiteux, paralytiques, bègues, inertes et idiots, jusqu'à perdre le souvenir de leur propre nom.

Il développait en eux les phénomènes de Catalepsie, de Léthargie, de Somnambulisme et d'Extase, et leur imposait les suggestions parlées ou mentales que sa fantaisie choisissait, substituant, à son gré, une personnalité étrangère à celle du patient, et lui persuadant même qu'il était un animal.

A ce propos je puis placer ici une anecdote assez curieuse :

Le consul d'Espagne, qui était un des élèves les plus assidus de Durand de Gros, vint un jour le trouver et lui communiqua un journal espagnol où l'on rendait compte d'un fait étrange : un certain Manuel Blanco, de la province de Tolède, venait d'être condamné à mort par le tribunal de Galice pour avoir dévoré à belles dents et *toutes vives* plusieurs personnes, (hommes et f mmes), qu'il avait rencontrées dans la campagne, où on le voyait errer à quatre pattes, comme une bête fauve et se ruant sur les êtres vivants qui passaient à sa portée. Pour toute défense, ce singulier anthropophage prétendait que tout à coup envahi par une soif inextinguible de sang il cessait d'être homme et devenait loup.

L'intelligent consul avait pensé, à bon droit, que l'état

mental du lycantrophe Blanco pouvait bien avoir quelque analogie avec les transformations imaginaires provoquées par la Suggestion chez les sujets hypnotisés, présentés journellement par l'habile professeur à ses cours.

Durand de Gros, partageant entièrement sur ce point l'opinion du consul, s'empressa d'adresser au ministre de la justice d'Espagne un mémoire relatant les nombreux phénomènes de suggestion qu'il produisait chaque jour, et faisant ressortir l'analogie qui pouvait exister entre ces phénomènes et le fait relaté par la gazette espagnole. Il offrait de se rendre à ses frais en Galice, si on l'y autorisait, pour fournir la preuve de ce qu'il avançait, se faisant fort de mettre les juges qui avaient condamné Blanco dans le même état d'esprit que ce dernier et de les transformer instantanément en *hommes-loups*.

Le consul expédia lui-même cette requête à son gouvernement, en l'accompagnant de nombreuses attestations ayant pour but de faire prendre ces observations en très sérieuse considération par le tribunal, et de faire surseoir à l'exécution d'un malheureux qui devait plutôt être considéré comme un fou que comme un criminel.

Cette démarche, accomplie dans une pensée tout à fait humanitaire, dut se briser contre l'appréciation des six médecins, chargés de se prononcer sur l'état mental de l'accusé et qui avaient conclu à la pleine responsabilité de ses actes ; toujours est-il que Durand de Gros ne sut pas ce qu'il en advint et quitta bientôt le sol africain pour la Suisse.

Ayant repris à Genève ses cours et ses expériences, il excita un grand enthousiasme, mais il fit naître en même temps de violentes diatribes qui mirent souvent aux prises incrédules et croyants.

C'est vers cette époque, au commencement de l'année 1855,

que sortit des presses d'Henri Plon et fut publié chez J.-B.
Baillière, son premier et si remarquable ouvrage sur l'Électro biologie ayant pour titre : *Électro Dynamisme vital, ou
les relations physiologiques de l'Esprit et de la Matière, démon-
trées par des expériences entièrement nouvelles et par l'histoire raisonnée du système nerveux.* (Paris, 1855, in-8°.)

Ce livre, véritable poëme d'Analytique transcendentale et
de haute philosophie, fut peu apprécié, ou mal compris lorsqu'il parut.

Il ne pouvait en être autrement à une époque où les hauts
dignitaires de l'enseignement médical n'avaient pas encore,
comme aujourd'hui, consenti à donner un laissez-passer à ces
étranges phénomènes biologiques que les écrivains les mieux
intentionnés d'alors taxaient dans leurs écrits de « miracles »
ou de « tours d'adresse ».

Il est vrai que des hommes intelligents et pleins de loyauté
comme l'éminent professeur Lasègue et le spirituel et profond médecin philosophe Louis Peïsse se chargèrent, dans
la *Gazette médicale de Paris* et dans les *Archives générales de
Médecine*, de venger Durand de ces attaques injustes en
proclamant que « l'ouvrage et l'auteur étaient également
respectables au double point de vue de la science et de la
moralité ». Mais au fond on ne pardonnait pas à un inconnu, à un écrivain nouveau qui ne faisait pas partie du
grand cénacle des tout puissants du jour, d'avoir soulevé
le grand problème biologique et d'en avoir posé si hardiment la solution.

On organisait sur ses pas la conspiration du silence
comme on ne cessa de le faire chaque fois que le hardi
systématiseur éleva la voix, et appela le jugement sur son
œuvre.

La foule des comparses qui, l'œil sur les Maîtres, a l'habitude de prendre le mot d'ordre d'en haut pour approuver

ou blâmer, ne disait mot, et si quelques-uns élevaient la voix (comme l'*Union médicale*) par exemple, c'était, par l'organe de son rédacteur en chef, Amédée Latour, pour hasarder quelques bouffonneries de mauvais goût, dans l'intention de faire rire la galerie.

Quant aux rares écrivains qui gardent leur indépendance et qui se respectent, le sens de ces hautes conceptions philosophiques sur la Psycho-physiologie leur échappant, ils ne pouvaient que timidement discuter un travail qui n'entrait pas dans leurs idées et n'était pas de leur compétence ; c'est ainsi que le savant vulgarisateur, Louis Figuier, donne en quelque sorte la note caractéristique de l'opinion du jour, dans le journal *la Presse*, en parlant du livre de Durand de Gros :

« C'est dit-il le plus prodigieux mélange de savoir et de fantaisie qui se puisse concevoir ; et l'on ne comprend pas qu'un écrivain ait pu dépenser autant de science et de talent à poursuivre des solutions imaginaires ! »

L'*Electro-Dynamisme vital*, résumé des cours qu'il avait fait en Afrique et sur le continent, était un adieu de Durand de Gros à ses nombreux élèves :

« Ce livre, leur écrivait-il, vient vous dire que je suis resté fidèle à l'amitié et à la science ; j'ai la douce persuasion que vous ne me le cédez en rien à cet égard. A vous de cœur dans l'amour de la vérité ! » Et, allant s'embarquer à Southampton, il retournait aux Etats-Unis où il complétait ses études et prenait le grade de Docteur en Médecine.

Là s'arrête le premier stade de la vie militante de Durand de Gros. Nous allons le voir reparaître, quelques années après, dans des luttes scientifiques où il se trouva aux prises avec Broca, Claude Bernard, Henri Martin et Renan, à propos des plus intéressantes questions d'Anatomie comparée, de Physiologie et de haute Philosophie.

En 1860, deux jeunes chirurgiens, agrégés de la Faculté
de Paris, qui cherchaient leur voie, crurent l'avoir trouvée
dans un article du dictionnaire de Littré et Ch. Robin, où
il est fait mention d'un docteur Braid de Manchester, lequel,
ayant assisté en sceptique aux séances du magnétiseur
Lafontaine, avait cru reconnaître que les phénomènes produits (phénomènes réels, il avait dû en convenir) n'étaient
pas l'effet d'une force spéciale émise par l'opérateur, comme
on le prétendait, mais bien le résultat d'une cause qui
avait uniquement sa source dans le système nerveux de
l'individu mis dans l'état magnétique.

Braid, ayant opéré par des procédés à lui, basés sur cette
manière de voir, avait pu reproduire les mêmes effets obtenus par le magnétiseur ; il avait notamment provoqué
une anesthésie assez complète, pour qu'on ait pu, dans cet
état, pratiquer sans douleur une opération chirurgicale
grave.

MM. Azam et Broca, ayant à leur tour expérimenté ce
nouveau procédé anesthésique, avaient eu l'occasion d'en
constater la réelle efficacité. M. le docteur Velpeau se char-
gea de communiquer ce résultat à l'Académie de Médecine.
La vénérable assemblée, que l'intervention du célèbre praticien rassurait entièrement, était sur le point de se
laisser aller à accueillir favorablement cette communication,
lorsque M. le docteur Burq, l'inventeur de la Métallothé-
rapie, lui fit une déclaration bien capable de réveiller toutes
ses susceptibilités. M. le docteur Burq dénonçait en effet à
la docte Faculté, qu'un ouvrage publié en 1855, sous le titre
de *Electro-Dynamisme Vital*, démontrait de la façon la plus
péremptoire que l'auteur, M. Philips, un *magnétiseur* distingué, avait devancé MM. Azam et Broca, en exposant, dès
1853, dans des expériences publiques, leur prétendue découverte.

Cette révélation inattendue refroidit considérablement l'enthousiasme de MM. les académiciens, et les vieux justiciers du Magnétisme animal repoussèrent l'innovation de MM. Azam et Broca, les soupçonnant fort d'avoir voulu introduire l'ennemi dans la place à la faveur d'un déguisement d'emprunt.

Ce revirement subit était bien fait pour décourager nos inventeurs ; MM. Azam et Broca se le tinrent pour dit, et l'Hypnotisme rentra brusquementdans l'ombre.

Durand de Gros, tout en poursuivant ses études et ses travaux en Amérique ne perdait pas de vue ce qui se passait en France ; il apprit l'incident qui venait d'avoir lieu à l'Académie des sciences ; et dans l'espoir de réveiller l'ardeur de MM. Azam et Broca en faveur du Magnétisme, il prit le paquebot et accourut à Paris.

Depuis longtemps éloigné du champ de bataille, il lui tardait de se jeter de nouveau dans la mêlée.

Aussitôt son arrivée, il alla, 1, rue des Saints-Pères trouver Broca, avec lequel il avait déjà quelques relations d'amitié ; il lui reprocha vivement de n'avoir pas persisté dans son premier élan, et de n'avoir pas combattu à outrance les négateurs aveugles et systhématiques du Magnétisme ; lui exposant que, dans sa situation, il était plus à même que qui que ce fût de faire triompher une idée dont l'acceptation dans le monde scientifique aurait de si grandes conséquences et pour la science elle-même e t pour le bien de l'humanité.

Le chaleureux enthousiasme de Durand de Gros vint se buter contre la froide indifférence d'un homme, très intelligent et très capable assurément, mais plus disposé à s'occuper de ses intérêts privés que de prendre en main, à un point de vue impersonnel et purement abstrait, la cause de la science ; Broca venait d'ailleurs de se marier richement ; il voyait largement ouverte devant lui la route de la fortune et des honneurs ; et gardant le souvenir de l'échec qu'il avait essuyé à l'Académie au sujet de l'Hypnotisme, il se souciait fort peu de renouveler une tentative dont l'insuccès eût pu compromettre sérieusement sa notoriété naissante.

Durand de Gros un peu décontenancé par l'attitude de Broca, dans lequel un instant il avait espéré trouver un défenseur des principes philosophiques qui étaient la base de sa religion scientifique, mais non découragé, résolut de porter le procès devant le grand public parisien.

Il redevint conférencier pour les besoins de la cause, et il inaugura au *Cercle de la Presse scientifique*, rue de Richelieu, une série de séances expérimentales qui attirèrent le Tout-Paris d'alors. Parmi les nombreuses personnes qui offrirent spontanément de se soumettre à l'influence du conférencier dans ses expériences publiques, il s'en trouva plusieurs très en vue, entre autres : M. Désiré Laverdant, écrivain distingué, qui rendit compte dans la presse des impressions qu'il avait ressenties, et M. le comte de Cavour, neveu de l'illustre homme d'État italien ; mais l'un des sujets les plus intéressants que Durand de Gros présenta à son auditoire, fut précisément la tante d'un jeune médecin, M. Paul Fischer, actuellement professeur au Muséum, qui était venu au *Cercle de la presse* avec sa famille dans des dispositions de scepticisme hostile.

Ces cours furent suivis, du reste, avec beaucoup d'assiduité par l'élite de la société parisienne, on y constata la présence de M. de Nigra, ambassadeur d'Italie, de M. Bixio, ancien ministre, de M. le général Trochu, de Bertrand de l'Académie des sciences, d'Émile Augier, de Louis Figuier et d'Halévy.

MM. les docteurs Cerise, Legouest, professeur au Val-de-

Grâce, Burq, et M. le docteur Broca lui-même parurent prendre un grand intérêt aux leçons du professeur.

Cependant, malgré le bruit que firent dans le monde scientifique, dans la société et dans la presse, les conférences de la rue Richelieu, l'Académie ne sourcilla pas ; elle avait prononcé un *veto* sur lequel elle n'était pas près de revenir.

Si la nouvelle campagne de Durand de Gros en faveur du Magnétisme n'eut pas tout le résultat qu'il en attendait, elle lui fournit du moins l'occasion de publier un travail important, comme à l'issue de la première campagne entreprise par lui quelques années auparavant ; les séances expérimentales de la rue de Richelieu eurent en effet pour épilogue la publication du *Cours théorique et pratique de Braidisme* (in-8°, Paris), qui, en dehors de la question de fond, admirablement traitée, est un véritable chef-d'œuvre de littérature didactique.

La critique s'occupa peu du *Cours de Braidisme* ; il était dit que l'Hypnotisme ne devait pas encore voir le jour ; et ce n'étaient pas des hommes comme Broca, par exemple, qui devaient s'employer à le faire revivre pour l'honneur d'un autre qu'eux-mêmes.

M. Alfred Maury fut l'un des rares qui en parlèrent et il le cite avec éloge dans son livre *le Sommeil et les Rêves*.

Durand de Gros n'est pas d'un tempérament à se laisser abattre par les difficultés ; l'obstacle a toujours été pour lui un tremplin qui a servi à doubler son élan. Voyant qu'il ne pouvait faire triompher ses idées par la voix des conférences publiques, il résolut d'aller porter au sein des sociétés savantes l'exposition de ses théories et de ses principes.

Dans cette pensée il adressa à la société *Medico-psychologique*, qui comptait au nombre de ses membres les médecins aliénistes les plus distingués et des psychologues tels que

Garnier, Paul Janet, Alfred Maury et Louis Peisse, un mémoire traitant des *Propriétés organoleptiques et de l'influence réciproque de la Pensée, de la Sensation et des mouvements végétatifs*.

Buchez, chargé de faire un rapport sur cet intéressant travail, fit le plus grand éloge de l'œuvre et de l'auteur, et Durand de Gros, sur la présentation de M. Louis Peisse, fut bientôt admis comme membre de la société *Medico-psychologique*.

Durand de Gros prit une large part aux travaux de cette société et intervint très brillamment dans toutes les discussions que soulevèrent les importantes questions qui y étaient journellement traitées, notamment sur l'*hérédité dans l'Épilepsie* et à propos de la doctrine polygéniste, ce qui lui fournit l'occasion de combattre les opinions de Broca qui, soutenant l'immutabilité des caractères ethniques, repoussait l'influence des milieux. Durand de Gros publia à ce sujet deux brochures intéressantes : *De l'influence des milieux sur les caractères de race chez l'homme*, et *De l'hérédité dans l'Épilepsie*. Il prit également la défense des principe transformistes qu'attaquait M. Charles Martins, professeur à la Faculté des sciences de Montpellier, à propos de la torsion de l'humérus dans l'homme.

Malgré tous ses efforts, malgré les excellents rapports qu'il ne cessa jamais d'avoir avec ses savants collègues, Durand de Gros eut cependant le regret de ne jamais pouvoir les amener à un examen sérieux du Magnétisme au point de vue théorique et pratique.

Il se borna donc à exposer de nouveau ses théories électro-biologiques dans un ouvrage très complet portant le titre de *Essais de Physiologie philosophique* (in 8°, 1866, Paris), où tout en reprenant l'exposé des doctrines déjà développées dans son *Electro-Dynamisme vital*, il entreprit de réfuter vigoureusement les opinions, contraires à ses idées, émises par les savants du jour les plus en vue tels que Claude Bernard, Charles Robin, Chevreul et Littré.

Il fit ainsi à l'amour-propre de ces personnages des blessures qui ne furent jamais pardonnées ; et l'un d'eux, Claude Bernard, se vengea assez cavalièrement des attaques de Durand de Gros en prenant sans façon dans ses œuvres le fond de son discours inaugural à l'Académie française.

Dans ses *Essais de Physiologie philosophique*, Durand de Gros, reprenant et développant l'idée déjà entrevue par quelques physiologistes, le Polyzoïsme, démontrait en effet que la loi d'organisation des invertébrés pouvait s'étendre également aux vertébrés et à l'homme.

Combattant cette première et commune croyance, sur laquelle toutes les institutions dogmatiques et pratiques sont fondées, croyance qui représente l'homme comme une unité vivante, sentante et pensante, entièrement compacte et irréductible, il cherchait par l'exposé de nouveaux faits à démontrer que cette croyance est une erreur, et que l'être humain doit être considéré aujourd'hui comme une collection d'éléments distincts, dont l'unité apparente est tout entière dans l'harmonie d'un ensemble hiérarchique tonalisé ; il s'attachait à prouver que les éléments de ce tout, rapprochés par une coordination et une subordination étroites, portent néanmoins, chacun en soi, les attributs essentiels et les caractères primitifs de l'animal individuel.

Cette conception originale et hardie, au moyen de laquelle l'auteur établit un double lien conducteur et une dépendance réciproque entre l'encéphale et les divers centres secondaires du système nerveux, avait déjà été signalée par lui dans ses premières conférences quinze ans avant, et les développements qu'il lui avait successivement donnés dans son *Electro-Dynamisme vital* et dans ses *Essais de Physiologie philosophique* en faisaient vraiment *sa chose*.

En empruntant donc à l'auteur de ces deux ouvrages, sans le citer, non seulement son idée, mais aussi ses propres expressions, Claude Bernard commit un plagiat qui, quoique remarqué de tous, ne fut relevé que par la *Gazette médicale*, qui seule eut le courage de le dénoncer.

Malgré l'opposition systématique que rencontrait partout ses efforts, Durand de Gros eut cependant la légitime satisfaction de voir des savants pleins de loyauté, les docteurs Lelut et Cerise, se faire les parrains de son livre, l'un à l'Académie des sciences morales et politiques, l'autre à l'Académie de Médecine.

« Je connais peu d'ouvrages, consacrés à un si imposant sujet, disait le docteur Cerise dans son rapport à l'Académie, qui témoignent d'une aussi ferme intelligence ; je recommande donc ce remarquable travail, fortement médité, élégamment écrit, à l'accueil de l'Académie. »

Durand de Gros intervint encore dans deux importantes questions : L'une de Philosophie religieuse, déjà engagée entre Renan et Guéroult de l'*Opinion Nationale*, qu'il trancha très judicieusement par une brochure intitulée : *Dieu, les Miracles et la Science* (Paris, 1863), en montrant que du philosophe et du logicien, Renan n'avait jamais possédé que le manteau. L'autre d'Ethnologie le mit aux prises avec un champion de haute stature, notre illustre historien Henri Martin, qui refusait aux Russes l'origine slave et leur accordait seulement l'honneur d'être des Touraniens aryanisés.

Durand de Gros prit avec d'autant plus d'ardeur la défense des Russes, qu'en dehors de la question scientifique il plaidait un peu *pro domo sua* puisqu'il avait épousé une Russe, la charmante Lisaveta Petrowna, fille du général Pierre Chripkoff.

Sur ces entrefaites, Durand de Gros vint à perdre son vieux père, pour lequel il avait toujours eu une véritable adoration ; ce deuil, en l'atteignant dans ses affections les plus chères, lui fit sentir plus amèrement encore ses déboires scientifiques et des affaires pressantes de famille, où ses intérêts étaient engagés, surgissant d'ailleurs à la suite de la mort de son père, l'obligèrent à quitter Paris.

Avant de partir, il lança comme les deux flèches du Parthe deux publications dans lesquelles il avait réuni ses derniers travaux de Philosophie médicale et d'Anatomie comparée : *Etudes critiques d'Ontologie et de Psychologie physiologique*, et *Les origines animales de l'homme*, comprenant deux parties : *Le Polyzoïsme* et la *Parenté zoologique*. Ces deux volumes parus à la fin de la guerre de 1870, au moment même où Durand de Gros opérait sa retraite prématurée, furent, malgré leur importance, fort peu remarqués.

Nous venons d'esquisser à grands traits la vie d'agitations et de labeurs de Durand de Gros ; nous avons dit avec quelle persévérance, avec quelle ténacité il avait cherché à faire triompher ses idées, soit en les développant devant le public, soit en les portant au sein des académies et des sociétés savantes.

Il nous reste à donner, dans la limite du cadre que nous nous sommes assigné, une appréciation sommaire des principes qui se dégagent de ses conceptions philosophiques et de ses remarquables travaux.

Après le jugement porté sur ses œuvres par des hommes aussi éminents que Lélut, Buchez, Louis Peisse et M. le docteur Cerise, nous nous garderons bien de nous arrêter à formuler une opinion qui ne serait que la réédition de celle de ces savants psychologues.

Ce qu'avant tout nous tenons à établir, c'est que Durand de Gros, loin de se contenter comme Braid de constater l'effet de certains procédés hypnotiques, mesura d'un coup d'œil toute la portée de cette merveilleuse force de la Nature qu'on appelle le Magnétisme, en montra toutes les applications utiles et en détermina la source et le mécanisme par une étude approfondie du système nerveux.

S'élevant, en effet, aux hautes conceptions synthétiques à la lumière desquelles les phénomènes magnétiques apparaissent comme l'une des multiples manifestations de l'influence de l'âme sur le corps, il reprit avec ardeur le problème capital, tant de fois essayé et toujours abandonné, de l'influence du moral sur le physique.

La production de toute manifestation dans la Nature, quel que soit l'ordre des faits que l'on observe, est toujours et nécessairement accompagnée par le *mouvement de la Matière* ; et la cause première d'où dérive tout mouvement s'offre partout revêtue de la même forme, l'*Attraction*, qui (depuis les derniers confins de l'infiniment grand, où sous le nom de *Gravitation* elle porte et distribue les astres dans l'espace, jusqu'à la division extrême de l'infiniment petit, où, sous le nom d'*Affinité chimique*, elle règle avec une précision égale la distribution des immensurables atomes) représente la manifestation primitive, radicale et universelle de l'activité de la Nature.

Durand de Gros rechercha quel pouvait bien être le moteur premier, le *primum movens*, de cette activité quand elle s'applique à l'organisme vivant ; il établit que c'est la *volonté !*

Prenant pour exemple la conformation de la torpille, et faisant une étude attentive des systèmes *cerebro-spinal* et *ganglionnaire,* il démontre que les nerfs jetés comme un pont entre le cerveau et les organes, outre qu'ils sont les routes ouvertes aux courriers porteurs de la volonté, sont aussi parfois les simples conducteurs d'une électricité émise par le centre de volition.

En sachant diriger et utiliser cette force, qui tantôt nourricière et tantôt oppressive règne en maîtresse absolue au sein de notre organisme, nous pouvons apaiser les troubles qu'elle soulève toutes les fois que, déraillant de la voie normale, elle renonce à être le *ministre* de la vie pour se faire le *complice de la mort*. Cette double action que nous pouvons alternativement et à volonté exercer soit sur le *sensorium*, soit sur la fibre matérielle, nous met en possession d'une Orthopédie morale et physique susceptible de combattre toutes les défectuosités de l'organisme humain.

Le grand mérite de Durand de Gros, à nos yeux, est de l'avoir démontré théoriquement et expérimentalement ; aussi, en dehors de ses puissantes et originales conceptions relatives à l'individualisation psychique des centres ganglionnaires et à la définition de l'organe et de la fonction qui, avec ses nombreuses découvertes en ostéologie comparée, lui permettent de prendre rang à la suite des deux grands révolutionnaires modernes de l'*Histoire naturelle*, Lamark et Darwin, nous tenons à constater que Durand de Gros, plus que tous ceux qui se sont occupés récemment des questions magnétiques, a su éclairer d'une lumière nouvelle l'étude de l'électricité vitale.

Or, cette étude est, comme il le dit lui-même, la route directe qui doit conduire à la réalisation du *Grand Œuvre* poursuivi par la Philosophie de tous les siècles !

C'est par elle qu'on arrivera sûrement à la science intégrale de l'homme, et, pour le bien de l'humanité, à la Thérapeute philosophique universelle, la véritable Médecine rationnelle.

*
* *

Retiré à Arsac, près de Rodez où il cultive le domaine patrimonial, ce philolophe qui fut à la fois anatomiste distingué, physiologiste, psychologue, ethnologiste et Maître en Magnétisme, sait encore charmer ses loisirs par le travail de la pensée.

Dans la retraite profonde où il vit depuis quinze ans loin des luttes scientifiques auxquelles il a pris une si grand part, il a su par ses intéressantes études de Philologie et de Linguistique aveyronnaises se poser au premier rang des adeptes de la Philologie romane.

Puisse ce juste hommage, rendu à son talent, par un de ses plus fervents admirateurs, lui parvenir au fond de sa province et réveiller dans son âme ardente l'amour de la vérité pour lequel il s'est toujours si généreusement sacrifié.

Peut-être cet écho du passé, en faisant revivre ses ardeurs premières, l'engagera-t-il à quitter la charrue et à reprendre la vaillante plume avec laquelle il a posé si nettement en Maître les premières explications scientifiques des phénomènes hypnotiques et magnétiques !   (A. Bué.)

C'est en 1886 que nous avons publié dans la *Revue Verte* cette notice biographique sur Durand de Gros. D'autres comme nous ont pris depuis dans la Presse la défense des droits du Vétéran de l'Hypnotisme qu'on semblait oublier et méconnaître, et ils l'ont fait avec tant de chaleur et d'insistance que le Maître à été sensible au reproche. « *Le vieux coursier a senti l'aiguillon.* » Il a repris sa vaillante plume ; il s'est de nouveau jeté tête baissée dans la mêlée et sur la première page du livre remarquable qu'il vient de publier chez Félix Alcan sous le titre « *Le Merveilleux*

Scientifique », il jette à tous ce défi suprême: « Frappe, mais écoute ! »

Le Merveilleux Scientifique est l'exposition du Merveilleux sous les différents aspects où il nous apparaît dans la science ; l'auteur établit les frontières naturelles qui existent entre le *Mesmérisme*, le *Braidisme,* et le *Fario-Grimisme,* c'est-à-dire entre le *Biomagnétisme,* la *Fascination sensorielle* et l'*Idéoplastie,* trois phases du même phénomène si souvent confondues ; l'auteur parle aussi des phénomènes occultes et spirites, mais tout l'intérêt de son livre est dans la distinction qu'il fait entre les agents magistraux auxquels peuvent se rattacher et par lesquels peuvent s'expliquer tous les prodiges, aussi bien ceux de la Magie sacrée que ceux de la Magie profane.

Il nous montre que ces agents magistraux sont au nombre de trois, et il nous les présente comme les sources vives où puise l'art des prodiges, soit en les faisant concourir à la fois aux mêmes œuvres, soit en les mettant à contribution séparement.

« Après avoir lu Durand de Gros, dirons-nous avec M. le Docteur Eugène Bonnefous, on reconnaît que l'Hypnotisme ne date pas seulement de Liébeault, et qu'avant les prétendues découvertes des Charcot, des Luys, des Bernheim, avant le conflit survenu entre la Salpêtrière et Nancy, il y avait un savant éminent, un philosophe aux vues hardies et profondes, un chercheur, armé d'une méthode puissante, qui avait déjà fait le tour de ce domaine nouveau offert par Braid aux légitimes curiosités de la science. »

L'Académie des Sciences vient de décerner récemment à Durand de Gros pour ses remarquables travaux sur le sys tème nerveux le prix Lallemand ; cette distinction quoique un peu tardive est une juste compensation au déni de justice dont Durand de Gros fut si longtemps victime.

TABLE DES MATIERES

PREMIÈRE PARTIE

EXPOSÉ DES PHÉNOMÈNES

CHAPITRE VII

DE LA CLAIRVOYANCE AU POINT DE VUE THÉRAPEUTIQUE.

CHAPITRE VIII

DES CAUSES QUI ONT ENTRAVÉ LA CONNAISSANCE ET LA PROPAGATION
DES VERTUS CURATIVES DU MAGNÉTISME.

CHAPITRE IX

DE L'EXERCICE DU MAGNÉTISME AU POINT DE VUE LÉGAL.

CHAPITRE X

DE L'USAGE DU MAGNÉTISME AU POINT DE VUE DE LA CONSCIENCE.

DEUXIÈME PARTIE

LOI DES PHÉNOMÈNES

CHAPITRE I

L'ÉTUDE DU MAGNÉTISME MÈNE EN THÉRAPEUTIQUE A UNE SYNTHÈSE.

CHAPITRE II

IL N'Y A QU'UNE VIE.

CHAPITRE III

Il n'y a qu'une santé.

CHAPITRE IV

Il n'y a qu'une maladie.

CHAPITRE V

IL N'Y A QU'UN REMÈDE

CHAPITRE VI

LE MAGNÉTISME EST LE VÉRITABLE AGENT DE LA TRANSFUSION DE LA VIE.

CHAPITRE VII

LE MAGNÉTISME ET L'ÉVOLUTION NÉO-SPIRITUALISTE.

ERRATA

			au lieu de	lisez
Page 41	ligne	10	Rythme	Rhythme
» 41	lignes	17 et 29	résonnance	résonance
» 111	»	20	Caléidoscope	Kaléidoscope
» 142	»	13	homéopathique	homœopathique
» 169,170,172,304, 342.			homéopathe	homœopathe
» 250	lignes	25	indépendance	dépendance
» 260	»	19	desassocient	dissocient
» 284	»	27	lassis	lacis

CHAMUEL, ÉDITEUR

29, *Rue de Trévise*. — Paris

A. Bué. — *Le Magnétisme curatif*, manuel technique, 1 vol. in-18 de 221 p , avec portrait de Mesmer. . . . . 2 »

— *Le Magnétisme curatif*, physiologie, pathologique, vademecum de l'étudiant magnétiseur (en préparation).

A. de Rochas. — *Les États superficiels de l'Hypnose*, 1 vol. in-8 carré avec gravures 2 50

— *L'Envoûtement*, brochure in-18. . . . . 0 50

A. Lecomte. — *L'Extériorisation de la sensibilité*, 1 vol. in-8 carré, av. dessins (sous presse). 2 50

— *Le Corps astral*, 1 vol. in-8 carré (en préparation). . . . 2 50

Papus. — *Traité élémentaire de Magie pratique*, 1 vol. in-8° raisin de 550 p. avec gravures. . . . . 12 »

— *Peut-on envoûter*, broch. in-18 avec gravures. . . . . 1 »

— *La Science des Mages*, broch. in-18 de 72 p. av. gravures. 0 50

— *Les Arts divinatoires*, broch. in-18 avec dessins. . . . 1 »

— *L'État de trouble*, broch. in-18. . . . . 0 50

— *Anarchie, indolence et synarchie*, broch. in-8. . . . . 1 »

Stanislas de Guaita. — *Au seuil du mystère*, 1 vol. in-8° carré avec planches héliogravées (sous presse). . . . . . . 6 »

— *Le Temple de Satan*, 1 fort vol. in-8 carré de 550 p. avec nomb. grav. et 16 pl. phototypiques. . . . . 15 »

Joséphin Peladan. — *Comment on devient Mage*, 1 vol. in-8°, avec portrait. 7 50

— *Comment on devient Fée*, 1 vol. in-8° carré avec portrait. 7 50

— *Comment on devient Artiste*, 1 vol. in-8 carré avec portrait. 7 50

— *L'Art idéaliste et mystique*, 1 vol. 18 jésus. 3 50

Ernest Bosc.—*Isis dévoilée* ou *l'Egyptologie sacrée*, 1 vol. in-16 4 »

— *Addha-Nari*, ou l'occultisme dans l'Inde antique, 1 vol. in-16. 4 »

— *La Psychologie devant la science et les savants*, in-18. 3 50

Georges Vitoux. — *Les limites de l'Inconnu*, broch. in-16. 1 »

Maurice Decrespe. — *On peut envoûter*, broch. in-18 . . . 0 50

L'Almanach du Magiste, 1894-1895, vol. in-18 de 240 p. avec nomb. grav. . . . . 2 »

G. Delanne. — *Le Phénomène spirite*, 1 vol. in-18 jésus de 320 p. avec gravures.. . . . . 2 »

Vannes. — Imp. Lafolye, 2, place des Lices.

NF Z 43-120-11

Texte détérioré — reliure défectueuse

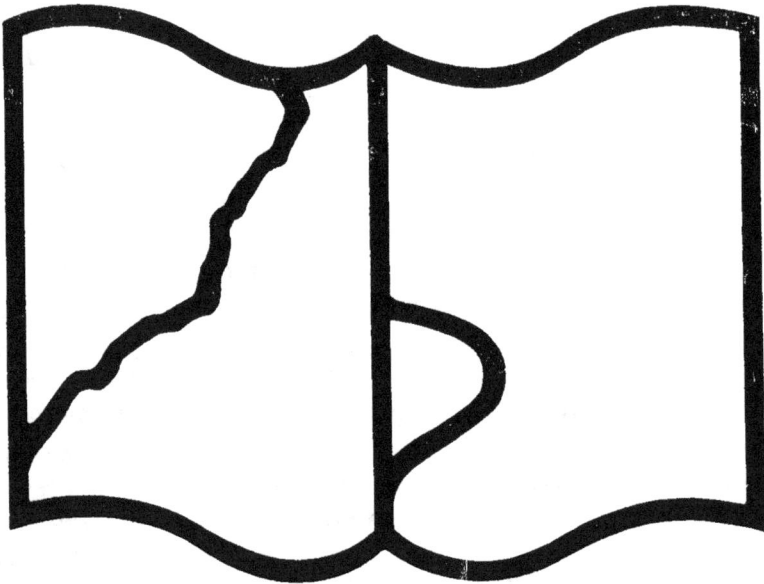

Contraste insuffisant

NF Z 43-120-14